光明社科文库
GUANGMING DAILY PRESS:
A SOCIAL SCIENCE SERIES

·教育与语言书系·

从洒扫应对到全体大用

——朱子《小学》教育心法大义

刘平华 ｜ 著

光明日报出版社

图书在版编目（CIP）数据

从洒扫应对到全体大用：朱子《小学》教育心法大
义 / 刘平华著 . -- 北京：光明日报出版社，2023.10
ISBN 978 - 7 - 5194 - 7578 - 9

Ⅰ.①从… Ⅱ.①刘… Ⅲ.①朱熹（1130-1200）—
教育思想—研究 Ⅳ.①B244.75

中国国家版本馆 CIP 数据核字（2023）第 208921 号

从洒扫应对到全体大用：朱子《小学》教育心法大义
CONG SASAO YINGDUI DAO QUANTI DAYONG：ZHUZI《XIAOXUE》
JIAOYU XINFA DAYI

著　　者：刘平华			
责任编辑：李　倩		责任校对：李壬杰　李佳莹	
封面设计：中联华文		责任印制：曹　净	

出版发行：光明日报出版社

地　　址：北京市西城区永安路 106 号，100050

电　　话：010-63169890（咨询），010-63131930（邮购）

传　　真：010-63131930

网　　址：http：//book. gmw. cn

E － mail：gmrbcbs@ gmw. cn

法律顾问：北京市兰台律师事务所龚柳方律师

印　　刷：三河市华东印刷有限公司

装　　订：三河市华东印刷有限公司

本书如有破损、缺页、装订错误，请与本社联系调换，电话：010-63131930

开　　本：170mm×240mm

字　　数：229 千字　　　　　　　　印　　张：14

版　　次：2024 年 5 月第 1 版　　　印　　次：2024 年 5 月第 1 次印刷

书　　号：ISBN 978 - 7 - 5194 - 7578 - 9

定　　价：89.00 元

目　录
CONTENTS

第一章

导论——朱子教育心法述要

朱熹（1130—1200），南宋人，徽州婺源（今江西省婺源县）茶院朱氏第九世孙，出生于南剑州尤溪（今福建省尤溪县），是我国历史上与孔子并称的文化巨人，为了表彰他为中国文化做出的卓越贡献，后世尊称他为"朱子"。朱子毕生致力于圣学教育和传播，即便是在为官时期也从不间断，但凡足迹所到之处，他都想方设法在当地建设书院以及州县学校，为的就是传播圣学、化导民众、改良风俗，从而从根本上提升民众素养、改善民众生活，实现"天下大治"的理想抱负。

朱子综罗百代、汇纳群流，堪称中国文化史上的一位巨人。现代大学者钱宾四先生对朱子有极高的评价，他认为纵观中国史，唯朱子堪与孔子比肩，也正是因为有了朱子，孔子之后的儒家学说才能得以复苏，以至于今。[①] 日本学者渡边秀芳对朱子也至为推崇，他认为朱子在东方的地位可与康德在西方的地位相媲美，他高度评价朱子：

> 他则头脑博大，综合力强，虽夫子关于这点，怕也要被他瞰在眼下。天分这样丰富的他，所以我们为他求对手于泰西时，除了 Aristotle 及 Kant 外，当难发现第三人。他绞其不世出的头脑，更订古典的注释，给以一贯的理义外，又与"仁""义""理气""太极"等，阐明其内容，使各得其所。他这精神，当和 Kant 立认识论的范畴的精神同其价值。不待说讲到哲学上的倾向和方法，他还不是 Kant 的对手，但使他如处于 Kant 的地位，同样的过程和收获，其谁日不能！他二人的人格和学才，

---

① 钱穆. 朱子新学案［M］. 北京：生活·读书·新知三联书店，2002：1.

真是一对类型（type）。对于后世所给的影响，二人也东西如一，我们离开 Kant，谈不上近代哲学一样，离开他也讲不了近世东洋哲学；近世东洋思想家里，虽反对他的人也不少，但反对者也没一个没有受过他的洗礼。若乎二人日常生活上规矩整然，若合符节的点，则更使人惊叹其何无有偶之若是之甚。①

朱子的影响是如此广大而深远，千年以来，研究朱子的学人绵延不绝，研究朱子的著作也可谓汗牛充栋。如中国古代学者真德秀、黄宗羲、王懋竑等，中国现当代学者如钱宾四、冯芝生、张季同、陈荣捷、侯外庐、徐复观、牟宗三、唐君毅、余英时、刘述先、蔡仁厚、杨祖汉、张立文、蒙培元、朱杰人、束景南、蔡方鹿、陈来、朱汉民、乐爱国、吴震、肖永明、朱人求、谢晓东、冯兵等，以及海外学者李退溪、狄百瑞、田浩、金永植、山崎暗斋、岛田虔次等。在一代又一代学人的努力下，朱子学蔚为大观，他们的研究，或从哲学的角度，或从文献的角度，或从思想的角度，或从文化的角度，或从社会的角度，或从历史的角度，在多方面丰富发展且深入阐述了朱子学，并使朱子学成为当今世界人文学科的显学之一。

然而，研究朱子学重要教育文献《小学》一书的论文和学术专著却不多。不过好在随着朱子学的发展，近年来关注《小学》的学者日趋增多，相关的论文和著作也丰富起来了，其中比较重要的论文和著作就笔者所见，有冯达文先生的《简论朱子〈小学〉的教育理念》②、蔡雁彬先生的《朱子〈小学〉流衍海东考》③、谢晓东先生的《论小学涵养在朱熹哲学体系中的地位》④、姚郁卉女士的《朱子〈小学〉的蒙养教育思想》⑤、鄢建江先生的《朱熹〈小

---

① 渡边秀芳. 中国哲学史概论：下 [M]. 刘侃元，译. 太原：山西人民出版社，2015：62-63.

② 冯达文. 简论朱熹之"小学"教育理念 [J]. 中国哲学史，1999（4）：49-56.

③ 蔡雁彬. 朱子《小学》流衍海东考 [J]. 南京大学学报：哲学·人文科学·社会科学，2002，39（4）：10.

④ 谢晓东. 论小学涵养在朱熹哲学体系中的地位 [J]. 汉中师范学院学报，2003，21（1）：68-71.

⑤ 姚郁卉. 朱熹《小学》的蒙养教育思想 [J]. 齐鲁学刊，2005（4）：3.

学〉道德教育理论研究》①、朱人求先生的《下学而上达——朱子小学与大学的贯通》②、徐国明先生的《"三纲九目"：朱子〈小学〉思想研究》③，另外还有刘刚先生《小学译注》、江先忠先生《朱子〈小学〉详解》等普及类著作，还有诸多学者亦有相关论著亦给笔者诸多启发，在此就不一一罗列了，诸位前辈学者从哲学、思想史、教育学等各种角度来解读和阐释《小学》思想，可谓异彩纷呈，也令笔者在写作本论文的过程中颇受启发、受益匪浅。

所谓"心法"，湛甘泉先生有言："心也者，其天人之主而性道之门也。故心不可以不存也。一存而（仁、义、礼、智）四者立矣，故能为天地立心。心法者，存其心之法也。夫心自我有之，自我存之，师不能以授之于弟子，弟子不能受之于其师，孰传而受之？故传者非传心也，传心之法也。"④心法，是中华文明的殊胜之处，然而自西学东渐以来，心法式微，研究中华传统心法之人可谓寥若晨星，心法研究的现状就如周昌乐教授所说的那样，一派零落⑤，这实在不能不说是一件很遗憾的事。就笔者阅读所及，近百年来以中华心法为主要学术研究对象的学人或许仅有两人而已，一为台湾学人萧天石先生，一为厦门大学周昌乐教授。

萧天石先生致力于从修身养性方面传承和总结中国传统心法，并撰有《人生内圣修养心法》《禅宗心法》等相关论著；周昌乐教授则在此基础上侧重于以现代科学方法，尤其是以哲学实验的方法来研究和阐释中国传统心法，并出版有《禅悟的实证：禅宗思想的科学发凡》⑥、《明道显性：沟通文理讲记》⑦、《通智达仁：传授心法述要》⑧等著作，并发表《哲学实验：一种影响当代哲学

---

① 鄢建江. 朱熹《小学》道德教育理论研究 [M]. 华龄出版社，2007.
② 朱人求. 下学而上达——朱子小学与大学的贯通 [J]. 江南大学学报：人文社会科学版，2013（2）：6.
③ 徐国明. "三纲九目"：朱子《小学》思想研究 [M]. 巴蜀书社，2020.
④ 湛若水. 湛甘泉先生文集 [M]. 桂林：广西师范大学出版社，2014：1222-1223.
⑤ 周昌乐. 通智达仁：传授心法述要 [M]. 厦门：厦门大学出版社，2018：34.
⑥ 周昌乐. 禅悟的实证：禅宗思想的科学发凡 [M]. 东方出版社，2006.
⑦ 周昌乐. 明道显性：沟通文理讲记 [M]. 厦门大学出版社，2016.
⑧ 周昌乐. 通智达仁：传授心法述要 [M]. 厦门：厦门大学出版社，2018.

走向的新方法》①、《从当代脑科学看禅定状态达成的可能性及其意义》②、《宋
钘"心法"思想及其科学阐释》③ 等重要论文。在全面而系统地梳理和研究儒、
释、道三家心法后,周昌乐教授将"心法"定义为:治心的方法(mental culti-
vation methods),大体与存心养性、明心见性、尽性致命等不同的心身修养主张
有关。说得通俗一点,所谓"心法"就是各种修身养性的方法的总称,其途径
不外仁智双运之法,目的则是要培养美好的心理品质,以期达到觉悟人生之
境界④。

在中华圣学心法的传承上,朱子作为两宋理学的集大成者,系统地建构了
理学心法体系,可以说无论是在心法思想方面,还是方法途径方面,朱子无疑
承继和发展了周濂溪和二程子的传统,乃是性理心法之集大成者。⑤ 在朱子所
处的南宋时代,读书人大都想通过科举跻身官场,而想要通过文化来提升社会
现状的却寥若晨星。因此,朱子希望通过教育来端正读书人的志向,扭转物欲
横流的社会现状,为日渐衰败的南宋培养一批救国救民的贤良之士。朱子之教
育事业,正如陈青之先生的评价:"他是一个践履笃实的教育家,想以平日所学
施于社会的教育家,每到一处,除政务外,则必开设学校,改良风俗,使一般
民众,不但得到他的政治的实惠,且得到他的教育的倡导。综计他做官不过十
四年,其余则全为私人讲学时期,私人讲学四十余年,所以及门弟子遍天下,
虽海外之人也有知其名而来顶礼的。"⑥

为了达致为社会培养人才,以改良当时的社会现状,朱子潜心教育教学实
践和研究。针对当时教育之弊,朱子认为造成贤才少、庸才多的一个极为重要
的原因是"小学"教育阶段教育的缺失。鉴于此,朱子按照先秦传统,重新把
教育划分为"小学""大学"两大阶段,并且专门为这两大阶段编订教材以供

---

① 周昌乐. 哲学实验:一种影响当代哲学走向的新方法 [J]. 中国社会科学, 2012, 10: 30-46.

② 周昌乐. 从当代脑科学看禅定状态达成的可能性及其意义 [J]. 杭州师范大学学报:社会科学版, 2010, 32 (3): 7.

③ 周昌乐. 宋钘"心法"思想及其科学阐释 [J]. 杭州师范大学学报:社会科学版, 2017, 39 (3): 22.

④ 周昌乐. 通智达仁:传授心法述要 [M]. 厦门:厦门大学出版社, 2018: 1.

⑤ 周昌乐. 通智达仁:传授心法述要 [M]. 厦门:厦门大学出版社, 2018: 283.

⑥ 陈青之. 中国教育史 [M]. 长沙:岳麓书社, 2010: 275.

使用。《小学》《童蒙须知》两书便是朱子专门为"小学"教育编订的启蒙教材，其中以《小学》一书最为重要，影响也最为深远。据束景南先生考证，《小学》大致完稿于淳熙十二年（1185 年），于淳熙十三年（1186 年）在衡州刊印，最终由朱子于淳熙十四年（1187 年）序定而成。① 朱子对《小学》一书非常重视，并誉之为"修身大法"②，可见此书在朱子建构的宏大的理学体系中占据着一个重要的位置。

朱子一生，可谓"以致力于圣学教育与传播为乐"，在长达四十余年的教育教学生涯中，朱子远绍前圣，形成了自己博大精深的教育心法体系。在本书中，笔者一方面试图汲取朱子学研究丰硕的研究成果，通过详细考察朱子教育思想和教学实践来阐发和总结朱子《小学》教育体系；另一方面试图结合现代心理学、儿童哲学、教育学及脑科学的发展，从心法的角度探究和阐发朱子《小学》一书的教育精义，并发掘此书对当今教育的借鉴价值和启示意义。另外，这里有必要说明的一点是，笔者在本文原打算专列《朱子〈小学〉心法的有效性验证》一章，其主要内容是通过哲学实验的方法来探究和验证朱子《小学》教育心法的有效性，但是因为疫情而导致实验没办法开展，所以只能付之阙如，有待来日再加以完善了。

第一节　中华圣道心法简史

要研究朱子《小学》一书蕴含的心法思想，首先自然要研究清楚朱子心法的渊源，要了解心法在中华文化教育中的历史和作用。心法，是最具特色的中华文化之一，如果从卡西尔符号文化的维度来看，我们中华文化可上溯至伏羲画卦（八卦即一种符号），接下来便是三坟五典，然后是八索九丘等典籍，但时至今日，除了八卦仍在，三坟五典、八索九丘等远古典籍皆已失传，目前我们可以追溯到的最早、最系统的文化源头，便是六经（八卦亦包含在六经之中）。

中华心法，考诸历史，上溯伏羲，下至颜元，历经数千年演变、发展、分

---

① 束景南. 朱熹年谱长编［M］. 上海：华东师范大学出版社，2001：853.

② 黎靖德. 朱子语类［M］. 北京：中华书局，1986：2629.

化，形成了十分丰富的心法思想、心法原则以及修养途径。如观其大略，就系统性的心法体系而言，正如周昌乐先生所言："可以分为四个比较成熟的心法体系，即先秦圣道心法体系、唐宋禅宗心法体系、宋明内丹心法体系，以及宋明性理心法体系。"① （见图1.1）这四大心法体系，先秦心法建立了中华心法体系的基本原则，隋唐禅宗心法形成了心法体系的基本方法，宋明性理心法以及内丹心法则进一步拓展了中华心法的修持途径（内丹涉身之性命，性理淑世之仁爱）。② 本节所探讨之圣道心法则主要涵盖先秦圣道心法体系及宋明性理心法体系，鉴于本书主题为朱子《小学》教育心法，故在本文并不论及唐宋禅宗心法体系及宋明内丹心法体系。

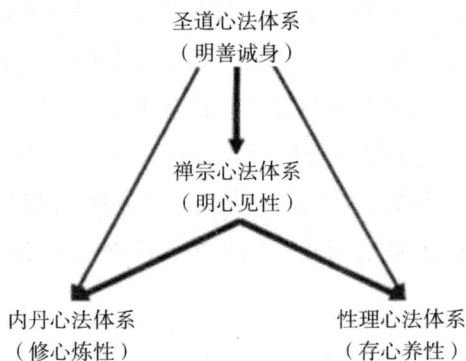

图 1.1 中华心法体系关系③

一、圣道心法体系

中华心法可上溯至先秦，而先秦心法要义主要保存在六经以及后起的诸子百家的论著之中，此处先讲六经。六经中的心法思想相对比较零散，并未形成系统的学说，其中最值得一提的当数《尚书·大禹谟》中记载的中华"十六字

---

① 周昌乐. 通智达仁：传授心法述要［M］. 厦门. 厦门大学出版社，2018：339.

② 周昌乐. 通智达仁：传授心法述要［M］. 厦门. 厦门大学出版社，2018：339.

③ 周昌乐. 通智达仁：传授心法述要［M］. 厦门. 厦门大学出版社，2018：41.

心法"，即"人心惟危，道心惟微；惟精惟一，允执厥中"①，此正是中华心法之源。

后虽有学者考证《古文尚书》乃汉代伪书，然《论语·尧曰篇》中记载道："尧曰：'咨！尔舜，天之历数在尔躬，允执其中。四海困穷，天禄永终。'舜亦以命禹。"② 另外，《荀子·解蔽篇》也记载："故道经曰：人心之危，道心之微。危微之几，惟明君子而后能知之"③，可知这"十六字心法"绝非汉代儒生能凭空捏造出来，而是自有所本。

周昌乐教授把冥想归为三类：聚焦注意（focused attention），开放监视（open monitoring）、自行超越自我（automatic self-transcending）④。所谓"惟精惟一，允执厥中"，如果按照现代心脑科学的角度来阐释，可以归为聚焦注意冥想，也就是"focused attention"。通过聚焦注意冥想，人可以专注一境，此时我们的大脑皮层便会形成"gamma波"。现代科学认为，"这种冥想可以帮助人们提高注意力、抵御精神衰老或培养诸如慈悲的心态。因此，对各种诸如慈悲状态的集中注意能够强化积极品质的脑活动，并带来永久性心理品质的改变"⑤。

再者，由《论语·雍也篇》记载的孔子之言"中庸之为德也，其至矣乎！民鲜久矣"，可推知"允执厥中"的中庸心法由来已久。如此看来，我们基本可以认定"十六字心法"源自尧舜。这"十六字心法"也是中华圣道心法的起源，为中华圣道心法的传承和发展奠定了以"中"为本的基础。

如果说六经记载的中华心法还是比较零散的话，那么创建系统的中华心法思想，当推孔子为第一人。正如周昌乐先生所言："从系统性的角度讲，中华心法思想的源头，当从'六经'之后的孔子学说算起……孔子是中华民族自由学术思想探索第一人。从这个意义上讲，点亮中华心法思想之光的人，毫无疑问当属孔子。"⑥ 孔子集中华上古文明之大成，也是系统性构建中华圣道心法的第

---

① 孔颖达.尚书正义［M］.北京：北京大学出版社，1999：93.
② 邢昺.论语注疏［M］.北京：北京大学出版社，1999：265.
③ 王先谦.荀子集解［M］.北京：中华书局，1988：400.
④ 周昌乐.哲学实验：一种影响当代哲学走向的新方法［J］.中国社会科学，2012（10）：42-43.
⑤ 周昌乐.哲学实验：一种影响当代哲学走向的新方法［J］.中国社会科学，2012（10）：42-43.
⑥ 周昌乐.通智达仁：传授心法述要［M］.厦门：厦门大学出版社，2018：32.

一人。孔子心法主要体现在《论语》及《礼记》等篇章中，孔子心法最重德行，其心法主要目的是涵育具备理想人格之君子，此君子当具备"仁（爱）、义（勇）、忠（恕）、智（知）、信（行）"这五种德行。五德之中，"仁"为核心，"仁"之一字，楚简有写作上"身"下"心"①，意即身心一如、知行一体，整个生命处于一种身心和谐的状态。

　　但是要达到"仁"的境界，并不容易。《论语·雍也篇》记载了一段樊迟向孔子问仁的对话，孔子告诉他，仁爱之士都是要克治艰难困苦才能达至仁爱之境的。② 这个"难"其中之一便是指克服私欲之难。在孔子看来，如果能够克服自己的私欲，一切依礼而行，那么天下也就大治了，此亦是颜渊问仁一章之要义。可见，孔子心法之核心在于克服私欲、依礼而行，所谓"克己复礼，天下归仁"。

　　想要成就仁道，孔子认为必须行"忠恕之道"。《论语·里仁篇》记载了孔子与曾子的一段对话，孔子对曾子说："参乎！吾道一以贯之。"曾子的回答也很有意思，他说："唯。"门人请教这段对话的深意，曾子告诉他："夫子之道，忠恕而已矣"③。那么何谓"忠恕之道"呢？"忠"字为己，要忠于良知；"恕"字对人，要将心比心。

　　要成就"仁"，就必须辅之以"智"和"勇"，这也是《中庸》倡导的"三达德"。《论语·宪问篇》曾记载孔子之言，他说君子之大道有三，但是他没能做到，那就是——"仁者不忧，智者不惑，勇者不惧"④。如果我们用现代心理学来阐释这段话便是，富有同情（仁爱）可以对治忧虑，保持理智（智慧）可以对治迷惑，兴发勇气（勇敢）可以对治恐惧。

　　孔子创建的心法体系除了上面所言的仁智双运心法，还有一个非常重要的修持途径，那便是要恪守中道的中庸心法。中庸的境界在孔子看来是很难达到的，要达到并一直保持中庸的境界，用孔子的话说就是"唯圣人能之"⑤。孔子关于中庸的论述并不多，其孙子思子继承和发展了孔子的中庸心法并构建起一

---

①　刘钊. 郭店楚简校释［M］. 福州：福建人民出版社，2005：90.
②　邢昺. 论语注疏［M］. 北京：北京大学出版社，1999：79.
③　邢昺. 论语注疏［M］. 北京：北京大学出版社，1999：51.
④　邢昺. 论语注疏［M］. 北京：北京大学出版社，1999：197.
⑤　孔颖达. 礼记正义［M］. 北京：北京大学出版社，1999：1428.

个系统而完备的心法体系。子思子点明了要达至中庸境界的关键之处在于"诚"和"明",通过"诚明"或"明诚"的修为可达"至诚"之境,通过"至诚"可以尽人性、尽物性,如此便可达到"致中和,天地位焉,万物育焉"① 的最高境界。

孔子开创的圣道心法体系还尤为注重用"礼乐"涵养来调养中和之性情。《乐记》有言,"致礼以治躬,则庄敬,庄敬则严威"②,可见,通过"礼"的涵养可以内生庄敬之心;《乐记》还说,"致乐以治心,则易、直、子、谅之心油然生矣"③,可见,通过"乐"的教化可以养成中和之心。关于"礼乐"涵养心法,总的来说:"乐由中出,配天性,从和近仁,治心之和,与内在性情的修养紧密关联,而'乐得其反则安;礼自外作,配地理,别宜近义,治躬之顺,与外在行为的修养紧密关联,而'礼得其报则乐'。"④

除了上述心法之外,《易传》退藏洗心之法也是圣道心法的重要组成部分。《易传》的具体作者虽然现已很难知晓,但《易传》思想出自孔门是学界共识,因此《易传》心法亦属于圣道心法体系的关键一环。《易传》心法宗旨主要体现在对"乾、坤"之发明,"乾"行刚健,强调自强不息、进德修业,象征智性;"坤"势柔韧,强调厚德载物、含章化光,象征仁体;两者相互依存,缺一不可。八卦之中,以"乾、坤"两卦为轴心,其他六卦也各有对应的心法修养途径,可谓是"八卦相荡、刚柔并济"。《易传》心法比较"时中"思想,像"蒙、升、艮"等卦都强调因时动态的中道观,这种动态是要顺应天道的变化规律,用天道来指导自己的人生实践和内心存养。正如《系辞》所言:"圣人以易开明人心、肇定人事、决断人惑……圣人以易澄澈心灵,隐退深密之处。"⑤《易传》心法思想的独特之处,在于它不但注重人道,而且注重天道和世道,也因此形成了一整套的内心存养体系,成为后世诸家心法取之不竭的源泉。

孔子逝后,儒分为八,继承孔子圣道心法的主要有子思之儒、颜氏之儒、

---

① 孔颖达. 礼记正义 [M]. 北京:北京大学出版社,1999:1422.
② 孔颖达. 礼记正义 [M]. 北京:北京大学出版社,1999:1140.
③ 孔颖达. 礼记正义 [M]. 北京:北京大学出版社,1999:1140.
④ 周昌乐. 通智达仁:传授心法述要 [M]. 厦门:厦门大学出版社,2018:58.
⑤ 孔颖达. 周易正义 [M]. 北京:北京大学出版社,1999:286-288.

乐正氏之儒、孙氏之儒。其中，子思之儒发展出思孟学派，子思子主要发展了孔子的中庸心法；孟子主要发展了孔子的仁道思想并创立了浩然心法；颜氏之儒则是复圣颜子创建的儒家学派，颜氏之儒安贫乐道，其学尤为注重存心养性，据钱穆先生等学者推测，庄子提出的"坐忘、心斋、朝彻"等心法理论很可能源于颜渊之学；乐正氏之儒应是由曾子弟子乐正子创建的儒家学派①，其主要心法理论集中在《大学》一书，主张修齐治平之道；孙氏之儒则是由荀子创建的儒家学派，其在心法上的主要成就为"解蔽"心法，其主要特点是强调智解。可以说自孔子到荀子，经过近三百年的努力，我们中华民族在先秦就已经建立了一个完备的圣道心法体系（见图1.2）。

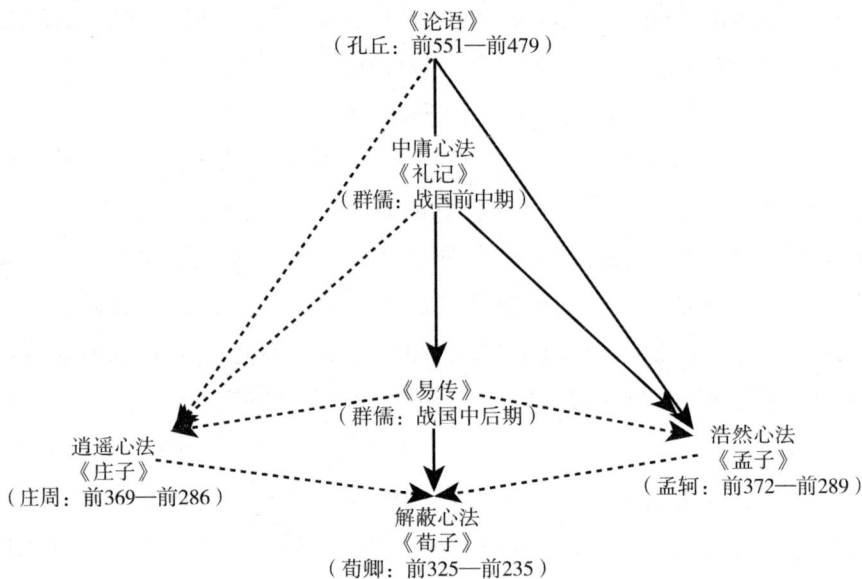

图 1.2　先秦圣道心法体系②

　　值得一提的是在诸子百家时期，不仅儒家构建了一个完备的圣道心法体系，以老子、宋子（宋钘）、庄子为代表的道家也创建了一个完备的道家心法体系。老子创建了以尊道贵德、无为清虚、去欲厚生的心法理论，庄子创建

①　关于乐正氏之儒，一说乐正氏是指曾子弟子乐正子；另有一说认为乐正氏之儒指乐正克创建的学派，笔者在本文采用曾子弟子乐正子一说。

②　周昌乐．通智达仁：传授心法述要［M］．厦门：厦门大学出版社，2018：34.

了以齐物明道、心斋坐忘、逍遥无待的心法理论，宋子则创建了心以藏心、去智静因、虚无守静的心法理论。先秦时期，是我国文化最为灿烂的时期之一，是中华心法体系建构的时期，也是后世道教内丹心法、理学性理心法，甚至禅宗顿悟心法的主要思想源头。

二、心法科学基础

如果以现代科学的观点来看待心法，那么心法思想无疑和现代意识科学研究的相关性比较强。心法是治心之法，而我们"心"之主要活动便是意识活动，周昌乐教授把"心"定义为有意识的神经活动表现出来的心理活动①。因此，要想更清楚地理解心法，那么就必须先对意识问题有一个基本的了解。

随着心理学的独立，詹姆斯、冯特、弗洛伊德等学者开始用科学方法来探索意识，也取得了重要的成果。自20世纪末起，科学界越来越重视意识问题，意识问题成为国际学术界研究的热点之一，诺奖得主克里克认为用科学方法探索意识的时代到了，他还提出了很多理论设想以及设计了一些科学实验来探索意识问题。当代心理学和脑科学揭示，我们的大脑其实存在着大量我们自身没有意识到的心理活动，比如遗忘过程、内隐学习、自发注意、程序记忆等无意识的心理活动，如果我们从这个角度来划分的话，可以把人类的心理活动分为有意识活动、无意识活动以及意识活动本身这三类②。

但到目前为止，什么是意识依然得不到一个很清晰的回答。周昌乐教授认为："必须清楚地看到，从宇宙大爆炸开始，精神与物质就同时相互纠缠地产生了。当物质运动变化创生万物，经过长期进化产生智慧生命，作为精神的体现者，意识真实代表神经活动的整体关联性，并与智慧生命相伴随。其中，生物所基于的生理活动支持着神经活动，神经活动涌现意识，意识感受生理表现并指导意向活动的实现，从而反观认知万物之理。这便是意识本性

---

① 周昌乐. 明道显性：沟通文理讲记［M］. 厦门：厦门大学出版社，2016：123.
② 汪云九，杨玉芳，等. 意识与大脑：多学科研究及其意义［M］. 北京：人民出版社，2003：260.

之所在。"①（见图1.3）

目前科学界一般认为意识包括有意识觉知（如感知觉知、元认知觉知等）、较高级功能（如注意、推理、自我控制等）、意识状态（意识和无意识）。如果我们把意识程度从低到高排序的话，大体可以得出这样一个序列：死亡→昏厥→睡眠→松弛的假寐状态→非训练朝向反射→训练朝向反射→非定位普通觉醒→定位特定觉醒→分散性普通注意→集中性选择注意→简单认知功能→复杂认知功能②。

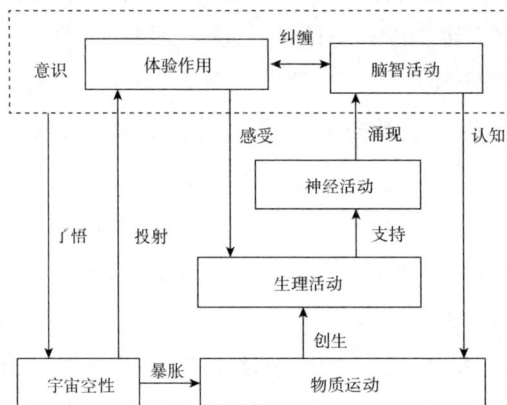

图1.3　一种意识运行机制示意图③

虽然现代科学家对意识问题的研究相较以前已经有了很大的进展，但意识问题对于人类来说一直是一个谜，就像美国科学家加扎尼加所言："在认知神经科学中，意识是一个有着特别挑战意义的课题。这种挑战性的最初表现就是研究者对意识的合理定义有着不同的看法。当今的现状就是，我们用到意识这一概念时，都有自己的主观理解，但是找到一个令人满意的、规范的定义却很难。"④ 如果我们从能否用科学的方法完全厘清意识问题这个角度来划分，目前学界关于意识的学说大致可以分为三大派别：神秘主义、取消主

---

① 周昌乐．明道显性：沟通文理讲记［M］．厦门：厦门大学出版社，2016：138.
② 周昌乐．机器意识：人工智能的终极挑战［M］．北京：机械工业出版社，2021：19-20.
③ 周昌乐．明道显性：沟通文理讲记［M］．厦门：厦门大学出版社，2016：138.
④ 加扎尼加．认知神经科学［M］．沈政，等译．上海：上海教育出版社，1997：737.

义、简化主义。神秘主义者认为科学不可能从根本上解决意识问题，他们认为意识是万物之本原，是主观神秘现象，人类的有限性注定了人类不可能彻底弄清楚什么是意识；取消主义者则直接把意识取消了，他们认为这世界上压根就没有意识，所谓"意识"现象，都是人类幻想出来的，所以意识问题从根本上就是一个伪问题，应当取消；简化主义者则认为意识是一种特殊的生物物理过程，是对神经系统自身情况做出反应的过程，简化主义者认为意识问题完全可以通过物理还原的方法来把握和理解，我们人类迟早可以解决这个问题①。

周昌乐教授则认为，"意识说到底根本就不是一种实体，而是一种能力或作用，是作为人整体性的一种能力，而不是人的某些局部（比如脑）的属性。否定意识的存在经不起逻辑上的反驳，因为这些否定本身就是意识活动的结果"②。在全面考察了目前学界关于意识问题的研究成果之后，他把意识分为三种基本类型。

第一种是觉知意识，也就是意向性意识。这种意识的共性是有意向性（intentionality）对象的，个体的感知、认知、回忆、想象、言语和行动都属于伴随有觉知意识的活动范畴。日常生活中，我们大多数心智活动都有意向性的对象，因此觉知意识属于功能意识范畴。

第二种是悟识意识，又叫作自明性意识。这是心智对自身意识之省察、审视等反思性意识活动。悟识意识一个非常重要的特性就是通过内省和反思可以达成纯粹的意识状态，因此它是沟通觉知意识和感受意识的桥梁，与个体的心性修养密切相关。悟识意识也有意向性对象，但悟识意识是把自身已经发生的意识活动作为悟识对象。悟识意识如果处于对象化的阶段，那么它就还停留在功能意识范畴，而如果可以通过反思彻底消解意向对象，就可以通过去意向性而达至纯粹的意识状态。

第三种是感受意识，也就是主观性意识。这种意识和觉知意识不一样，它没有意向性对象，它是内在活动的感受和体验。在平时生活中，个体无论在从事感知、认知、回忆、想象、言语或行动时，或是在心灵游移（mind

---

① 周昌乐．明道显性：沟通文理讲记［M］．厦门：厦门大学出版社，2016：111-112.

② 周昌乐．明道显性：沟通文理讲记［M］．厦门：厦门大学出版社，2016：113.

wandering）的对象中，甚或在进行的意识活动中，我们都会内在感受到那个当下发生的意识体验，亦即我们永远都伴随着一种难以消除的存在感。因此，感受意识属于现象意识的范畴，是关于主体"精神本性"的体验①。

由此可见，心法绝不是我们古圣先贤的凭空想象，通过心法存养可以提升人的生活品质和生命境界，现代学术尤其是心理学和脑科学的发展已经给我们展示了很多相关的证据，因此，运用实证的方法来研究中华传统心法也是应有之义。现在有一种方法被称为"认知神经实验方法"，这种方法主要是运用现代化的科学仪器来研究人类的认知和神经。现代学者通过这种科学实验方法来探寻正念对人类脑电波和心理品质的影响，并将冥想大致分成四类②。

第一类为"专注一境"式冥想（focused attention/one-pointed concentration），也就是聚焦注意式冥想，通过聚焦注意力，被试者可以达到"专注一境"的精神状态。实验显示，当被试者做到"专注一境"的时候，大脑皮层中的"beta/gamma"脑电波会显著增强。脑电波中频率最高的便是"gamma波"（30～100Hz），当我们不同脑区的神经元同时聚焦于某一任务运作的时候，"gamma波"就产生了。因此，实验结果推断，长期进行"专注一境"式冥想的人专注度和工作效率会比较高。并且，如果一个人能长期专注于善念，将会在很大程度上改善其心理品质。

第二类为"正念之法"式冥想（open monitoring），也就是开放监视式冥想，这种方法不要求刻意控制自己的念头，而是随其自然流淌，通过这种冥想，被试者可以达到"无住生心"的精神状态。实验结果表明，"正念之法"式冥想关联到"Theta波"亦即"θ波"的产生，"θ波"的频率相对比较低，大概介于4～7Hz。它对应的状态是人脑对于经验内容不刻意控制和操纵，而是静静地观察它，这样人可以更清晰地觉知到处于纯意识状态下的情志。这种脑电波一般代表人处于一种放松和愉悦的状态，现代心理学一般将"正念之法"运用于治疗焦虑、抑郁甚至毒瘾和心理创伤。实验结果表明，用"正

---

① 周昌乐. 机器意识：人工智能的终极挑战 [M]. 北京：机械工业出版社，2021：11.
② 周昌乐. 哲学实验：一种影响当代哲学走向的新方法 [J]. 中国社会科学，2012（10）：42-43；周昌乐. 博学切问 [M]. 厦门：厦门大学出版社，2015：94.

念之法"修行，可以帮助个体更清楚地感受和认识自己的内心，缓解工作和生活的压力，以及提升洞察力。

第三类为"坐忘之法"式冥想（automatic self-transcending），也就是自行超越自我式冥想。当个体达至坐忘的状态时，便可到达任运自在的境界。实验表明，和这种状态对应的脑电波形式是"alpha 波"亦即"α 波"活动的增强或者阻断。不过，这种坐忘的境界是很难通过努力达到的，但是或许在某个时刻我们会自然而然地达至这个境界。在此境界，个体消泯了主客之别而达至物我两忘的精神状态，实验表明此刻"α 波"会发生显著变化，从而表明人类是完全有可能进入物我两忘的境界而体悟到天道的。

在中华心法体系中，除了上述三种冥想，还有一类冥想是比较特殊的，那便是第四类"慈悲静虑"式冥想（compassion meditation or loving-kindness meditation），这是冥想的高级阶段。这一类冥想的关键部位在于大脑的前额皮质，目前关于"慈悲静虑"的科学研究表明，长期开展"慈悲静虑"可以导致前额叶皮层和右脑岛增大并激活左眶额皮层，并且可以产生多脑区同步振荡现象，有助于增长人的共情心和慈悲心①。

结合现代科学对心法的研究可知，心法并非看不见摸不着的，而是可以用现代科学验证心法的有效性的。因此，从现代科学尤其是现代脑科学及心理学的角度来重新阐释中华心法，并将之发扬光大是非常有必要的。

三、心法与哲学之辨

本节主要想探讨的主题是"心法与哲学之辨"。总体而言，我们可以这么说：哲学重理性，心法重体悟。而这或许也是中西文明最重要的不同点之一。西哲罗素认为，西方文明与世界上其他伟大文明最重要的区别之一便是"逻各斯"，是"逻各斯"让哲学和科学紧密地联系在一起，他说："发源于希腊的西方文明，是以距今 2500 年前开始于米利都的哲学和科学为基础的。这样，它就有别于世界上其他伟大的文明。贯穿希腊哲学的主导概念是'逻各斯'这个名词，除别的含义外，是指'言语'和'量度'，这样说使哲学的

---

① 周昌乐. 通智达仁：传授心法述要［M］. 厦门：厦门大学出版社，2018：353-355.

讨论同科学的探求紧密地结合起来。"① 逻各斯一词本身就包含着理性这一含义,而理性也为西方乃至整个世界带来了科学文明和巨大的物质财富。然而,正如弗洛姆所言,理性既为人类带来了福音,也埋下了祸根,因为理性逼迫人类无休止地去解决用理性无法解决的"两歧"②。的确如此,理性的最大问题就在于很难调和主体和客体的对立,主客对立是理性赖以取得辉煌的法宝。但同样,主客对立也是理性难以超越的根源,这是因为人的心灵从根本上是没办法区分出主客来的。

理性局限性的根源也就在于主客二分法,这一思维模式天然倾向二元对立,像西方哲学中主客对立、心物对立、是非对立、真假对立等非此即彼的思维方法便是理性局限性的集中体现。然而,哥德尔定理告诉我们,类似这种非真即假的思维,是不可能普遍适用的,只能在符号形式化研究的小范围内适用,尤其是当我们面对作为整体一如的宇宙时,理性思维显得如此苍白③。

通过理性是无法达到根本之道的,这是因为根本之道是超越主客、超越逻辑的,是无法用语言来定义的,所谓"道不可言,可言非道"。塔斯基不可定义定理告诉我们,道从根本上讲是不可被定义的。美国物理学家、诺贝尔奖获得者卡普拉曾说:"有关物质这一层次上的知识不再来自直接的感官知意,而我们通常的语言是从感知的世界中获得概念的。因此这种语言也就不再适于描述所观察到的现象,随着我们越来越深入地研究自然界,我们不得不越来越抛弃日常语言的形象和概念。"④

可见,理性固然带给了人类难以计数的福祉,但是理性至上主义会带来很严重的恶果。一方面,很可能导致理性至上,人类会以理性和科学来衡量一切,这不可避免地会导致唯科学论,从而破坏人与自然的和谐关系;另一方面,会导致极端的工具理性,人类会把人当工具使用和控制,而不把人当人本身,这样的社会必然导致精神失落,因此人的内心也难以得到祥和、

①　罗素. 西方的智慧 [M]. 马家驹,贺霖,译. 北京:世界知识出版社,1992:10-11.

②　陈珺. 心灵简史:探寻人的奥秘与人生的意义 [M]. 北京:线装书局,2003:76.

③　周昌乐. 明道显性:沟通文理讲记 [M]. 厦门:厦门大学出版社,2016:171.

④　卡普拉. 物理学之"道":近代物理学与东方神秘主义 [M]. 朱润生,译. 北京:北京出版社,1999:38.

安宁。

　　在这一点上，建立在悟性文化基础之上的中华心法文明或可补西方理性文明之不足①。此种悟性文化的本质就在于秘密认知能力，所谓"秘密认知能力"，周昌乐教授将其定义为"能够达成去意向性而进入精神显现效果的那种了悟性认知能力"②，所谓"去意向性"，即要破除我执，我执便有意向，这种我执从根本上说是工具理性主导的机用之心，充满欲望以及随欲望而来的执着、焦虑、痛苦等负面情绪，一旦破除我执，便进入了开悟的状态。心理学家詹姆斯在《宗教经验种种》一书中曾这样描述开悟的状态，他说人的心灵有一种超越理性的超意识状态，在这种超意识状态下没有自我（egoism），没有欲望，没有不安，没有对象，也没有形体，但是在这种状态下我们的心灵依然在活动，而真理放射出它的全部光辉，使我们认识了自己，知道我的"真吾"是不死、万能、超越有限以及善恶对立的，并与阿德门（Atman）或宇宙之灵（universal saul）同一③。在这种状态下，人超越了理性，而与宇宙同一，心灵处于澄明状态，自然也就消除了上述所说的种种负面情绪。

　　这种由工具理性而导致的负面情绪，心理学大师荣格说得清楚而透彻："现代人已经失去其中古时代兄弟们所有的心理信心，现代人的信心都已为物质安全、幸福及高尚等理想所替代。可是这些理想要能实现，所需要的乐观成分当然更多。甚至于物质的安全现在亦成为泡影了，因为现代人已开始发觉，在物质上的每一次'进步'阶段，总是为另一次更惊人的浩劫带来更大的威胁……科学甚至于已经把内心生活的避难所都摧毁了。昔日是个避风港

---

①　周昌乐. 通智达仁：传授心法述要［M］. 厦门：厦门大学出版社，2018：序言1-2.

②　周昌乐. 明道显性：沟通文理讲记［M］. 厦门：厦门大学出版社，2016：178.

③　詹姆斯. 宗教经验之种种［M］. 尚建新，译. 北京：华夏出版社，2005：288. 詹姆斯说："心灵本身有一种更好的存在状态，超乎理性，即一种超意识状态。心灵一旦进入高级状态，超越理性的这时便随之而生……瑜伽的一切步骤，旨在用科学方法把我们引入那个超意识状态，即三摩地……无意识的活动在意识之下，同理，另一种活动在意识之上，也没有自我（egoism）的感受所伴随……没有'我'（I）的感受，但心灵仍在活动，无欲望，无不安，无对象，无形体。于是，真理放射出它的全部光辉，让我们认识了自己——因为三摩地潜伏于我们每个人之中——知道我们的真吾，不死，万能，脱离有限以及善恶的对立，而与阿德门（Atman）或宇宙之灵（universal saul）同一。"

的地方，如今已经成为恐怖之乡了。"① 在这种缺乏安全感的社会，人类要么把安全需求寄托在至高无上的神祇上面，寻求一个全知全能的神作为自己生命的皈依，这自然是一种选择；还有一种选择与之相异，那便是相信自性，也就是唤醒内在的自信，对生命本身的相信，这便是心法的核心要义。正如《近思录》所言："然学之道，必先明诸心，知所往，然后力行以求至，所谓自明而诚也。诚之之道，在乎信道笃，信道笃则行之果，行之果则守之固。"②

要真正获得这种内在的自信，仅仅依靠理性是不够的，更要依靠智慧。真正的大智慧是超越理性的，也不是仅靠理性的运作就能达到的，而是要依靠悟识能力，也就是我们前面所说的秘密认知能力。理性的运作必然导致主客二分，是主体对外在客体的认识，而人类是不可能从对外在客体的认识而从根本上获得内在自信的。因为只要有主客之分，便有意向性，有意向性便会产生我执，而我执必然会蒙蔽我们的本心本性。那么我们要通过怎样的方法来恢复我们人之本心本性呢？那就非秘密认知不可了。秘密认知是无须用理性去证明的，它是自明的，是一种"直觉体悟，超越悖论的意识能力……是一种不做任何意向努力的心法，本乎于无住，从而达成心性（仁爱精神与智慧活动的叠加态）的显现"③。

人类生活的最高境界，莫过于从根本上获得精神上的自由，正是这种自由让我们超越主客、物我、是非、善恶的对立，从而真正进入生命的至善之境。西方神学家希克曾说："我们是有限的、脆弱的宇宙片段。但由于我们具有寻求意义的内在需求，所以，我们或者根据有意采纳的或者根据无意预设的宇宙特征的观念——大图景——而生活。"④

正如周昌乐教授所言："在新的时代背景下，如果能够通过吸收西方文明的科学与民主的思想，方法与成就，并进一步强化在宋明理学时代开创的中华圣学体系，发挥我们这部读物提倡的'格物''敬天''明心''悟道''淑世''爱人'这些基因，来不断改造发展以圣学为核心的中华文化，那么

---

① 陈珺. 心灵简史：探寻人的奥秘与人生的意义［M］. 北京：线装书局，2003：280.
② 朱熹，吕祖谦. 朱子近思录［M］. 上海：上海古籍出版社，2000：36-37.
③ 周昌乐. 明道显性：沟通文理讲记［M］. 厦门：厦门大学出版社，2016：177.
④ 希克. 第五维度［M］. 成都：四川人民出版社，2000：1.

中华圣学也许就最有希望成为未来全球化时代的核心文化思想价值体系，更好地指导当代人的生活。"① 因此，在现代社会，我们或许应当将心法带来的精神自由与理性的自我反思精神结合起来。一方面，我们应当高扬理性精神，不断积极进取、开拓发展；另一方面，我们必须注重心法存养，以心法来涵养理性，如此理性才不会陷入狂妄悖谬。正如 Whitlock 所言：

　　情感和认知都能向学习过程提供信息。它代表着在一种融合的过程中和朝向更大程度的聚合的运动中情感和观念之间的持续的相互作用，通过运用观念及从中起源的情感，就能"克服"情感与观念之间的分裂。这种情感/观念的格式塔代表着朝向更高水平的知识整合运动，而又不会使学习者和所寻求的知识非人化。②

　　笔者在本节论及心法与哲学之辨，目的不在于为中西文明分个高低优劣，更不是要批评作为西方文明精粹之一的理性精神。笔者不但不反对理性精神，反而认为当代社会应当高扬理性精神，笔者反对的是理性至上，认为理性无所不能的观点。通过这种比较，笔者希望能够更清楚地认识中西文明的优劣所在，进而促进中西文明更好地融合。正如周昌乐先生所言：

　　圣道心法以天道为准则，以心性为途径，以淑世为致用，建立了影响深远的学理思想体系，其中心性是承天启世的关键。先秦一开始建立的圣道心法，就已经具备区分中西文明的关键和核心的特有方面。因此，只有把握了圣道心法，才能明白后来中华圣学体系的发展脉络，乃至整个中华文明思想的特质和优势所在；进而才能明白中华文明对世界文明的核心贡献之所在，即使在科学昌明的当代，也同样如此。③

---

① 周昌乐. 明道显性：沟通文理讲记［M］. 厦门：厦门大学出版社，2016：254.
② WHITLOCK A. learning paradigm at Johnston College［J］. In Journal of Humanislic Psychology，1980，21（2）：116-117.
③ 周昌乐. 通智达仁：传授心法述要［M］. 厦门：厦门大学出版社，2018：序言2.

第二节　朱子心法基本结构

秦火之后，中华圣道心法几乎绝传，黄百家认为汉代儒生只是传经而已，一直到一千多年以后周濂溪、二程子、张横渠等大儒横空出世，圣道心法才得以重新延续①。濂溪心法主要继承《中庸》《易传》的"诚""几"之说，其要旨可以概括为"中正仁义""诚几慎动""主静"以成圣；横渠先生则开创了较系统的"大心"心法体系，其心法主要源于《中庸》《易传》，以及《孟子》，其"大心"心法体系将天道、心性合二为一，主张大其心以体天下之物，最终达到民胞物与的仁爱之境；明道先生可谓是圣道心法中兴的关键人物，其心法思想主要集中在《识仁篇》和《定性书》两篇文章中，所谓"识仁"便是要体会自身的仁爱之心，所谓"定性"便是要做到物随心转，而不是心随物转，通过识仁定性心法超入与物同体、不系于物的境界；伊川先生则建构了一个体系比较完备的内圣修持心法体系，主要以居敬存养、穷理致知、力行集义为心法修养途径以达至造道不动、感通天下的境界。理学心法自濂溪至伊川，可以说蔚然大观，为朱子理学心法奠定了坚实的基础②。

朱子是宋代理学集大成者，自然也是宋代理学心法集大成者，全祖望以"综罗百代"③评价朱子理学可谓实至名归。作为宋明理学心法集大成者，黄宗羲认为朱子理学得力于伊川先生较多，而得力于明道先生较少④。正如周昌乐教授所言："伊川理学心法，经龟山杨时、豫章罗从彦、延平李侗，至朱熹终于集其大成，世称程朱理学。"⑤ 因之，本节探讨朱子心法基本结构亦主要从敬静存养、穷理力行这两方面入手，以期对朱子心法有一个整体的把握。

① 黄宗羲，全祖望．宋元学案［M］．北京：中华书局，1986：482. 黄百家按语："孔孟而后，汉儒止有传经之学，性道微言之绝久矣。元公崛起，二程嗣之，又复横渠诸大儒辈出，圣学大昌。"

② 周昌乐．通智达仁：传授心法述要［M］．厦门：厦门大学出版社，2018：241-269.

③ 黄宗羲，全祖望．宋元学案［M］．北京：中华书局，1986：1495.

④ 黄宗羲，全祖望．宋元学案［M］．北京：中华书局，1986：542. 黄宗羲按语说："朱子得力于伊川，故于明道之学，未必尽其传。"

⑤ 周昌乐．通智达仁：传授心法述要［M］．厦门：厦门大学出版社，2018：269.

一、朱子心法主旨

朱子集性理心法之大成，其心法首先是建立在他的天道观和人性论的基础之上的。朱子的天道观主要体现在他的"理气论"上；朱子的人性论则可用"心为主宰，性即为理"① 来概括。

我们不妨先来探讨一下朱子的"理气论"，在朱子看来，"理"是宇宙之本体，如无此"理"，"便亦无天地"②，天地都没有了，人与万物也就没有覆载了；朱子认为，"理"是形而上的，所以其要在现实世界发生作用则必须通过形而下之"气"，没有"气"，"理"的作用就无所发挥。③ 朱子认为宇宙是按照"理"的原则化生出来的，在这一点上朱子心法继承和发展了濂溪心法，他们都认为世界的起点首先是太极，其次是自太极化生出阴阳，再次是从阴阳衍生出五行，最后由五行化生出万物。万物之中，人秉承了天理之德，所以最为灵秀④。

在此"理气论"架构上，朱子建构了一套理学人性论思想。关于人性是什么这一问题，古今中外无数哲人都在追问，此亦"我是谁"这一大问题的关键所在。自从实验心理学和精神分析学创建以来，正如马斯洛所言，学界产生了这样一种思潮，他们对人性非常地绝望，认为人性从根本上便是堕落、邪恶的，马斯洛严厉地批评了这种倾向，他认为这是"恶毒和残酷"的。在马斯洛看来，他们不承认有可能改善人的本性以及社会，也不承认有可能发现人的内在价值或者对生活产生一种普遍的热爱，在他们当中的绝大多数人看来，人性从根子上是邪恶和堕落的⑤。

很显然，中华圣学传统的人性论与上述两大心理流派截然不同，孔子虽然没有明确提出性善论，但是通过考察《论语》中"我欲仁，斯仁至矣""人之生也直"等言论我们便可发现孔子大体持性善论的观点，正如徐复观先

---

① 周昌乐. 通智达仁：传授心法述要 [M]. 厦门：厦门大学出版社，2018：280.
② 黎靖德. 朱子语类 [M]. 北京：中华书局，1986：1.
③ 黎靖德. 朱子语类 [M]. 北京：中华书局，1986：3.
④ 景怀斌. 心理层面的儒家思想 [M]. 北京：中国社会科学出版社，2017：159.
⑤ 马斯洛. 人性能达的境界 [M]. 林方，译. 昆明：云南人民出版社，1987：2.

生所言，"孔子实际是以仁为人生而即有、先天所有的人性"①；子思子亦持性善论观点，《中庸》认为率性而为便是道，道无有不善，道所赋予之人性自然也没有不善；孟子更是直接挑明"性善"，发展出他的"四端说"。可见，圣学心法的性善论传统早在创始之初就已经奠定，在这里不妨借用一下徐复观先生评价孔子人性论的一段话来阐释此一传统，徐先生说："由孔子所开辟的内在的人格世界，是从血肉、欲望沉浸下去，发现生命的根源，本是无限深、无限广的一片道德理性，这在孔子，即是仁；由此而将客观世界乃至在客观世界中的各种成就，涵融于此一仁的内在世界之中，而赋予以意味、价值；此时人不要求对客观世界的主宰性、自由性，而自有其主宰性与自由性。"② 这便是中华圣学心法开辟的性善论的价值和意义。

西哲以赛亚·柏林有言："在本质上，人，即便不是善的，但无论如何也不会是恶的，人有仁慈的潜能，每一个人，在不受骗子或傻子迷惑的时候，最善于鉴别自己的利益和价值；在总体上，每一个人都倾向于奉行自己的理解力所提供的行为法则。"③ 深受东方思想影响的人本主义大师马斯洛亦言："人也还有一种更高的本性，这种本性是似本能的（instinctoid）；也就是说，是人的本质的一部分。"可见，在性善论这一点上，随着时间的推移，相信东西方大哲会有越来越多的共同话语。

朱子的人性论思想无疑也继承了中华圣学传统，在朱子看来，人性是潜存于人心的，而人心之中蕴藏着性理和欲望，天理透过人心显发出来的便是仁义之德。下面我们不妨通过分析朱子心法中的心理机制来剖析朱子的人性论思想。教育学家陈青之先生对朱子有较高的评价，他说：

> 朱子说明心理现象及作用，比较以前各家都说得详细：他不仅只论性之善恶，并将心、性、情、才、欲及意志种种心理名词都一一下个解释。大要以心为人生之主，性是天所赋予的心之理，其他各种作用全是由心发生、由心所指使的。④

---

① 徐复观. 中国人性史论［M］. 北京：九州出版社，2014：91.
② 徐复观. 中国人性史论［M］. 北京：九州出版社，2014：64.
③ 以赛亚·伯林. 自由及其背叛［M］. 赵国新，译. 南京：译林出版社，2005：136-137.
④ 陈青之. 中国教育史［M］. 长沙：岳麓书社，2010：279.

朱子心法的心理机制，按照景怀斌先生的观点，大体可以分为以下五点：一是心统性情，二是性贯天人，三是心有气弊，四是性发仁义，五是"敬""格"以"仁"。①

所谓"心统性情"，是说心像一个长官一样统管着"性"和"情"，是我们人之一身的主宰。朱子认为，心是虚的，所以才可以"包含万理"②；"性"则是人之所受于天理，也就是所谓的"心之理"；"情"便是"性"显发于人生实践的，也就是所谓的"性之动"。③

所谓"性贯天人"，意思是"性"是天理贯注于人心的，通过"性"，天理人性才得以贯通。通过性贯于天，朱子解释了何以人可以秉承天理之德。朱子认为万物都禀受天理而生，因此万物都有"性"，人亦如此。天之所赋称作"命"，万物所受称作"性"，万物所受于天的称作"气"。人所受之于天的正是最为灵秀之气，因之人性之中便天然具有"仁、义、礼、智、信"等善端，而这人性之中的善端需要通过心的作用在人生实践中显发出来。

所谓"心有气弊"，是指人心之中虽有善端，也蕴含了"气"带来的弊端。朱子认为"明德"乃是人得自于天的，所以明德是纯善的，可以"具万理而应万事"④，但是有时候"明德"因为被我们的"气禀"和"人欲"拘束和遮蔽，所以便会昏暗不明。正因为此，朱子将心分成道心、人心。所谓"道心"，即完全是天理之显发，是源于性命之正，是纯粹至善而无纤毫之恶的；所谓"人心"，即心为气禀、物欲所蔽，是形气之私所生。正如陈来先生所言："在朱子哲学中，心与性是被比较严格地加以区分了的。主要的原因是'心'包含着各种经验意识、情感，不足以代表完满的道德性，而性是一个标志内心的道德本质的范畴，两者的区别在于前者现而不善，后者是善而不现。"⑤

所谓"性发仁义"，是指人秉承天理的至善之性可以生发出"仁、义、

---

①　景怀斌. 心理层面的儒家思想［M］. 北京：中国社会科学出版社，2017：159-161.

②　黎靖德. 朱子语类［M］. 北京：中华书局，1986：88.

③　黎靖德. 朱子语类［M］. 北京：中华书局，1986：89.

④　朱熹. 四书章句集注［M］. 北京：中华书局，1983：3.

⑤　陈来. 有无之境：王阳明哲学的精神［M］. 北京：北京大学出版社，2006：75-76.

礼、智"这四种美德。朱子认为"此性自有仁义"①，因为这"性"乃是人得之于天理的，而天理是纯然至善的，因之这"性"也是纯然至善的。另外，还要注意的是，在朱子看来，"性"里面并没有所谓的"孝悌"，只有"仁、义、礼、智"这四种德行②。

所谓"敬格以仁"，是指到达"仁"的境界需要通过"居敬"和"格物"来达至。在朱子心法中，"性"是贯通"理"和"心"的，但是"心"可以分成道心及人心，也就是说"心"可以上升到"理"的高度，也可以沉沦于"欲"的深渊。因此，朱子提出，想要修养至最高的"仁"境，一方面应当通过"居敬涵养"，也就是未发工夫来涵养"道心"；另一方面必须"格物穷理"，也就是已发工夫来涵养"道心"。正如陈青之先生所言："人有道心则神志清明，透澈如镜，物来顺适，无所不到，无所不宜。推此心于恻隐，无一非仁；推此心于羞恶，无一非义；推此心于辞让，无一非礼；推此心于是非，无一非智。以它来格物，无物不可格；以它来读书，无书不可读；由是而修身而处事接物，自然合于规矩，中于法度，即可以做一个纯全的人了。"③

在《〈中庸〉章句序》中，朱子提及尧传授给舜的心法要诀——"允执厥中"（《论语·尧曰》），以及舜传授给禹的心法要诀——"人心惟危，道心惟微，惟精惟一，允执厥中"（《尚书·大禹谟》），其中，舜传大禹的十六字历来被人称作"虞廷十六字"或"十六字心传"，朱子则称为"尧舜禹所传心法"④。朱子认为，《中庸》所载乃是孔门心法，子思子害怕时间长了会导致传授出现偏差，所以特意将此心法书写下来传授给孟子⑤。从中可以看出，在此以"心法"二字将中庸心法与"十六字心传"联系起来。

首先，《中庸》开篇"天命性道"可对应"道心惟微"；其次，"择善固执"

① 黎靖德. 朱子语类 [M]. 北京：中华书局，1986：1.
② 黎靖德. 朱子语类 [M]. 北京：中华书局，1986：48.
③ 陈青之. 中国教育史 [M]. 长沙：岳麓书社，2010：283.
④ 朱熹. 朱子语类 [M]. 北京：中华书局，1986：2017.
⑤ 程颢，程颐. 二程集 [M]. 北京：中华书局，1986：411.

可对应"惟精惟一";再次,"君子时中"可对应"允执厥中"。① 那么在朱子心法中,朱子是如何区分"道心"和"人心"的呢?朱子认为,人有此性,源自性命之正,是谓"道心";人有此形,出自形气之私,是谓"人心"。"道心""人心"混杂于心,应当严格区分,因为如果不严格区分,那么人心就会危殆不安,道心就会微弱难现,如此则天理之大公必将淹没于人欲之自私。

正如马斯洛所言:"所谓精神的(或超越的、价值论的)生命明显地根植于人种的生物本性中。这种'高级'的动物性是以健康的'低级'的动物性为前提条件的。这就是说,它们是一个整合的(而非互相排斥的)系列。但是,这种高级的、精神的'动物性'过于怯弱和柔嫩,很容易丧失,很容易为强大的文化势力剥夺,因而,只有在一个促进人的本性的文化中,它才能广泛地实现,从而得到最充分的发育。"② 马斯洛所言的超越的精神和价值便是道心的体现,而这道心是柔嫩纤微的,很容易被强大的文化势力亦即人欲剥夺。

可见在朱子看来,性命之正乃是道心之本源,所以才能达成天理之公,形气之私是人心之本源,因此可能沦为人欲之私。朱子认为,"天以阴阳五行化生万物,气以成形,而理亦赋焉,犹命令也。于是人物之生,因各得其所赋之理,以为健顺五常之德,所谓性也""人物各循其性之自然,则其日用事物之间,莫不各有当行之路,是则所谓道也"③。我们可以看到,朱子对"道心人心说"以及对天命、性、道的阐法是有其内在一致性的:人出生便有形、性,因之此心分成人心、道心,心存乎性则见天理,心溺乎形便是私欲。

朱子基于"道心人心说",把性分为"天命之性"和"气质之性"。人禀受理所得之天命之性是至粹至善的,体现在人便是五常之德,亦即孟子思想中的良知良能,显发的便是道心。他说:"天命之性,万理完具;总其大目,则仁义礼智,其中遂分别成许多万善。"④ 人禀受气所得之气质之性则和天命

---

① 朱熹. 四书章句集注 [M]. 北京:中华书局,1983:15.《中庸章句序》:"其曰:'天命率性',则道心之谓也;其曰:'择善固执',则精一之谓也;其曰:'君子时中',则'执中'之谓也。"

② 马斯洛,等. 人的潜能和价值 [M]. 昆明:云南人民出版社,1987:224-225.

③ 朱熹. 四书章句集注 [M]. 北京:中华书局,1983:17.

④ 黎靖德. 朱子语类 [M]. 北京:中华书局,1986:2816.

之性不一样，朱子认为，如果说天命之性是至粹至善而不杂丝毫之恶，那么气质之性则是有善恶之分的，气质之性显发的便是人心。朱子认为，气质之性之所以有善恶之分，是因为气有清浊，那么人之所禀于气自然有别，这也便是有人为圣，有人为愚的道理了。人之一身，理气一体，无法分割，所以人之一身禀受的自然既有纯善的天命之性，也有善恶之分的气质之性。如果禀受气之清者，说明此人有很大可能性成圣成贤；如果禀受气之浊者，则此人便有很大可能性成恶成愚。

在此基础上，朱子进一步发展了孔子的人性论（见图1.4），孔子所言生知者，便是禀受全然没有杂质的清明纯粹之气，这便是圣人；孔子所言学知者，便是禀受有些微杂质的清明纯粹之气，这便是大贤；孔子所言困知者，便是禀受浑浊多而清明少之气，这便是众人；孔子所言困且不学者，便是禀受完全浑浊、毫无清明之气，这便是下民。朱子心法便是建立在其"理气论"的天道观、"道心人心说"以及人性论基础之上的，朱子心法的根本宗旨便是要通过敬静存养、穷理力行的修养方法以达至与理合一、尽复道心、纯然天命之性乃至全体大用的圣人之境。

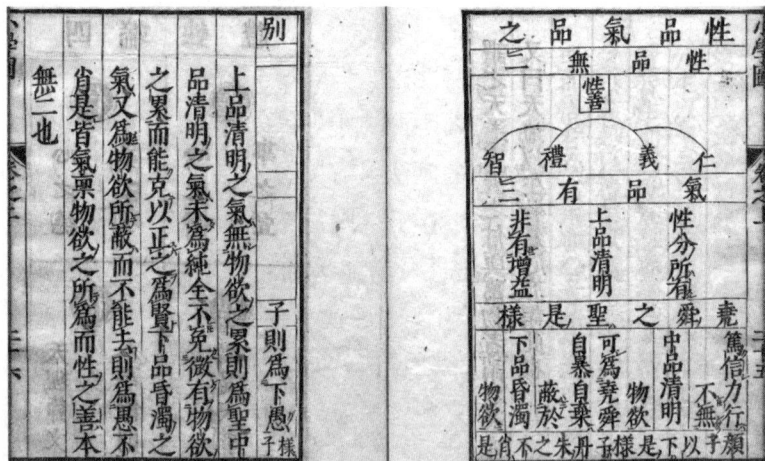

图1.4　性品气品之别

（资料来源：摘自日本国立公文书馆藏《小学书图骤括纂要》卷之上第二十六页）

26

二、敬静存养心法

在朱子性理心法体系中,"理"是本体,"心"则是做工夫之处①,通过内心存养,达至中和之境。朱子内心存养之法,一方面继承和发展了伊川先生的主敬说,另一方面也继承和发展了濂溪先生的主静说,统而言之,可谓之为敬静存养心法。

"敬"之一字,在朱子性理心法中占据着核心地位(见图1.5),朱子甚至说"圣人相传,只是一个字"②,这个字在朱子这里就是"敬"。朱子认为"敬即是此心自做主宰处"③,他认为内心存养要以"敬"为主,这样就可以做到不管是里面还是外面都能保持肃然的状态,既不忘本心,又不妄助本心,本心自然就在;反之,如果不存心以"敬",而存心以"欲",就会不胜其扰而丢失本心了。④ 朱子甚至把"敬"之一字拔升至圣学心法第一要义的地位,他认为"敬字工夫,乃圣门第一义,彻头彻尾,不可顷刻间断"⑤。台湾学者杨祖汉教授对朱子主敬之说评价极高,他认为朱子此说"确立了儒家重恭敬这一义理形态,彰明了恭敬之心之道德涵义"⑥。

在朱子看来,治心之法当以"敬"为根本,朱子认为"敬"之一字彻上彻下,不仅可以涵盖小学工夫,而且像尧舜这般的圣人其根本工夫也在于

---

① 黎靖德. 朱子语类[M]. 北京:中华书局,1986:94. 程端蒙所录朱子之话:"心者,主乎性而行乎情。故'喜怒哀乐未发谓之中,发而皆中节谓之和',心是做工夫处。"
② 陈梦雷. 古今图书集成·理学汇编·学行典:卷132[M]. 上海:中华书局影印雍正刊本,1934:8.
③ 黄宗羲,全祖望. 宋元学案[M]. 北京:中华书局,1986:1546.
④ 黄宗羲,全祖望. 宋元学案[M]. 北京:中华书局,1986:1532. 朱子说:"以敬为主,则内外肃然,不忘不助,而心自存。不知以敬为心,而欲存心,则不免将一个心把捉一个心,外面未有一事时,里面已有三头两绪,不胜其扰也。就使实能把捉得住,只此已是大病,况未必真能把捉得住乎!"
⑤ 黎靖德. 朱子语类:卷12[M]. 北京:中华书局,1986:210.
⑥ 吴震. 宋代新儒学的精神世界:以朱子学为中心[M]. 上海:华东师范大学出版社,2009:82.

小學不由乎此，則無以涵養本源而謹
夫小學之節；
大學不由乎此，則無以開發聰明，進德
修業而致「大學之功」。

聖學終始

敬

整齊嚴肅　主一　無適　常惺惺法　其心收斂　欽

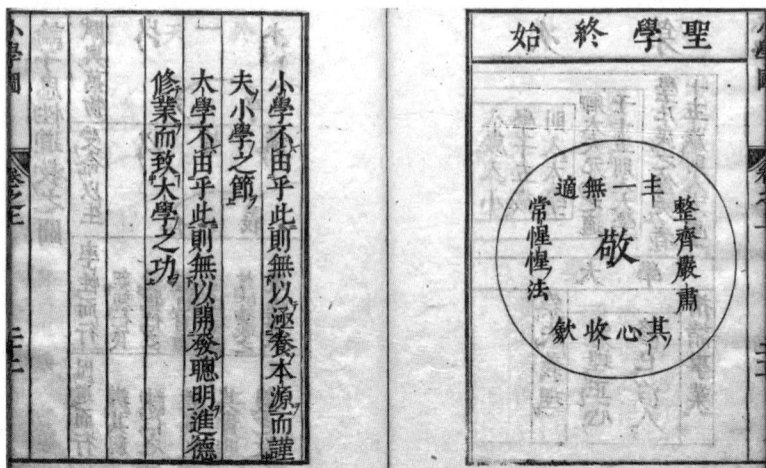

图 1.5　圣学终始

（资料来源：摘自日本国立公文书馆藏《小学书图骡括纂要》卷之上第二十二页）

"敬"，比如钦明文思、恭己正难面、笃恭天下平等都是"敬"字打头。[①] 可见，朱子认为，必须彻上彻下方称得上"敬"，"敬"之一字，不仅涵盖"小学"阶段，即便是修养到了圣人的境界，也是"放下这敬不得"。比如，朱子曾见童子添炭，拨弄得炭火散乱，于是朱子感叹道，"此便是烧火不敬"，朱子认为古昔圣人教导童子，要让童子洒扫应对每一件事都敬慎对待，一个童子无论贤否，首先要做到"一出来便齐整"，而这齐整是家长从小教诲方得，这样的子弟即便是"一人外居"，他的气习也自然不一样[②]。正如董平教授所言："朱熹强调敬字如'畏'字，从外面看，敬表现为'坐如尸，立如斋'，'头容直，目容端，足容重，手容恭，口容止，气容肃'，从内面说，敬是指内心要常处于一种敬畏虔诚的状态，如见大宾，如承大祭；身心不放逸，不四处走作，要专注于一，收拾精神在此；内心要常惺惺，保持思虑和心境的

① 黎靖德. 朱子语类［M］. 北京：中华书局，1986：126. 朱子说："器远前夜说：'敬当不得小学。'某看来，小学却未当得敬。敬已是包得小学。敬是彻上彻下工夫。虽做得圣人田地，也只放下这敬不得。如尧舜，也终始是一箇敬。如说'钦明文思'，颂尧之德，四箇字独将这箇'敬'做擗初头。如说'恭己正南面而已'，如说'笃恭而天下平'，皆是。"

② 黎靖德. 朱子语类［M］. 北京：中华书局，1986：127.

清明，如此手足举措，自然合乎规矩。"①

那么，"主敬"当如何做工夫，朱子认为首要在"主一无适"。他说学者必须在主一上用功，如果没有在主一上用功，那么所谓"义理"也就没有安放之处②。所谓"主一"，是在做事的时候要专一，要专心致志，不可放纵，这便是主敬③。有事之时，心为已发状态，主敬便须主一无适。那么，应当如何做到主一无适呢？明代理学家陈琛著有《致一篇》，其文曰："心有主谓之敬。是故有主则警，警则昏惰不得而乘之矣；有主则虚，虚则思虑不得而汩之矣；有主则定，定则外物不得而诱之矣。"④ 理学大家张栻亦作有《主一箴》，其文曰：

> 人禀天性，其生也直。克慎厥彝，则靡有忒。事物之感，纷纶朝夕。动而无节，生道或息。惟学有要，持敬勿失。验厥操舍，乃知出入。曷为其敬，妙在主一。曷为其一，惟以无适。居无越思，事靡他及。涵泳于中，匪忘匪亟。斯须造次，是保是积。既久而精，乃会于极。勉哉勿倦，圣贤可则。⑤

陈琛的《致一篇》和张栻的《主一箴》这两篇文章可谓深合朱子心法"主一"之要旨，那便是要无适无越而心中有主。朱子又说要做到"主一"并不难，要"熟味'整齐严肃'，'严威俨恪'，'动容貌，整思虑'，'正衣冠，尊瞻视'此等数语，而实加功焉，则所谓'直内'，所谓'主一'，自然不费安排，而身心肃然，表里如一矣"⑥。总而言之，所谓"主一"，关键是

① 董平.中国哲学教程［M］.杭州：浙江大学出版社，2011：186.
② 黄宗羲，全祖望.宋元学案［M］.北京：中华书局，1986：1543.朱子说："学者须是主一上做工夫。若无主一工夫，则所讲底义理无安着处，都不是自家物事。"
③ 黄宗羲，全祖望.宋元学案［M］.北京：中华书局，1986：1544.朱子说："敬不是万虑休置之谓，只是随事专一谨畏，不放逸尔。"
④ 陈梦雷.古今图书集成·理学汇编·学行典：卷132［M］.上海：中华书局影印雍正刊本，1934：10.
⑤ 陈梦雷.古今图书集成·理学汇编·学行典：卷132［M］.上海：中华书局影印雍正刊本，1934：11.
⑥ 陈梦雷.古今图书集成·理学汇编·学行典：卷132［M］.上海：中华书局影印雍正刊本，1934：9.

要保持专注力的集中而不分散，这便是"无适"。另外，朱子对"整齐严肃"也很重视，这在圣学教育体系中属于小学阶段的工夫，但是朱子认为如果能对"整齐严肃"等工夫深有体会的话，自然就可以做到"主一"了。

由此，我们可以看到，朱子的"敬"主要指恭谨、端正，正如朱杰人教授所言："敬只是要求你把身体和精神收敛起来，做到整齐、单纯、专一，不放纵。"① 它要求人们精神高度集中，一时只能专注于一件事，不能把精力同时分散到很多事情上面，要专注，而不能懈怠松弛。

孟子在《告子》篇中提出，为学必须"专心致志"，否则便会无所得；荀子主张为学必须"用心一"；庄子也提倡要"用志不分"。可见，朱子的"专一"心法继承和综合了孟、荀、庄三家心法，并把"专一"贯彻在自己长达数十年的教学活动中，提出了为学必须专一于道的心法。朱子教育心法，贵在专一于道，既博洽，又贯通。朱子认为，只有"专一于道理"②，方可有收获。他警诫自己的弟子，既然清楚自己的问题是不专一，那就"何不便专一去"③。门生蜚卿问朱子"主一"应当如何用功，朱子告诉他不应当这样问，因为就像人吃饭那般，吃了就饱，用不着问什么是吃饭，同样用不着问什么是"主一"，这个只"在人自体认取。主一只是专一"④。就好像你吃饭，吃得好不好、饱不饱，只有你心里最清楚，别人没办法替代你。

他批评当时的学者，说他们不长进的原因，其实就在于他们的心不在焉。为了警诫弟子，他举自家一件小事为例：他少年在同安读书时晚上听到钟鼓声，"一声未绝，而此心已自走作"，在意识到此点后，朱子非常警惧，因此认识到了"为学须是专心致志"⑤ 这个道理。现代教育学认为，只有主动的注意才能顺利地达到学习的目的，而注意涣散者意志薄弱，很难收到良好的学习效果。朱子所言的警惧之心正是这种主动注意的体现，朱子因为保持了这种主动的注意，所以心一走作便能立刻发觉，并因此悟出了为学必须专心致志这一道理。

---

① 朱杰人. 朱教授讲朱子 [M]. 上海：华东师范大学出版社，2019：55.
② 黎靖德. 朱子语类 [M]. 北京：中华书局，1986：142.
③ 黎靖德. 朱子语类 [M]. 北京：中华书局，1986：142.
④ 黎靖德. 朱子语类 [M]. 北京：中华书局，1986：2465.
⑤ 黎靖德. 朱子语类 [M]. 北京：中华书局，1986：2618.

另外，朱子认为"敬"有一大关键便是要内心保持一种"常惺惺"的状态。所谓"常惺惺"即内心要时刻保持警觉，时刻能察觉自身的言行举止乃至念头是否有违仁义，是否不越礼仪。朱子认为他律是远远不够的，要保持"敬"必须时刻自我省察、自我审视，所以他说："人心常炯炯在此，则四体不待羁束，而自入规矩。"①

再者，朱子还探讨了"主敬"和"克己"的关系，朱子说，"敬是守门户之人，克己则是拒盗"②，从中可以看到，朱子把"敬"比作看守门户的人，而"克己"便是拒绝盗贼入门，没有这看守门户的"敬"，盗贼便能随时进来。"主敬"如看门，"克己"如防盗；"主敬"稳健，"克己"果决；"主敬"如灌溉，"克己"如除草；两者皆是达至"天理"的重要修养途径。朱子认为"敬"是涵养、是操持而精神不放纵，而"克己"是要从根上除净私欲，他说："敬是涵养操持不走作。克己，则和根打并了，教他尽净。"③另外，朱子认为"主敬"工夫还在于"内无妄思""外无妄动"，亦即心要纯一、身要整齐，不能胡乱放纵，能做到这些就是敬④。

为了指示学者，朱子还专门撰写了一篇《敬斋箴》，在文中他告诫弟子在生活中，衣冠容色、言谈举止都应该恪谨庄重，做事一定要心存敬意、专心致志，要时刻警觉自己的欲望，做到动静不违、表里一致、内外兼修，这样提撕觉醒、相互夹持与促进，使自己言行意念皆合"天理"，内里自然就生出"敬"了⑤。

朱子认为，无事之时，心是未发状态，静养便是涵养仁心，他在《答胡广仲》一文中说："须是平日有涵养之功，临事方能识得。若茫然都无主宰，事至然后安排，则已缓而不及于事矣。"⑥ 这涵养之功便是静中涵养仁心、体

---

① 黎靖德. 朱子语类 [M]. 北京：中华书局，1986：200.
② 黎靖德. 朱子语类：卷9 [M]. 北京：中华书局，1986：151.
③ 黎靖德. 朱子语类：卷12 [M]. 北京：中华书局，1986：214.
④ 黎靖德. 朱子语类：卷12 [M]. 北京：中华书局，1986：208. 朱子说："只收敛身心，整齐纯一，不恁地放纵，便是敬。"
⑤ 朱杰人，严佐之，刘永翔. 朱子全书：第24册 [M]. 上海：上海古籍出版社，2010：3996.
⑥ 朱杰人，严佐之，刘永翔. 朱子全书：第22册 [M]. 上海：上海古籍出版社，2010：1899.

会天理。朱子的学生曾向朱子请教延平先生静坐，朱子告诉他一味地静坐是不行的，只有真正的内心清净，才能体会出道理，否则静坐是没用的①。

为了指导学者静坐之法，朱子还专门撰写了一篇《调息箴》，就如何调理气息、持志养心做了细致的说明。他告诉学者静坐调息是为了养心，因为人心不定便会影响气息，如果从调息着手，把鼻息调得均匀绵长，人心就会逐渐定下来，这便是所谓的"持养心志"。朱子指导学者，静坐调息之时要观照鼻端，让自己身心随时处于闲暇舒适的状态；静极之时呼气要如春水之鱼；动极之时吸气要如冬虫之蛰；不用刻意，但是心中要有天理主宰，就像云卧天行那般守一处和。②

朱子一再告诫学者，涵养仁心绝非块然兀坐，而是要心中有主，这主便是天理仁心，无事之时当须在静中体认此天理、涵养此仁心。有一段朱子和弟子童伯羽的对话很有意思，在这段对话中朱子告诫弟子童伯羽，静坐养心的关键是要做到"无邪思尔"，也就是所思皆是天理仁心，无论是否处于虚静的状态，这个"无邪思尔"才是底色、是根本；另外，朱子还告诫他静坐并非抑制自己的念头思虑，而是不要胡思乱想，专门抑制自己的思虑反而会助长，不要拘迫自己的思虑，它自然会宁息③。

萧天石先生把主静之学拔得很高，他说："主静之学为圣学，以用圣学，可赅身心性命道德事功之全体大用也。人心一静，无物于外，无物于内，无思无虑，无动无为，则自可将宇宙天地万物人我，打成一片，而合为一体矣！则无不知、无不应、无不通、无不神矣！故曰：'圣人无一事，唯在静其心'。"④ 可见，萧天石先生认为通过主静来涵养天理仁心，可以达至与天地一体的至高境界。

这天理仁心便是最高价值之所在，正如马斯洛所言："假如你已经把真理作为你内心最珍贵的价值，就像它是你的血液一样成为你的一部分，那么，假如你听到世界上任何地方有一种谎言流传，你就会如芒刺在背非要弄个水

---

① 黄宗羲，全祖望. 宋元学案 [M]. 北京：中华书局，1986：1540.

② 朱杰人，严佐之，刘永翔. 朱子全书：第 24 册 [M]. 上海：上海古籍出版社，2010：3997.

③ 黄宗羲，全祖望. 宋元学案 [M]. 北京：中华书局，1986：1539-1540.

④ 萧天石. 人生内圣修养心法 [M]. 北京：华夏出版社，2007：175.

落石出不可。在那样的意义上，你自身的边界这时将远远超出你个人私利的范围而包容整个世界。"① 这种超越个人私利而包容整个世界的状态和中华圣学心法中所言的与天地万物为一体的仁爱境界颇有相通之处。

总体来讲，敬静存养之法的核心是主敬涵养，有事之事主一，无事之时涵养，一动一静，便是养观之道。正如朱子所言："主敬存养，虽说必有事焉，然惟有思虑作为，亦静而已。所谓静者，固非枯木死灰之谓；而所谓'必有事'者，亦岂求中之谓哉。"②

通过本节的梳理和阐述，我们可以看到，朱子的敬静存养心法和现代心理学的正念之法有诸多可以相通之处，"培养正念至少涉及三个主要技术：集中注意（专注、止禅）、开放监控（内观、观禅）和慈悲地接纳"③。主敬无失必须做到集中注意，也就是"专注一境"式冥想（focused attention/one-pointed concentration）；静中涵养则必须做到开放监控，也就是"正念之法"式冥想（open monitoring）；而敬静存养仁心之法则与"慈悲地接纳"相通，也就是周昌乐教授所言的"慈悲静虑"（compassion meditation or loving-kindness meditation）心法。

三、穷理力行工夫

在朱子性理心法体系中，敬静存养、穷理力行就像鸟之双翼，对于心法修养来说是相辅相成、缺一不可的。④ 在朱子看来，保持本心炯炯就必须通过"居敬涵养"来体会和达至，而伦理规矩则必须通过"穷理力行"来认识和获得。就像朱子所说，在内要时刻保持警觉，也就是要"常惺惺"焉；在外要经常检点自己的行为是否符合规矩，如此这般方可以说得上是内在、外在互相涵养⑤。

---

① 马斯洛. 人性能达的境界［M］. 林方，译. 昆明：云南人民出版社，1987：195-196.

② 黄宗羲，全祖望. 宋元学案［M］. 北京：中华书局，1986：1539.

③ POLLAK S M，等. 正念的心理治疗师：临床工作者手册［M］. 李丽娟，译. 北京：中国轻工业出版社，2017：5.

④ 黎靖德. 朱子语类［M］. 北京：中华书局，1986：150. 朱子说："涵养、穷索，二者不可废一，如车两轮，如鸟两翼。"

⑤ 黎靖德. 朱子语类［M］. 北京：中华书局，1986：200.

朱子把"知"分成两种，一种是"用着知识者"之"知"，另一种是"所以为是非者"① 之"知"。"用着知识者"之"知"，朱子认为属于"情"，要通过"居敬涵养"来获得；而"所以为是非者"之"知"，朱子认为属于"理"，要通过"穷理力行"来获得。要做到"居敬涵养"和"穷理力行"，在朱子看来必须从人的本心开始，他认为圣人说一千道一万，都是要人"不失其本心"②，如果能一直保持本心炯炯，那么我们的身体就无须约束和束缚，自然都在规矩之中了。

同样地，穷理和力行这两者的关系也是如此，他在写给弟子方宾王的信中说，学者必须"格物穷理以致其博，主敬力行以反诸约，及夫积累既久，豁然贯通，则向之多学而得之者，始有以知其一本而无二矣"③。由朱子之言可知，穷理和力行又是博文约礼之关系，不穷理无以博文，不力行亦无以约礼。

我们先来看朱子的格物穷理心法，在朱子心法中，影响最为深远，也最为人熟知的自然是格物穷理之说，此说之发展及形成，学界已有详尽、清晰之论述，笔者在本文就不再赘述了。④ 大体而言，朱子格物穷理心法远自《大学》，近自二程⑤。但是，一方面，朱子认为孔孟之后格物穷理心法便失传了，但好在程子重新继承和发展了格物穷理心法，并且论之甚详；另一方面，朱子又认为二程子的格物穷理心法因为传承的原因失掉了精髓，发生了很大的偏差。正如朱子所言："这个道理，自孔孟既没，便无人理会得。只有韩文公曾说来，又只说到正心、诚意，而遗了格物、致知。及至程子，始推广其说，工夫精密，无复遗憾。然程子既没，诸门人说得便差，都说从别处去，与致知、格物都不相干，只不曾精晓得程子之说耳。只有五峰说得精，其病犹如此。亦缘当时诸公所闻于程子者语意不全，或只闻一时之语，或只

---

① 黎靖德. 朱子语类 [M]. 北京：中华书局，1986：122.
② 黎靖德. 朱子语类 [M]. 北京：中华书局，1986：199.
③ 郭齐，尹波. 朱熹文集编年评注 [M]. 福州：福建人民出版社，2019：2758.
④ 陈来. 朱子哲学研究 [M]. 北京：生活·读书·新知三联书店，2010：340-363；乐爱国. 朱格物致知论研究 [M]. 长沙：岳麓书社，2010：65-88.
⑤ 郭齐，尹波. 朱熹文集编年评注 [M]. 福州：福建人民出版社，2019：2158. 朱子《答江德功》："格物之说，程子论之详矣，而其所谓'格，至也，格物而至于物，则物理尽'者，意句俱到，不可移易。"

闻得一边，所以其说多差。后来却是集诸家语录，凑起众说，此段工夫方始浑全。"① 综上所述，我们不难推知，朱子格致心法的形成，一方面源于孔孟和程子，另一方面何尝不是对孔孟及程子格物穷理心法的发展和完善。

朱子格物穷理心法集中体现在他给《大学》所作之"格物补传"中，其文曰："所谓致知在格物者，言欲致吾之知，在即物而穷理也。盖人心之灵莫不有知，天下之物莫不有理，惟于理有未穷，故知有不尽也。是以《大学》始教，必使学者即凡天下之物，莫不因其已知之理而益穷之，以求至乎其极。至于用力之久，而一旦豁然贯通焉，则众物之表里精粗无不到，而吾心之全体大用无不明矣。"② 朱子这段"格物补传"，乐爱国教授对其有非常精当的评述："这段论述对格物的对象、格物的方法、格物的目标、格物的过程以及完成等做了精要的论述，实际上是朱子对于格物致知思想的完整表述，标志着朱子格物致知思想的成熟。"③ 无怪乎吴震教授在新著《朱子思想再读》一书中说，不能认为朱子思想仅仅是一个重视主敬的义理形态，还是一个注重格物的义理形态④。

所谓"穷理"，是格物根本精神所在，《大学》不言穷理却说格物，朱子认为这是因为理是看不到的，所以必须通过格看得见之物来穷看不见之理。要注意的是格物并非接物，陈来教授则认为，朱子反对把格物理解为接物，而必须从即物、穷理、至极三个层面来理解格物⑤。可见，在朱子心法中，格物就是要穷理——也就是要彻底追寻、研究、了解、掌握事物的规律和原理；就是要接触事物，研究其理，而达到极致⑥。

朱子认为，格物致知，绝非向壁虚构，而是要去接触事物，并且穷究事物本身蕴含的当然之理，唯有这样，作为知觉之体的本心才能变得洞达光明，这样就可以做到无所不照了。他说："《大学》所谓格物致知，乃是即事物上

① 黎靖德. 朱子语类 [M]. 北京：中华书局，1985：421-422.
② 朱杰人，严佐之，刘永翔. 朱子全书：第 6 册 [M]. 上海：上海古籍出版社，2010：20.
③ 乐爱国. 朱子格物致知论研究 [M]. 长沙：岳麓书社，2010：80.
④ 吴震. 朱子思想再读 [M]. 北京：生活·读书·新知三联书店，2018：218.
⑤ 陈来. 朱子哲学研究 [M]. 北京：生活·读书·新知三联书店，2010：340.
⑥ 朱杰人. 朱教授讲朱子 [M]. 上海：华东师范大学出版社，2019：13-14.

穷得本来自然当然之理，而本心知觉之体光明洞达，无所不照耳。"① 大教育家皮亚杰认为，认识是起源于两者之间的相互作用，所以这认识"既包含着主体又包含着客体"②。由此，我们可以看到，如果从现代认识论的角度来看，格物之时，我为主体，物为客体，通过主体和客体的交互左右，我之心与物之理产生了契合，这样认识便发生了。从这个角度来考察，我们可以看到朱子所言之"自体"就是主体，就是"自家身心"，认取之物就是"客体"，在朱子这里，这个"客体"就是万事万物及其中蕴含的"道理"。正如朱子所言："吾儒家若见得道理透，就自家身心上理会得本领，便自兼得禅底；讲说辨讨，便自兼得教底；动由规矩，便自兼得律底。事事是自家合理会。"③ 也就是说，如果要想透彻地明了道理，就必须在"自家身心"下功夫，万事万物都需要亲身理会，如此才能通透事理。

除了在认识论上的价值，在朱子看来，格物穷理更是通往"全体大用"的修养心法，他说："格，至也。物，犹事也。穷至事物之理，欲其极处无不到也。"④ 可见，朱子认为人心本有善端，但是常被欲望遮蔽，所以必须穷究事物之理，并在此过程中消弭欲望对本心之遮蔽，并恢复内心之明觉，进而达致内心通透、全体大用之境。朱子格物穷理所格之物，最重要的就是伦理道德，他希望学者在格物穷理的过程中发明本心、恪尽人伦，从而达至内心灵明、全体大用之境，此中详情，本书将在《明伦篇》一一展开。

朱子认为，格物穷理必须做到不厌其详、穷追不舍、深切专一，为了进一步说明为学须深切而专一的道理，朱子给门生举了张旭见公孙大娘舞剑而悟得草书要诀的例子，朱子认为张旭之所以能从观舞剑而悟草法其中一大关键就是能保持专心致志，这才得以豁然贯通而悟得草法⑤。朱子有言："讲学不厌其详，凡天下事物之理，方册圣贤之言，皆须仔细反复究竟。"⑥ 可见，朱子认为格物穷理应当不厌其详，天下万事万物之理，圣贤典籍之言，都应

① 郭齐，尹波. 朱熹文集编年评注 [M]. 福州：福建人民出版社，2019：2399.
② 皮亚杰. 发生认识论原理 [M]. 王宪钿，等译. 北京：商务印书馆，1981：21.
③ 黎靖德. 朱子语类 [M]. 北京：中华书局，1986：141.
④ 朱熹. 四书章句集注 [M]. 北京：中华书局，1983：5.
⑤ 黎靖德. 朱子语类 [M]. 北京：中华书局，1986：197.
⑥ 郭齐，尹波. 朱熹文集编年评注 [M]. 福州：福建人民出版社，2019：2580.

当仔细求个究竟。在写给学生程允夫的信中，朱子告诫他：

> "穷理之要，不必深求"，此语有大病，殊骇闻听。"行得即是"固
> 为至论，然穷理不深，则安知所行之可否哉。宰予以短丧为安，是以
> 不可为可也。子路以正名为迂，是以可为不可也。彼亲见圣人，日闻善诱，
> 犹有是失，况于余人，恐不但如此而已。穷理既明，则理之所在动必由
> 之，无论高而不可行之理。但世俗以苟且浅近之见谓之不可行耳。如行
> 不由径，固世俗之所谓迂；不行私谒，固世俗之所谓矫；又岂知理之所
> 在，言之虽若甚高，而未尝不可行哉。理之所在，即是中道。惟穷之不
> 深，则无所准则而有过不及之患。未有穷理既深而反有此患也。①

可见，只有做到不厌其详、不厌其烦地格天下之物、穷天下之理，才能
达至朱子在"格物补传"中所言之"豁然贯通"，也就是我们通常所说的
"顿悟"。心理学家莫里斯·L.比格和塞缪尔·S.薛米斯这样定义顿悟："顿
悟，简单来说就是基本的理解、感受、关系，它们是意义或领悟，经过验证
了的概括化了的知觉就是顿悟，个体能有效地应用于几种或许多类似的但不
一定是相同的情境或过程当中的意义或认识。"② 朱子教导学生，学习当先专
心致志于格物穷理，唯有这样才能有豁然贯通之时，就像张旭观舞剑而悟草
法一般。正如诺贝尔奖获得者卡哈尔所言："这种脑力的极端化能够改善判
断、增强分析、激发有益的想象，像收集火种那样把在黑暗中探索问题时遇
到的理性因素聚集起来——可以发现那些最微小的精妙联系。"③ 只有专心致
志，将自己的脑力提升到极致，才能感受到事物之间最精微的联系，而达到
"柳暗花明又一村"的豁然境地。

韩钟文先生说："现代格式塔心理学派强调，学习乃是经由顿悟的历程而
非像桑代克所说的经由尝试错误而形成的。创造性思维与对问题中某些格式

---

① 郭齐，尹波. 朱熹文集编年评注 [M]. 福州：福建人民出版社，2019：1986.
② BIGGE M L, SHERMIS S S. 写给教师的学习心理学 [M]. 徐蕴，张军华，等译. 北京：
中国轻工业出版社，2005：120.
③ 圣地亚哥·拉蒙·卡哈尔. 致青年学者：一位诺贝尔奖获得者的人生忠告 [M]. 刘璐，
译. 北京：新华出版社，2014：43.

塔的顿悟有关，打破旧的格式塔，就是创造性思维。"① 我们也可以看到，朱子的"悟"和格式塔心理学派的"顿悟"是有相通之处的，朱子强调"悟"的前提是"专心致志"，没有专心致志的功夫，就不会有悟的结果，这一思想和朱子通过格物穷理心法以达至"豁然贯通"境界的脉络是一致的。

美国科学家雅顿在《重塑你的大脑》中说："神经科学领域的新发现为如何最大限度地发挥你的潜能以及克服你的弱点指明了道路。我将要描述的是如何将这些发现用来重塑你的大脑，从而能够让你心平气和，而且积极主动。你可以由此提高集中精力面对挑战以及达成目标获得快乐的能力，但更多的是要具备这样两种能力，学会保持镇定和积极的心态。"② 通过上面的分析，我们也可以看到，朱子格物穷理心法是属于"专注一境"（one-pointed concentration）式冥想，通过这种"专注一境"式冥想，我们可以提升自己的专注力和觉察力，以此集中精力，进而取得豁然贯通的"顿悟"效果。正如专注于正念研究的学者医学博士乔·卡巴金所言："注意力可被训练，并且还将不断提升。美国心理学之父威廉·詹姆斯曾说，专注力以及由其引发的觉察力，才是真正有效的教学手段，它们是人类天赋的才能，将随着运用不断深化。安住于觉知而不分心，不仅能平衡思维的能量，引发更睿智的观点，甚至还会激发出性质完全不同的思想。"③

在朱子心法体系中，格物穷理最终还是要落实到力行中去，但值得注意的是这个力行并非盲行，而是要以格物穷理心法作为指导基础的。正如贺麟先生所言，朱子是要"从格物穷理中去求知主行从的道德，从知识学问中去求学养开明的道路"④，贺先生此言可谓深得朱子心法之要义。朱子在写给学生郭希吕的信中曾说，"圣贤教人，必以穷理为先，而力行以终之"⑤，可见在朱子心法中，格物穷理是和力行分不开的。他在写给时贤向伯元的信中也说："蒙诲谕格物之说，不胜悚仄。前辈立言，岂敢轻议？但以河南夫子所谓

① 韩钟文. 朱熹教育思想研究 [M]. 南昌：江西教育出版社，1989：399.
② 雅顿. 重塑你的大脑 [M]. 黄延峰，译. 北京：中信出版社，2011：4.
③ 乔·卡巴金. 不分心：初学者的正念书 [M]. 陈德金，等译. 北京：中国华侨出版社，2014：32-33.
④ 贺麟. 五十年来的中国哲学 [M]. 沈阳：辽宁教育出版社，1989：154.
⑤ 郭齐，尹波. 朱熹文集编年评注 [M]. 福州：福建人民出版社，2019：2661.

物我一理，才明彼即晓此者观之，即宛转归己者，似稍费力耳。兼穷理功夫
亦是且要识得事物当然之理，积久贯通之后，自然所行不疑而实理在我，隐
微之间亦无私念。河南所论条目甚明，恐亦不必事事比拟然后为得也。又反
身而诚，乃躬行之至，无一理不实有于吾身，非为一时见处发也。"① 由此书
信可知，朱子认为穷理本身是要去穷究万事万物当然之理，如此一事一物日
久积累自然会有贯通之时，那么届时躬行做事便不会有所疑惑了，并且，在
格物穷理之际也需反身而诚，如此便会发现此理乃吾身实有，而非向壁虚构。

　　朱子格物穷理心法之重要目的之一，就是要达到"豁然贯通"进而升华
至"全体大用"的境界，而这全体大用之境界就是"仁"，就是心之全德，
就是心具众理而在实践中足以应接万事②。朱子又说："仁者，人心之全德，
而必欲以身体而力行之，可谓重矣。一息尚存，此志不容少懈，可谓远
矣。"③ 可见，要达到"全体大用"之仁境，则必须身体力行、躬行实践，只
要一息尚存，便不容有丝毫懈怠。

　　正如陈青之先生所言，朱子教育心法的终极目的不在于培养所谓的"忠
臣孝子"，而是要培养"完人"，朱子教育是一种"完人教育"，他说："朱子
的教育目的，不是要造就一个忠臣孝子，而是要造成一个完人。完人之意即
在能'明万事而奉天职'。"④ 所谓"完人"，一方面就是要通过格物穷理了解
万事万物，另一方面要笃行人伦而敬奉天职。也就是一方面要博学多能，另
一方面要践履笃实。格物穷理最终是要明了何谓"道心"、何谓"明德"、何
谓"仁心"，践履力行则是要让此"道心"、此"明德"、此"仁心"主宰自
己的生命和生活实践，从而成就完人境界。

①　朱杰人，严佐之，刘永翔. 朱子全书（第25册）［M］. 上海：上海古籍出版社，2010：
4906.
②　朱人求. 朱子"全体大用"观及其发展演变［J］. 哲学研究，2015（11）：39.
③　朱熹. 四书章句集注［M］. 北京：中华书局，1983：104.
④　陈青之. 中国教育史［M］. 长沙：岳麓书社，2010：282.

第三节　朱子教育心法大义

朱子一生，兢兢业业于文教事业，以此为毕生志愿。他任职同安时，就创办县学；主政南康时，则致力于复建白鹿洞书院，并亲自为书院制定学规；主政潭州时，他又致力于修复四大书院之一的岳麓书院，并多次与著名理学家张栻会讲，一时可谓饮马池涸，万众来学；及至晚年，他更专注于教育事业，在建阳创办考亭书院，于武夷山创办精舍，可谓是讲学授徒，从未厌倦。

朱子教育心法，是朱子心法在他毕生教育研究和教育实践中的体现，也是他对中华圣学教育心法的继承和发展，据他学生黄勉斋记载，朱子"讲论经典，高贯古今，率至半夜，虽疾病支离，至诸生问辨，则脱然沉疴之去体；一日不讲学，则惕然常以为忧"①。当代学者张立文教授对朱子在教育上的贡献也有极高的评价，他认为朱子一方面继承和发展了北宋诸子的理学教育思想；另一方面全面地总结了理学教育思想，是理学教育思想的发展高峰②。

一、涵养圣贤君子

中华圣学心法的教育目的，就是涵养圣贤君子。孔孟之后，北宋四子承继并发展了圣学心法道统，朱子深受北宋四子的影响，在教育上特别注重"明明德"，也就是要通过教育挖掘人的禀赋、改善人的性情，引导学子涵养德行、发奋精进，最终得以成就圣贤君子。中华圣学心法要培养的圣贤君子，我们不妨换一个词来表达，那就是"完人"，这种"完人教育"我们如果衡之以现代心理学和教育学，就会发现其和现代人本主义教育有诸多相通之处。

马斯洛曾这样评价人本主义教育，他说人本主义教育的根本目的就是："这样的概念坚持认为，教育的功能，教育的目的——人的目的，人本主义的目的，与人有关的目的；从根本上就是人的'自我实现'，是丰满人性的形成，是人种能够达到的或个人能够达到的最高度的发展。说得浅显一些，就

---

① 黄幹 . 勉斋集：卷36［M］. 元刻延祐二年（1315）重修本 .
② 张立文 . 朱熹思想研究［M］. 北京：中国社会科学出版社，2001. 486.

是帮助人达到他能够达到的最佳状态。"① 通过比较，我们可以看到，中华圣学心法涵养圣贤君子的目的其实也就是要把人培养成具有丰满人性的人，让人在道德上能够做到自我实现，使每个人都能在自身的禀赋基础上达到最高度的发展。

　　朱子教育心法承继了中华圣学心法之学，认为人人皆可为尧舜，人如能尽其性、尽其才，则可成圣、成贤、成君子。那么究竟成就圣贤君子之途径何在呢？通观朱子论著，我们可以看到，朱子教育心法首在倡导学生"立志做圣贤"。曾有学生问朱子"为学功夫，以何为先"，朱子告诉他："亦不过如前所说，专在人自立志。既知这道理，办得坚固心，一味向前，何患不进！只是患立志不坚，只凭听人言语，看人文字，终是无得于己。"② 由此可见，朱子认为为学之人的大关键就在于立志，这个立志不是立一般的志，在朱子看来，是"直截要学尧舜"。为了说明此理，朱子引用孟子之言以证之，并说从孟子的性善说下功夫便可成为尧舜这样的圣人。学者之大病，朱子认为其中关键一点在于"志不足以有为"，立志一定要勇猛精进，这样才能"自当有进"③。对于"立志"与"志不立"两者的区别，朱子说，如果"把学问不曾做一件事者"，稀里糊涂地就过去了，就是因为"志不立"；立志在朱子看来要像"饥渴之于饮食"那般，要"如救火，如追亡那般"④ 才算得上是真立志。

　　在朱子看来，雄主之所以最终能取得天下，一个重要原因就是能够立定大志，他说："英雄之主所以有天下，只是立得志定，见得大利害。"⑤ 同理，朱子认为学者如果想要把义理研究透彻，也必须立定大志，否则便不济事。真立志者，一定会"忘寝食做一上"，会心心念念"所以超凡入圣"，他不会等待，也不倚靠师友，他能发奋图强、竦拔挺立，因此能"日改月化"，勇猛精进。⑥ 正如心理学家斯里格和科姆伯斯所言：

---

① 马斯洛. 人性能达的境界［M］. 林方，译. 昆明：云南人民出版社，1987：181.
② 黎靖德. 朱子语类［M］. 北京：中华书局，1986：2792.
③ 黎靖德. 朱子语类［M］. 北京：中华书局，1986：133.
④ 黎靖德. 朱子语类［M］. 北京：中华书局，1986：134.
⑤ 黎靖德. 朱子语类［M］. 北京：中华书局，1986：134.
⑥ 黎靖德. 朱子语类［M］. 北京：中华书局，1986：134-135.

　　但这一领域的分化发展是只能由一个人自己来实现的。别人是不能替他干的。作为一个寻找自我维持和提高的生活实体，他只能在那些对他的发展是必需和有益的方面进行努力。他的领域变化不一定是有根据的，事实上这种变化可能是无法阻挡的，只要他感到不满足，也就是说，只要他还活着，改变就一定要进行。作为一个具有巨大的成长和自我提高动力的生活有机体，他所需要的只能是以现实的、社会可以接受的机会来发展和提高自己。①

　　真立志者，定会紧下功夫，不会虚度光阴，就如朱子所说，学者必须耐得烦，耐得辛劳困苦②，因为道不会自己来找你，更不能靠别人放到口里，道是要靠自求方能得的③。如果从现代心理学的角度来剖析的话，立志并非被动接受他人的安排，这"志"是心之所向，是主动选择自己的人生方向，这"立"是追求把心之所向变成现实，可见立志是人作为个体主动塑造自身独立人格的开始，因为从此刻开始他要主动把握自己的人生了，而不是受他人的宰制了。立志并非空谈，而是要付诸行动的。在这一点上朱子认为，即便是所谓"生知"的禀赋天资，如果不发奋学习、勤勉践行也是不行的，这是因为"道理缜密"，如果不下真功夫，"如何理会了得"，"生知之资"都要下功夫去学、去做，更何况大多数人都只是"困知、勉行底资质"④。

　　基于现代教育心理学对学习动机之研究，韩钟文先生认为，立志是极为复杂的心理过程，朱子认为"志"乃"心之所之"，基本上是把"志"看作一个心理过程。朱子说的"立志"，与沙莫也娃说的"动机""定向"两个教学阶段相似，是教学过程的首要环节⑤。立志之"立"，树立也、确立也、独立也；立志之"志"，志趣也、志气也、志向也、理想也，按朱子的说法，

①　罗杰斯.当事人中心治疗［M］.李孟潮，等译.北京：中国人民大学出版社，2013：291.
②　黎靖德.朱子语类［M］.北京：中华书局，1986：135.
③　黎靖德.朱子语类［M］.北京：中华书局，1986：135.
④　黎靖德.朱子语类［M］.北京：中华书局，1986：135.
⑤　韩钟文.朱子教育思想研究［M］.南昌：江西教育出版社，1989：281.

"心之所之谓之志"①。可见，此"立志"源自一种深层的内心需要，按照马斯洛的需要学说，这种需要绝非浅层次的需要，而是人生五大层次需要之最高需要——自我实现的需要（self-actualization need）。

我们可以看到，朱子所言之"志"，如果放在"三不朽"中，主要是指"立德"，也就是立志成圣成贤，他认为学者之所以去除不了世俗之鄙陋的根源就在于不立志，为此他一再告诫弟子，做人首先要立志，他说："如今人也须先立个志趣，始得。还当自家要做甚么人？是要做圣贤？是只要苟简做箇人？天教自家做人，还只教恁地便是了？闲时也须思量着。圣贤还是元与自家一般，还是有两般？天地交付许多与人，不独厚于圣贤而薄于自家，是有这四端，是无这四端？只管在尘俗里面羁，还曾见四端头面，还不曾见四端头面？且自去看。最难说是意趣卑下，都不见上面许多道理。公今如只管去喫鱼咸，不知有刍豢之美。若去喫刍豢，自然见鱼咸是不好喫物事。"② 也就是说，朱子敦促学子要经常思考老天降生我们是为了什么？圣贤和我们究竟是一样的还是不一样？难道只有圣贤有"仁、义、礼、智"四端，我们没有吗？这些问题都需要我们去思量、去行动才能见分晓。

我们知道，学习是指人与动物在实践过程中凭借经验产生的行为或行为潜能的相对持久的变化。一个人的学习从根本上而言，是由他的动机支配的，而动机则是源自我们内心深层次的需要。韩钟文先生认为："学习行为是在某种动机的策动、激励之下为了达到某个目标的有目的的活动。需要引起动机、动机引起行为，行为又指向一定的目标，四者相互联系，周而往复、连续不断；除需要外，支配人类学习的还有情感、意志、兴趣、理想、价值观等，在人的学习过程中，热烈的情感、浓厚的兴趣、坚强的意志、崇高的理想、坚定的信念，亦将成为人的学习行为的内在动机，激励人们去克服一切苦难，实现学习目标。"③

20 世纪以来，现代心理学家提出了一个对教育而言非常重要的术语，那便是"belief in locus of control"，翻译过来便是"控制点信念"，它的基本含

---

① 黎靖德. 朱子语类［M］. 北京：中华书局，1986：96.
② 钱穆. 朱子新学案：第2册［M］. 北京：九州出版社，476-477.
③ 韩钟文. 朱子教育思想研究［M］. 南昌：江西教育出版社，1989：281.

义是个人对于自己能在多大程度上掌握自身命运的信念。通过这个术语，心理学家又把人分为两类，一类是"internals"，也就是"内在性的人"，这类人坚信自己的命运可以通过自身的努力来掌控和把握；另一类是"externals"，也就是"外在性的人"，这一类人不相信自身的努力可以掌控和把握命运，他们认为命运是被某种外在力量主宰和掌控的①。

我们如果以之来衡量朱子教育心法的立志说，可以看到朱子想要把自己的学生培养成"内在性的人"而非"外在性的人"，因为"外在性的人"遇到困难往往会放弃努力，听从所谓"命运"的摆布，而只有"内在性的人"才会不畏困难、不惧艰险为自己的理想和抱负而奋斗，因为他们相信通过自己的努力是可以实现自己的理想抱负的。

朱子教育心法以立志成圣成贤为教育目的和教育宗旨，这并非他自己独创的，而是中华圣学教育心法的优良传统。两千多年前，"至圣"孔子就曾多次和弟子探讨过"志"的话题，《论语·公冶长》中就记载过一段孔子和弟子颜渊、子路关于志向的著名对话，在这段著名的对话中孔子表露自己的志向便是"老者安之，朋友信之，少者怀之"②。从孔子的话我们可以看出，孔子的理想便是希望天下人都能过上安稳幸福的生活，用《大学》的话来讲便是"天下平"。"亚圣"孟子则以使大道推行天下为己任，也多次谈到自己的志向，就是"居天下之广居，立天下之正位，行天下之大道"③。孟子还说做身为士，要做到"穷不失义，达不离道；穷不失义，故士得己焉；达不离道，故民不失望焉。古之人，得志，泽加于民，不得志，修身见于世，穷则独善其身，达则兼济天下"④。伊川先生也尝言："言学便以道为志，言人便以圣为志。自谓不能者，自贼者也；谓其君不能者，贼其君者也。"⑤ 也就是说只要谈为学那便要志于道，只要谈做人那便要志于圣，说自己做不到的人那是自我残害，说君王做不到的人那是残害君王，总归一切要以道为依归。《宋史》对横渠先生有极高的评价，其文曰："其志道精思，未始须臾息，亦未尝

---

① 杨韶刚. 人本主义心理学与教育 [M]. 哈尔滨：黑龙江教育出版社，2003：226.
② 朱熹. 四书章句集注 [M]. 北京：中华书局，1983：82.
③ 朱熹. 四书章句集注 [M]. 北京：中华书局，1983：270.
④ 朱熹. 四书章句集注 [M]. 北京：中华书局，1983：358-359.
⑤ 程颢，程颐. 二程遗书 [M]. 上海：上海古籍出版社，2000：237.

须臾忘也。敝衣蔬食，与诸生讲学，每告以知礼成性、变化气质之道，学必如圣人而后已。以为知人而不知天，求为贤人而不求为圣人，此秦、汉以来学者大蔽也。"① 据此可见，横渠先生不但自身立志向道，还经常告诫弟子为学一定要以成圣为终极目标，只志于做贤人而不志于做圣人，这是为学的一大弊端。

从孔子、孟子、程颐、张载的言论我们可以看到，他们的志向充分体现了他们的仁爱精神，他们所志不是为一己之私，而是为天下之大公，希望天下承平、民众安乐，这也是历代仁人志士共同的志向。毫无疑问，朱子教育心法中的"立志"思想便是对孔子、孟子、程颐、张载等立志说的进一步继承和发展，朱子之所以毕生致力于教育事业，主要是想培养一批心怀天下的学人，进而推动社会的发展，使民众能够过上安居乐业的生活。

朱子特别反感那种得志嚣张的奸邪之徒，他认为那些人看着像大丈夫，实则不过是"妾妇"而已，不足为道，他说，"战国之时，圣贤道否，天下不复见其德业之盛；但见奸巧之徒，得志横行，气焰可畏，遂以为大丈夫。不知由君子观之，是乃妾妇之道耳，何足道哉"②，朱子此说很显然是针对宋代那些以功名利禄为志向的不良学风的，尤其我们结合朱子对秦桧等的批评来看，我们有理由相信朱子在注解中斥责的"妾妇之道"便是以卖国议和谋求个人私利的卑劣行径。朱子不但反对这种"妾妇之道"，还反对把学生培养成没有公道心和正义感而四面讨好、八面玲珑的"乡愿"式人物。与之相对，他认为"狂狷是个有骨肋的人"③。对于这种"狂狷之士"，朱子认为需要一个心胸宽广且见识非凡之人来教导，因为只有这样的教育家才能容纳这样的人才，才能恰当地任用这样的人才，他说："今日人材（才），须是得个有见识又有度量人，便容受得今日人材；将来截长补短使。"④

另外，值得我们注意的是，朱子教育心法中的"立志"，不仅仅针对学生，更针对老师，只有老师有志，才能帮助学生立志。孟子以培养天下英才为乐，朱子也同样如此，他希望自己能像孟子一样为天下培养英才，使之延

① 脱脱. 宋史·张载传 [M]. 北京：中华书局，2013：12724.
② 朱熹. 四书章句集注 [M]. 北京：中华书局，1983：270.
③ 黎靖德. 朱子语类 [M]. 北京：中华书局，1986：1477.
④ 黎靖德. 朱子语类 [M]. 北京：中华书局，1986：2685.

续道统并推动社会发展，也正是因为孟子、朱子作为老师有这样的志向，他们才能培养出一大批杰出的人才。正如大桥正夫所说："在我们考察教师——学生各自的移情体验的分类研究时，结合高濑等人的论断——教育上人与人的关系不应当只限于师生关系……进一步深刻地揭示出学校中培育的师生之间的精神关系，对于各自的人格形成所具有的巨大意义，是何等重要。"① 这句话深刻地揭示了教师和学生之间精神延续的血脉关系，在教育过程中，作为施教一方的教师，他自身之志向可以感染并激发作为受教方的学生之志向，这便是所谓的"薪火相传、生生不息"。

二、变化气质之道

朱子教育心法，以涵养圣贤君子为宗旨，此亦即教育目的，并以天理变化气质为实现教育目的之主要途径。上文我们已经提到过，朱子把人性分为"天命之性"和"气质之性"，"天命之性"至善无恶，"气质之性"有善有恶，那么"气质之性"能否得到改善呢？如果可以改善，它又如何能向至善无恶的"天命之性"变化呢？这一变化气质之道的关键和途径何在呢？朱子认为：

> 人之性皆善。然而有生下来善底，有生下来便恶底，此是气禀不同。且如天地之运，万端而无穷，其可见者，日月清明气候和正之时，人生而禀此气，则为清明浑厚之气，须做箇好人；若是日月昏暗，寒暑反常，皆是天地之戾气，人若禀此气，则为不好的人，何疑！人之为学，却是要变化气禀，然极难变化。如"孟子道性善"，不言气禀，只言"人皆可以为尧舜"。若勇猛直前，气禀之偏自消，功夫自成，故不言气禀。看来吾性既善，何故不能为圣贤，却是被这气禀害。如气禀偏于刚，则一向刚暴；偏于柔，则一向柔弱之类。人一向推托道气禀不好，不向前，又不得；一向不察气禀之害，只昏昏地去，又不得。须知气禀之害，要力去用功克治，裁其胜而归于中乃可。②

---

① 大桥正夫. 教育心理学［M］. 钟启泉，译. 上海：上海教育出版社，1980：137.
② 黎靖德. 朱子语类［M］. 北京：中华书局，1986：69.

也就是说，由于人生下来之后的气禀不同，所以现实中具体的人性便有了善恶之分，如果人秉承天地清明之气而生便生就好人，如果人秉承天地戾气而生便生就恶人，也就是说每个人的天命之性都是至善无恶的，但是因为人出生之时被气质所染，就变成了有善恶之分的气质之性，而这就是我们作为人在现实中的具体人性。紧接着，朱子话锋一转，提出气质是可以变化的，但是要变化气质又是非常之难的，他说人之所以需要学习，是因为要去变化不好的气禀，如果为学能够勇猛精进的话，那么那些不好的气禀也就能化解了。有的人气禀偏刚暴，有的人气禀偏柔弱，那便需要勇猛精进去克服而治之，要使刚暴和柔弱都归于中，也就是要刚柔并济、中而和之。由此可见，朱子认为"气质之性"是可以改变的，那么具体改变的途径有哪些呢？

首先，朱子认为至诚之道可以变化气质，他继承并发展了《中庸》的至诚思想，他说，"如至诚惟能尽性，只尽性时万物之理都无不尽了。故尽其性，便尽人之性；尽人之性，便尽物之性"①，也就是说只有做到绝对至诚，才能做到穷尽吾人具备的至善无恶的天命之性，而能穷尽吾人天命之性便能穷尽万事万物之理。"诚"是构建朱子教育心法体系的核心观念之一，在朱子教育心法体系中，"诚"有着和"天理"同样重要的地位，他说，所谓"诚"，便是真实而没有虚妄，乃天理之根本属性②。朱子认为，通过断除妄念、不自欺，人可以使精神升华至"天理"层面，真正做到道德自觉、行动自为，而自做主宰；反过来，如果不能坚守"诚"，而自欺欺人，人就会被私欲妄念主宰，潜存我们本性中的"天理"也就泯灭而无法彰显了。

所谓"诚"，如果用人本主义的术语来说便是"自我同一性"。对于这种"自我同一性"，马斯洛有如下论述，他说："我们说自我同一性的发现，这是什么意思？意思是找出你的真实愿望和特征是什么，并生活在一种方式中使它们能表现出来。你经过学习成为真诚的、忠实的，也就是让你的行为和言谈成为你内在感受真实而自发的表现……真诚是虚伪向零点的下降。"③ 在中

---

① 黎靖德. 朱子语类［M］. 北京：中华书局，1986：381.

② 朱熹. 四书章句集注［M］. 北京：中华书局，1983：32.

③ 马斯洛. 人性能达的境界［M］. 林方，译. 昆明：云南人民出版社，1987：184.

华圣学心法看来，人之所以为人在于天理赋予我们的道心、明德、仁爱、良知，因此通过至诚之道找到人的"自我同一性"也就是找到我们的道心、明德、仁爱和良知，只有至诚之道可以让我们的"自我同一性"呈现出来并在现实生活实践中发生作用。

其次，要做到变化气质，一方面要"尊德行"，另一方面要"道问学"，内外交养才是变化气质的关键。关于"尊德行"和"道问学"这二者究竟何者为先，朱子和陆子曾有过长期的辩论，笔者不拟在本文探讨两位大儒之争，而是拟援引现代人本主义心理学家马斯洛关于事实和价值的思想，以求得"尊德行"和"道问学"如何能够变化一个人的气质，而使之日趋向善。马斯洛有言：

> 我们懂得，从根本上说，一个人要弄清他应该做什么，最好的办法是先找出他是谁，他是什么样的人，因为达到伦理的和价值的决定、达到聪明选择、达到应该的途径是经过"是"，经过事实、真理、现实的发现的，是经过特定的人的本性发现的。他越了解他的本性，他的深蕴愿望，他的气质，他的体质，他寻求和渴望什么，以及什么能真正使他满足，他的价值选择也变得越不费力，越自动，越成为一种副现象。①

很显然，如果"道问学"的话，一个人就会弄清楚什么是"是"、事实、真理和现实的，那么也就能弄清他究竟是谁，应该做什么，也就越能发现人生价值之所在，也就越能"尊德性"。一个人越能"尊德性"，他的"天命之性"也就越能通过人的气质显发，也就越能改变一个人的天生气禀，变化一个人的气质。可见，"道问学"有助于"尊德性"，就像马斯洛所言："是和应该等同了。事实和价值等同了。作为一种情况被描述、被感知的世界变得和那个被珍视、被希冀的世界等同了。是的世界变成了应该成为的世界。应该成为的东西已经出现了，换句话说，事实在这里已和价值相融合。"②

所谓"是"，必须通过"道问学"去探索、去发现，我们对"是"的了

---

① 马斯洛. 人性能达的境界 [M]. 林方，译. 昆明：云南人民出版社，1987：111-112.

② 马斯洛. 人性能达的境界 [M]. 林方，译. 昆明：云南人民出版社，1987：110.

解越深入，我们对"应该"的理解也就越深刻，我们就越有道德自信。马斯洛说："事实创造应该！某物被看到或认识得越清楚，某物也变得越真实越不会被误解。它也会获得越多应该性质。某物变得越'是'，它也变得越'应该'——它获得更高的需求度，它更高声地'要求'特殊的行动。某物被理解得越清楚，也变得越'应该'，它也变成行动的更佳向导。"①

马斯洛曾深入探究过自我实现者有何特质，其中就有这么几条：一是对现实和真理很有认识的人，二是对是非一般不会混淆的人，三是他们能比一般人较快并较有把握地做出伦理决断。② 孟子曾说，明白是非之人是真正有智慧之人，而"智"是人性四端之一，可见通过"道问学"我们所学不仅仅是知识，更是对何谓"善"的深刻了解，没有对"善"的深刻了解，也就无所谓"尊德性"了。

正如马斯洛所言："只要你相信自己，你便不再惜力。肯定的知识意味着肯定的伦理决断。"③ 通过"道问学"我们对世界、人生的认识会变得越来越全面而深入，而这全面而深入的了解会引导我们明白我们应当尊崇的是什么德行。"事实"本身便有一种动力特征和向量价值，而这动力特征和向量价值在事实和价值的二歧鸿沟之上架起了一座桥梁。④ "道问学"和"尊德性"也因为这座桥梁的存在而得以完美地融合。

三、朱子读书心法

朱子读书心法是朱子教育心法的重要组成部分，也是朱子"道问学"的重要途径，在长达数十年的教育教学以及读书实践当中，朱子总结、继承和发展了前贤的读书心法，提出了许多关于读书心法的精辟见解和独到体会。朱子读书心法主要体现在《朱子读书法》一书中，是朱子四五十年教学经验以及读书经验的宝贵结晶，自问世以来，便被天下读书人奉为圭臬，可以说是历代读书法中的瑰宝，影响极为深远。当代著名学者谭佛佑先生在《朱子

---

① 马斯洛. 人性能达的境界 [M]. 林方，译. 昆明：云南人民出版社，1987：122.
② 马斯洛. 人性能达的境界 [M]. 林方，译. 昆明：云南人民出版社，1987：124.
③ 马斯洛. 人性能达的境界 [M]. 林方，译. 昆明：云南人民出版社，1987：122.
④ 马斯洛. 人性能达的境界 [M]. 林方，译. 昆明：云南人民出版社，1987：121.

读书法评议》一文中誉之为"读书方法之大成"①。对于谭佛佑先生此誉，朱子读书法可谓当之无愧。据《钦定四库全书提要》所载，朱子去世之后，首先其门人辅广先生编辑和整理了《朱子读书法》的原本，其次朱子另外一位门人度正先生安排遂宁人于和先生对此书进行校对和整理，再次鄱阳一位王姓人士在两人的基础上又加以增补，最后张洪和齐熙两位先生在前贤的基础上加以增补和订正与梳理，这样才形成了我们今天读到的《朱子读书法》。② 张洪、齐熙两位前贤不仅增补、订正了《朱子读书法》，而且对本书加以精心整理和编写，并厘定了朱子读书法的六条纲领：循序渐进、熟读精思、虚心涵泳、切己体察、着紧用力、居敬持志。③《朱子读书法》揭示的教育目的以及提出的六条读书原则对于当代教育有着重要的启示意义，值得学人参考借鉴。

《朱子读书法》编者之一张洪先生在本书序言中写道："此书之行可使人人知道，人人为圣贤。"④ 可见，从教学目的这个角度来考察的话，朱子读书法旨在培养圣贤。我们当代教育，自然不必强求培养圣贤，再说圣贤也是很难培养出来的，但培养有修养、有学识的君子，则是当代教育的应有之责。

笔者深感当代教育重实用和功利有余，重修养和学识不足。我们看到的现象是，很多学生的学习目的不是提升自己的文化修养，而是考级、拿证，以后找一份好工作。我们或许可以这么说，眼下在我国的教育当中，文明、文化、德行可谓集体失语了。那么应当如何改善这种现状呢？朱子说，"本心限溺之久，义理浸灌未透，且宜读书穷理。常不间断，则物欲之心自不能胜，而本心之义理自安且固矣"⑤。也就是说，要拯救陷溺之本心，最好的办法之一就是要坚持读书穷理，这样的话才可以有效地控制物欲，而义理也可安固于本心之中。

当代教育，应以培养德才兼备、中西贯通的高素质人才为目的，这无疑对我国当代教育是一个严峻的挑战。一方面，要注重在教学中多选取中华文化经典，让学生去体悟和感受中华文明的精髓之处；另一方面，要注重在教

---

① 谭佛佑. 朱子读书法评议［J］. 江西教育学院学报，1990（3）：32.
② 朱子. 朱子读书法［M］. 张洪，齐熙，刘天然，译注. 北京：线装书局，2019：1.
③ 朱子. 朱子读书法［M］. 张洪，齐熙，刘天然，译注. 北京：线装书局，2019：11.
④ 朱子. 朱子读书法［M］. 张洪，齐熙，刘天然，译注. 北京：线装书局，2019：5.
⑤ 朱子. 朱子读书法［M］. 张洪，齐熙，刘天然，译注. 北京：线装书局，2019：135.

学当中融入世界其他地域文明，尤其是西方文明，要在教学的过程中多方比较中西文明之异同，让学生体会人类文化之博大精深及丰富多彩。西方文明之精髓，在于培养理性之精神；东方文明之精髓，在于培养仁爱之心灵。当代教育，当以人类文明为"道枢"，择取人类文明之精华为教学素材，以涵养学生性情，提升学生素质，培养道德高尚、能力出众之君子。那么如何才能在读书中贯彻这一教育目的呢？

第一，朱子认为读书一定要注重循序渐进，读书如果不明先后、缓急的话，就会"迂回艰苦""匆遽急迫"，不但不切于身，而且无得于心。① 他认为，读书不可草率、躐等，必须按照适当的顺序逐一理会，否则便会"徒费心力"。② 朱子认为，首先，就不同的书而言，要先读通一本书再去读另一本书，为说明此点，他举例说，"以二书言之，则先《论》而后《孟》，通一书而后及一书"③；其次，就同一本书而言，他说，"以一书言之，则其篇章文句、首尾次第，亦各有序而不可乱也"④，也就是说在读同一本书的时候务必注重其中篇章文句的顺序，要循序而读，不可乱读一气。

他告诫学者要量力读书，要制订计划并严格遵守，他说："字求其训，句索其旨，未得乎前，则不敢求其后，未通乎此，则不敢志乎彼，如是循序而渐进焉，则意定理明，而无疏易凌躐之患矣。"⑤ 他要求学者在读书的时候务必对每一个字、每句话都有透彻的了解，并且务必力求通达一本书再去读另一本书，这样循序渐进才能明了书中的义理精髓。朱子在此不仅点明了循序渐进读书法的具体做法，而且阐明了读书为何要循序渐进，他要求学者量力而读，要制订好读书计划并严格遵守，要就一字一句上下硬功夫，如果前面的没有读懂就不要去读后面的，这边没读懂就不要去读那边的，只有循序读书才能逐渐提升，这样才能真正领会书中的旨意和道理，才可以避免疏忽、轻慢、躐等读书大忌。

第二，朱子认为读书务必熟读而精思，他说读书不但要读懂正文，还要

---

① 朱子. 朱子读书法 [M]. 张洪，齐熙，刘天然，译注. 北京：线装书局，2019：034.

② 朱子. 朱子读书法 [M]. 张洪，齐熙，刘天然，译注. 北京：线装书局，2019：047.

③ 郭齐，尹波. 朱熹文集编年评注 [M]. 福州：福建人民出版社，2019：3616.

④ 郭齐，尹波. 朱熹文集编年评注 [M]. 福州：福建人民出版社，2019：3616.

⑤ 郭齐，尹波. 朱熹文集编年评注 [M]. 福州：福建人民出版社，2019：3616.

熟悉注释，正文和注释二者尽量都要"成诵精熟"，要把注解中的文章大意、名物事件和正文中的经旨互相发明，就好像这注解是自己所注的一般，如此这般反复玩味，自然会有"通透处"。朱子认为如果不这样读书的话就是"虚说议论"，不是为己之学，他说："学者观书，先须得读正文，记得注解，成诵精熟。注中训释文意、事物、名件，发明经旨相穿纽处，一一认得，如自己做出来底一般，方能玩味反复，向上有通透处。"① 笔者认为，当代人文教育，应当择取一些可以代表中西文化的经典文章，并选入必读、精读篇目，在此基础上引导学生熟读之、精思之。因为只有熟读、精思，方能真正化文化于己身。正如朱子说的那样，要在心中仔细考察以求得真实，要将所学通过事物验证以求得其真②，唯独如此，方能"洗涤心肝五脏许多忿懑之气"③，成就一被文化所化之圣贤君子。朱子认为，读书要熟到就好像书中的话是自己说出来的一样，在此基础上继之以精思，就好像这些话都发自内心一般，这样才能真正有所得。如果能坚持如此读书，自然能达至"心与理一"，对经典中所言之义理自会有深刻、透彻的理解，也就可以对之终身不忘了。

第三，朱子在给南宋名士胡伯逢的回信中说到，读书务必"虚心平气"，只有这样才能在书中"优游玩味"，在这一过程中仔细体会圣贤立言之本意，要学习"亚圣"孟子"以意逆志"的读书方法，才能达到"庶乎可以得之"的效果。④ 现代心理学认为，人在学习新事物之前，会有一种思维定式，也就是我们经常说的成见。思维定式有其积极效果，也有其消极作用，会使人在学习过程中带着成见去看待一切事物，这样反而会限制思维的灵活性和创造性。⑤ 朱子"虚心涵泳"的读书方法无疑是指在读书的时候要尽量摒弃思维定式对自己的影响，也就是要放下自己的成见，使内心保持一种空灵的状态，放下自我，以意逆志，这样在读书的过程中才有可能领会到文章的深意。

"优游涵养而自得"是圣门读书心法的关节处，伊川先生曾说："说书必非

---

① 朱子. 朱子读书法［M］. 张洪，齐熙，刘天然，译注. 北京：线装书局，2019：077.
② 朱子. 朱子读书法［M］. 张洪，齐熙，刘天然，译注. 北京：线装书局，2019：180. 朱子说："考之吾心，以求其实；参之事物，以验其归。"
③ 朱子. 朱子读书法［M］. 张洪，齐熙，刘天然，译注. 北京：线装书局，2019：178.
④ 朱子. 朱子读书法［M］. 张洪，齐熙，刘天然，译注. 北京：线装书局，2019：85.
⑤ 林崇德，杨治良，黄希庭. 心理学大辞典［M］. 上海：上海教育出版社，2003：219-220.

古意，转使人薄。学者须是潜心积虑，优游涵养，使之自得。今一日说尽，只是教得薄。至如汉时说，下帷讲诵，犹未必说书。"①也就是在告诫施教者，讲书的时候不能曲解古意，曲解古意虽然可以让人似乎听得明白，但是反倒会让人看轻经典。施教者如果一天就能给学生把经书说尽了，其实并不是真的说尽，而是因为教的都是那些肤浅的东西。所以，施教者要想办法引导学生自己去阅读和体悟经典，要让学生优游涵养于经典之中，这样自然会有所得。

那么应当如何引导学生呢？首先得在语言上下功夫，《近思录》"教学之道"第七条选录了二程子言以说明此理，二程子认为："凡立言，欲涵蓄意思，不使知德者厌，无德者惑。"②也就是说，给学生授课的时候说话要含蓄有韵味，一方面要让知德者能玩味其中深意而不就此满足而止步，另一方面要让无德者听得清楚、明了、不困惑而能谨守其说。比如，朱子就曾说尹氏《〈论语〉说》"句句有味"，并且批评张无垢《〈中庸〉解》"粗暴浅露"。③可见，朱子认为施教者在教学时一定要注意运用语言，语言要含蓄有味，不能太过浅显粗暴。但是，施教者在教学之时，也千万不要讲得太过深奥。二程子也说："语学者以所见未到至理，不惟所闻不深彻，反将理看低了。"④可见圣门读书心法，贵在循循善诱，待到引学者入门之后，无须督责，他自能找到"优游涵养而自得"的乐趣了。

第四，朱子认为读书不能纸上谈兵，只在文字上下功夫，不能专门在纸面上求义理，而必须心领神会、身体力行，这便是朱子切己体察的读书方法。⑤"切己体察"的目的在于，一方面自我修正，将书中内容与自身的体会感悟对照，修正不合理之处，完善自我认知；另一方面将读书所学结合生活实践，这样反过来能促进对所学的理解和掌握，也能提升实践能力。读书治学是为了践履，如果不运用所学，那便和不学一样，正如朱子所言："苟徒知而不行，诚与不学无异。"⑥

①　陈荣捷．近思录详注集评［M］．重庆：重庆出版社，2021：402．
②　陈荣捷．近思录详注集评［M］．重庆：重庆出版社，2021：399．
③　严佐之．近思录集注［M］．上海：华东师范大学出版社，2015：236．
④　陈荣捷．近思录详注集评［M］．重庆：重庆出版社，2021：401．
⑤　朱子．朱子读书法［M］．张洪，齐熙，刘天然，译注．北京：线装书局，2019：110．
⑥　郭齐，尹波．朱熹文集编年评注［M］．福州：福建人民出版社，2019：2892-2893．

第五，朱子认为读书切不可散漫，散漫就会虚度时光，要"火急而痛切"，要"心坚石穿"，不能"如此悠悠地过"。[①] 他说读书就像"救火""追亡"[②]，又像逆水撑船那般每篙都不能懈怠。[③] 如果不能坚持不懈怠，便会不进则退。朱子说读书就像"两军厮杀"一般，战鼓擂响之后是没有退路的，只有"拌命进前"，才能"有个生路"。[④]

第六，朱子认为读书要循序渐进并力求精益求精，而要做到精益求精就必须把用力处落在"仁"字上，必须"居敬而持志"[⑤]。所谓"居敬"，就是内心一直保持高度的诚敬，这样读书才能认真专注；而"持志"，是要在内心持守坚定不移的志向，这样读书才能坚持不懈。朱子此言，对于当代教育不啻一剂良方。就笔者多年教学所见，很多老师和学生对学问、文化早已失去了敬意，在他们看来教学和学习不过是评职称或拿文凭的一块敲门砖而已，对其中蕴含的宝贵的人类文明视而不见，更不用说化为自己的血肉了。所谓的"远大志向"也早已被房子、车子、票子所替代，因此也就不可能保持终身学习了。西学东渐以来，人类世界进入了各种文明互相融合的时代，这里有挑战，也有机遇，对我们国人来说，如果不能掌握好的读书心法，就没有办法充分了解西方文明，也就没有办法熔铸东西方文明之精华为一体，从而创造一种更为灿烂辉煌、充满人道主义的中华文明。

朱子专门以读书为题材写过一首流传千古的名篇——《观书有感》，其诗曰："半亩方塘一鉴开，天光云影共徘徊。问渠那得清如许，为有源头活水来。"[⑥] 这首富有启发意义的诗告诉我们，在当代教育中，无论是教师还是学生，在"教"与"学"当中应当保持一种空灵的状态，就像那一汪如境的方塘一般，徜徉在天光云影的美妙世界当中，优游在人类文明的长河之中，如此才能痛饮那汩汩涌出的人类文明之活水，吐故纳新，为沟通中西文化、再造中华文明尽自己一份心力。

---

① 朱子. 朱子读书法 [M]. 张洪，齐熙，刘天然，译注. 北京：线装书局，2019：253.
② 黎靖德. 朱子语类 [M]. 北京：中华书局，1986：134.
③ 黎靖德. 朱子语类 [M]. 北京：中华书局，1986：137.
④ 黎靖德. 朱子语类 [M]. 北京：中华书局，1986：2803.
⑤ 郭齐，尹波. 朱熹文集编年评注 [M]. 福州：福建人民出版社，2019：860.
⑥ 朱子. 朱子读书法 [M]. 张洪，齐熙，刘天然，译注. 北京：线装书局，2019：009.

第二章

朱子《小学》教育心法——《立教篇》

《小学》一书，是朱子教育学的重要典籍，既是朱子对圣学教育心法之传承和发展（见图2.1），也集中地体现了朱子本人教育心法的要义。朱子认为，他那个时代人才凋敝的一个重要原因便是"小学"失传了，唯有通过教育从小激发弟子的善端、涵养弟子的德行、端正弟子的行为，才能培养出真正的圣贤之才，才能改变社会风俗凋敝的现状，这也是他编纂《小学》这本书的根本原因所在。

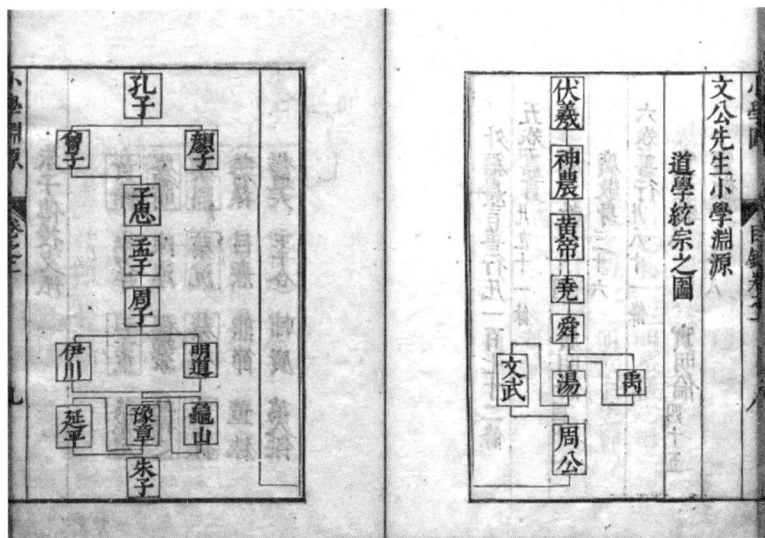

图2.1　小学渊源图

（资料来源：摘自日本国立公文书馆藏《小学书图骒括纂要》卷之上第九页）

陆子寿和朱子在对谈之时曾谈起当时教育之弊端，陆子寿说："古者教小子弟，自能言能食，即有教，以至洒扫应对之类，皆有所习，故长大则易语。今人自小即教做对，稍大即教作虚诞之文，皆坏其性质。某当思欲做一小学规，使人自小教之便有法，如此亦须有益。"朱子对此表示很赞成，并答之曰："只做禅苑清规样做，亦自好。"①《禅苑清规》是宋代慈觉禅师为复兴禅宗精神、重塑禅门规矩而收集整理残存之行法偈颂编撰而成的。朱子后来编撰的《小学》一书即本着复兴圣学精神、重塑儒门规矩而收集整理儒家经典编撰而成。

朱子《小学》一书自刊行之后，流传甚广，影响十分深远。自元代起，《小学》便成为各级学校的主要教学内容之一，元世祖立国子学中规定的教学内容就有《小学》（见《元史选举志一》）。明代《小学》一书更是成为社学、义塾、小学的通行教材，崇祯皇帝更是以《小学》颁示天下。清代《小学》一书影响更大，康熙曾令天下士子学习《小学》，雍正曾亲自为《小学集注》作序，清朝龙启瑞在《重刊朱子〈小学〉序》一文中说："国家以实学取士，自《十三经》《四书》外，特表章朱子《小学》。凡童生入学、复试、论题，务用《小学》，著在律令。乃行之既久，或徒具文，承学之士，束书不观。然则古昔养正作圣之方，与圣天子造就人之意，胥于是而不可见。"

《小学》一书不但在中国影响深远，而且流布海外，影响遍及世界各地。在朝鲜，《小学》一书备受推崇，可谓"家谕而户诵之，扶伦纲而补风化"。在日本，文公《小学》书启遍于党庠州序之间，"户传人诵，莫不崇信"。在欧洲，《四书》《孝经》《小学》于1711年由比利时卫方济合为一书，定名为"中国六经"。② 可见，《小学》一书自刊行之日起就成为中国教育史乃至东亚教育史上最为重要的小学道德教科书，其中原因就笔者所见，或许可以从张舜徽先生之父教导他的一段话中得以窥测：

　　　读书宜辨汉、宋。汉学、宋学，不可偏废。文字训诂，宜宗汉儒；至于饬躬敦行，必多读宋儒之书。宋儒之书，不可遍读，汝但守朱子《小学》一编，熟诵而时温绎之，其中所录嘉言懿行夥矣，但得其一言一

① 黎靖德. 朱子语类 [M]. 北京：中华书局，1986：126.
② 鄢建江. 朱熹《小学》道德教育理论研究 [M]. 北京：华龄出版社，2006：5-7.

行而身体力行，则终身受用不尽。否则德性不能坚定，非细故也。①

　　朱子曾说："修身大法，《小学》备矣；义理精微，《近思录》详之。"②
朱子以为，要培养能够明人伦、淳风俗的圣贤君子，就必须秉承先王之道，
由"小学"而入"大学"，没有"小学"之基，就没有"大学"之成。朱子
曾多次谈到他编撰的《小学》一书，他认为此书是初学者的必读书，因为这
本书教导的都是"做人的样子"。③门生和之曾向朱子请教《小学》，朱子告
诉他，这本书主要辑录的是古昔圣人如何教人的原则和方法，并且感叹现在
把古人的教育原则和方法全丢了，朱子认为所谓"作之君"其实就是"作之
师"，也就是所谓的"君师之道"。④

　　朱子在给《小学》写的序言中说："古者小学，教人以洒扫、应对、进退
之节，爱亲、敬长、隆师、亲友之道，皆所以为修身、齐家、治国、平天下
之本。而必使其讲而习之于幼稚之时，欲其习与智长，化与心成，而无扞格
不胜之患也。"⑤朱子认为，古代的小学教育，从洒扫、应对、进退这些小的生
活细节入手施教，再教导子弟懂得爱慕双亲、尊重兄长、崇敬老师、亲睦朋友
的道理，这些都是大学修齐治平的根本所在，必须在弟子幼小之时就教导他们，
并让他们在生活中落实和实践，这样做的目的是使他们的智慧在学习中得到增
长，他们的心灵在教化中得以成就，这样就不会有恶习难以纠正的祸患了。

　　关于这一点，我们从《小学》一书的编排中也可以看出。朱子辑录的
《小学》分内外两篇，其中内篇四章，分别为《立教》《明伦》《敬身》《稽
古》，其中《稽古篇》又分为《立教》《明伦》《敬身》三小节；外篇两章，
分别为《嘉言》《善行》，其中《嘉言篇》分为《广立教》《广明伦》《广敬
身》，《善行篇》分为《实立教》《实明伦》《实敬身》。正因为《小学》一书
此种编排方式（见图2.2），所以笔者将在第二章及第三章、第四章分别阐述
内篇当中《立教》《明伦》《敬身》三篇蕴含的朱子教育心法思想，再以《稽

---

① 张舜徽．旧学辑存：第3册［M］．济南：齐鲁书社，1988：103.
② 黎靖德．朱子语类［M］．北京：中华书局，1986：2629.
③ 黎靖德．朱子语类［M］．北京：中华书局，1986：127.
④ 黎靖德．朱子语类［M］．北京：中华书局，1986：129.
⑤ 江先忠，王维建．朱子《小学》详解［M］．长沙：岳麓书社，2017：1.

敬身　　　　　　　　明倫　　　　　　　　　立教

明飲食之節　明衣服之制　明威儀之則　明心術之要　　明父子之親　明君臣之義　明夫婦之別　明長幼之序　明朋友之交　　立胎育保養之教　立小大始終之教　立三物四術之教　立師弟授受之教

稽古

敬身　　　　　　　明倫　　　　　　　立教

善行　　　　　嘉言

實敬身　實明倫　實立教　　廣敬身　廣明倫　廣立教

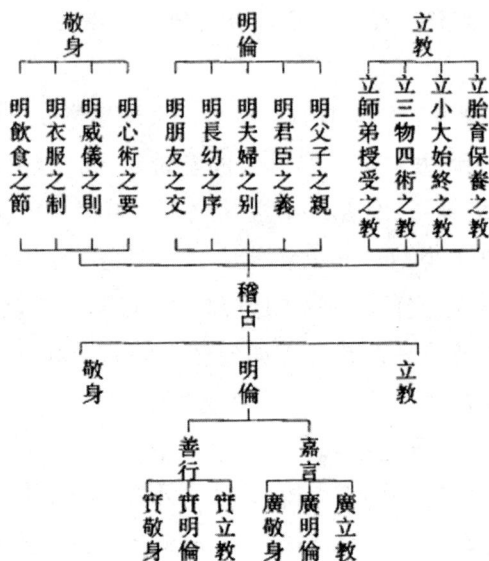

图 2.2　第三小学图

（资料来源：摘自《退溪全书今注今译》第 2 册，四川大学出版社，1993 年，第 175 页）

古篇》及外篇补充之。本章主要探讨《小学·立教篇》体现的朱子教育心法。所谓"立教者"，立者，树立也；教者，教化之大原则，在朱子看来这大原则便是古代圣王的教育心法。朱子设立此篇以为《小学》全书纲目，辑录古圣所以教人之法，以引导民众按此种方法实践，起到化民成俗的作用。元代何士信《标题注疏小学集成》引许氏之言总括之：

> 立教者，明三代圣王所以教人之法也。盖人之良心本无不善，由有生之后，气禀所拘，物欲所蔽，任其私意妄作，始有不善。圣人设教使养其良心之本善，去其私意之不善。其上者可入圣，其次者可为贤，又其次者不失为善人。此先王之时所以民用和睦、上下无怨，而比屋可封也。然所谓教，非出于先王之私意，盖天有是理，因天命之自然，为人事之当然，乃所谓教也。[①]

---

① 何士信. 标题注疏小学集成：卷 1［M］. 日本：国立公文书馆，万治元年刊本.

从以上论述及许氏之言，我们可以看到，《小学》一书是朱子专门为"小学"阶段的儿童辑录的一部教科书，是朱子教育心法的集中体现，此书编纂的目的主要是希望从小培养学子良好的习惯、纯良的性情以及高度的智慧，通过"小学"阶段的教育，把儿童培养成圣贤坯璞。

第一节　培养圣贤坯璞为宗

自汉代以来至宋代之前都更重视大学而忽视了小学，自朱子提倡小学之后，后代教育发生了很大的转变，开始重视小学教育，这自然不能不说此种转变朱子是大有提倡之功的。朱子认为，小学教育和大学教育这两个阶段是相辅相成的，但是要特别重视小学教育，朱子认为"小学"阶段的教育是基础，是用来培养和造就"圣贤坯模"的，如果弟子的小学教育阶段荒废了，再要成圣成贤就需要付出十倍、百倍之功了。正如《礼记·学记》所言，如果错过了最合适的时机才开始学，即便付出很多勤劳辛苦也是很难在学业上有所成就的；反之如果小学教育抓好了，大学教育则只是在此基础上"加光饰"，如此教学便可事半功倍，卓有成效了。

一、《小学》题词大义

朱子除了给《小学》一书写过一篇序之外，还专门为此书写了一篇《题词》。《序言》主要讲的是小学教育之本义，《题词》则是在此基础上进一步阐述教育之本原以及学校（包括小学和大学）培养人才之道。朱子这篇《小学·题词》可谓整部《小学》的总纲，通读这篇《小学·题词》，我们不难发现，这短短224字，既涵盖了教育的形而上，亦贯通了教育的形而下，可谓"体用兼备、道器不离"。尤为难得的是，朱子通篇用韵文写就这篇题词，读来可谓朗朗上口，非常便于弟子记诵学习，学者如能深入研究此篇，无论是对施教者还是对受教者，都会有点化之功，其文如下：

元亨利贞，天道之常；仁义礼智，人性之纲。

凡此厥初，无有不善；蔼然四端，随感而见；

爱亲敬兄，忠君弟长；是曰秉彝，有顺无强。

惟圣性者，浩浩其天；不加毫末，万善足焉。

众人蚩蚩，物欲交蔽；乃颓其纲，安此暴弃。

惟圣斯恻，建学立师；以培其根，以达其支。

小学之方，洒扫应对；入孝出恭，动罔或悖；

行有余力，诵诗读书；咏歌舞蹈，思罔或逾。

穷理修身，斯学之大；明命赫然，罔有内外；

德崇业广，乃复其初。昔非不足，今岂有余。

世远人亡，经残教弛；蒙养弗端，长益浮靡；

乡无善俗，世乏良材；利欲纷挐，异言喧豗。

幸兹秉彝，极天罔坠；爰辑旧闻，庶觉来裔；

嗟嗟小子，敬受此书；匪我言耄，惟圣之谟。①

朱子《小学·题词》一文，总五十六句，依据文义可分为十个小节，其中第一小节最为重要，虽短短十六个字，但是道出了教育之本原，其辞曰："元亨利贞，天道之常；仁义礼智，人性之纲。"（见图2.3）

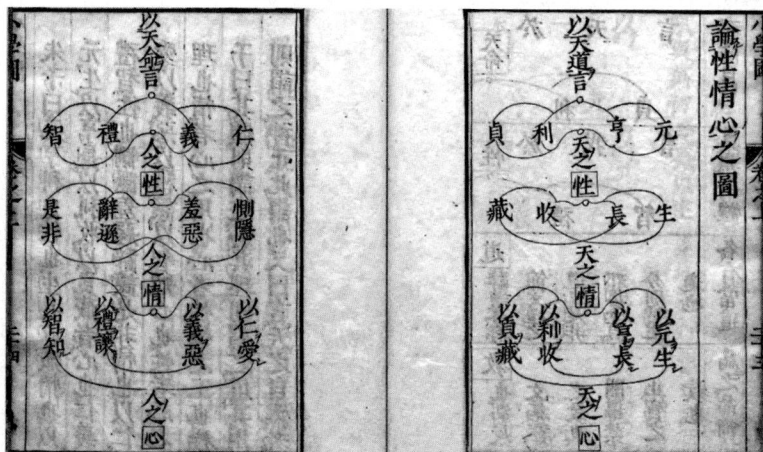

图 2.3　论性情心之图

（资料来源：摘自日本国立公文书馆藏《小学书图骤括纂要》卷之上第二十四页）

---

① 江先忠，王维建. 朱子《小学》详解 [M]. 长沙：岳麓书社，2017：4.

这一小节首先点出天道运行之恒常是"元亨利贞",其次便点出人类本性之大纲乃是"仁义礼智",那么这"天道之常"和"人性之纲"究竟有何关联呢?朱子说:"天道流行是一条长连底,人便在此天道之中,各得一截子。"① 也就是说"元亨利贞"体现在人的身上便是"仁义礼智",这四种美好的德行是人得之于天,天赋予人的。对于"元亨利贞"这四者,邢昺谓之"天之四德"。② 朱子认为,人亦在这天道之中、天地之间,这"天之四德"体现在人身上便是"仁义礼智"。在《周易本义》一书中,朱子对二者之间的关系有更详细的论述,他说:

> 元者,生物之始,天地之德,莫先于此,故于时为春,于人则为仁,而众善之长也。亨者,生物之通,物至于此,莫不嘉美,故于时为夏,于人则为礼,而众美之会也。利者,生物之遂,物各得宜,不相妨害,故于时为秋,于人则为义,而得其分之和。贞者,生物之成。实理具备,随在各足,故于时为冬,于人则为智,而为众事之干。干,木之身而枝叶所依以立者也。"君子体仁足以长人,嘉会足以合礼,利物足以和义,贞固足以干事。"以仁为体,则无一物不在所爱之中,故足以长人。嘉其所会,则无不合礼。使物各得其所利,则义无不和。贞固者,知正之所在而固守之,所谓知而弗去者也,故足以为事之干。"君子行此四德者,故曰:'乾:元、亨、利、贞'。"非君子之至健,无以行此,故曰"乾:元、亨、利、贞"。③

可见,朱子认为天道之"元"生物,与之对应的四时为"春","四德"为"仁";天道之"亨"通物,与之对应的四时为"夏","四德"为"礼";天道之"利"遂物,与之对应的四时为"秋","四德"为"义";天道之"贞"成物,与之对应的四时为"冬","四德"为"智"。朱子不但具体论述

---

① 黎靖德. 朱子语类 [M]. 北京:中华书局,1986:725.
② 邢昺. 论语注疏 [M]. 上海:上海古籍出版社,1997:2474.
③ 朱杰人,严佐之. 朱子全书:第1册 [M]. 上海:上海古籍出版社,2010:146.

了"元亨利贞"和"仁义礼智"的对应关系，还论述了"仁"作为众善之长对"义、礼、智"的统摄关系，尤其值得注意的是朱子说要把"仁"作为道德本体，这样的话所有的事物就都在仁爱之中了，这无疑是对孟子"仁者爱人"的继承和发展。朱子这段话，或许我们可以总结为"以仁为体，以爱为用"，亦即"仁体爱用"。

张伯行《小学集解》引用敬轩薛氏之言阐释此句，认为"元亨利贞、仁义礼智"，所有事物都具备，所有时间都如此，它们充塞宇宙六合，贯通古往今来，是我们在日常生活中一刻都不能离开的①，薛氏此言无疑是对朱子此句绝好的注脚。这是《小学·题词》第一节，可以说首先是推原天道，其次点名人性四德皆本于天道四常，这不仅仅是朱子小学教育心法的根基，更是朱子心法的根基所在。

紧承第一节，朱子在第二小节进一步申述了人性四德。他说，人天生就具备仁义礼智之本性，没有人生下来就是不善良的，"仁、义、礼、智"这四端，会随着人心感触万物而兴发出来。朱子说"性"是不可见的，必须和外物相接方能表现出来，正所谓"随感可见"，在与物相接之时应当扩充四端，使本性之善沛然发育、不能自已。②

并且，朱子亦把孟子的"四端说"纳入了自己的心法体系，《朱子语类》曾记录过朱子和学生这么一段对话，有学生问朱子何谓性、情、心、仁，朱子说：

> 横渠说得最好，言："心，统性情者也。"孟子言："恻隐之心，仁之端；羞恶之心，义之端。"极说得性、情、心好。性无不善。心所发为情，或有不善。说不善非是心，亦不得。却是心之本体本无不善，其流为不善者，情之迁于物而然也。性是理之总名，仁义礼智皆性中一理之名。恻隐、羞恶、辞逊、是非是情之所发之名，此情之出于性而善者也。其端所发甚微，皆从此心出，故曰：心，统性情者也。③

---

① 张伯行. 小学集解 [M]. 上海：商务印书馆，1936：1.
② 朱熹. 四书章句集注 [M]. 北京：中华书局，1983：240.
③ 黎靖德. 朱子语类 [M]. 北京：中华书局，1986：92.

我们结合横渠和孟子之言，便会发现朱子所言"无有不善"者是性，"随感而见"者说的是情。在朱子教育心法体系中，"性即理"，所以"性"是无有不善的，如果能够做到让"理"在日常生活的方方面面都"随感而见"，自然就可以体现为第三小节所言的："爱慕父母、敬重兄长、效忠君主、尊重长辈；这便是人之为人的根本之道，也是人性的自然显发。"①

关于第三小节，张伯行先生的注解很精彩，他说："忠者，尽心之谓。弟，顺也。秉，执也。彝，常也。顺者，因其自然。强者，抑之使然。四者，人之善行，根于秉执之常性，顺其自然而非强之使然也。四端之中，完善皆具。此独言四者，乃其目之大者也。此第三节，言性之见于行者然也。"② 在这里我们要特别注意"有顺无强"这一句，有清以来常责朱子"以理杀人"，实则如果我们深入研究朱子心法，尤其是朱子的教育心法，就会发现全然不是这么回事。朱子教育人，秉承孔子"循循善诱"之教，半点都没有"以理杀人"之事。所谓"以理杀人"，是打着"理"的名义而强迫他人服从，然而我们分析朱子心法便能发现，朱子从来都是强调要"有顺无强"，张伯行先生的注解可谓深得朱子教育心法之大要——顺其自然而非强之使然也。

在第四和第五小节，朱子探讨了圣人和众人之别。他认为，圣人之性浩浩如天，无丝毫气禀物欲，无须增加毫末，而具备万善；众人则与圣人不同，众人之性掺杂了气禀物欲，导致"仁、义、礼、智"四纲不振，并且内心对此并不觉醒，而是"安此暴弃"。也正因为众人之天性为物欲所蔽，圣人见此而生恻隐之心，不忍众人安于暴弃，便兴建学校、设立师长，以教化民众、收其放心。在朱子看来，"建学立师"首在培养根本，根本培养好了，枝叶自然就繁盛了。这便是第六小节的大义，主要申述的是圣人兴学立教的宗旨。

紧接着为兴学立教之旨，朱子在《小学·题词》第七小节和第八小节阐明了小学、大学之教。朱子认为，小学教育的主要方法，要从洒扫应对这些生活小事入手，在家要敬爱父母，出门要敬重长辈，举止言行都不要违背基本的礼仪规矩，如果这些做到了还有余力的话，就教导他们学诗读书，以及歌唱和跳舞，所思所想不要僭越诗书之道。③ 在这一小节，朱子总结了小学教

---

① 张伯行. 小学集解［M］. 上海：商务印书馆，1936：1.
② 张伯行. 小学集解［M］. 上海：商务印书馆，1936：1.
③ 张伯行. 小学集解［M］. 上海：商务印书馆，1936：2.

育大要，张伯行先生注解此节亦甚为精当：

> 罔，无也。咏歌舞蹈，皆学乐之事。逾，越也，言教不躐等，必先从事小学之方。洒扫应对，以习夫勤谨；入孝出恭，以笃夫爱敬。凡所动作，罔有违背于理者。行能如是，而力有余闲，则诵诗读书，而又咏歌以习乐之声，舞蹈以习乐之容，所以动荡血脉，顺童稚之欲，养其中和，而诱之于理也。朝夕从事于诗书礼乐，则其心思亦无逾越于理者矣。此第七节言小学涵养德性之事，即所谓培其根也。①

张伯行先生此段注解可谓深得朱子之意。小学教育之大要，一则学不躐等，二则余力学文，三则无悖于理，四则诗书礼乐，五则咏歌舞蹈，六则顺童之欲，七则养其中和。此七则，亦为朱子小学教育心法之大要，如能以此七则化育儿童，何愁不能培养圣贤坯璞。

大学教育，可谓在小学教育基础之上的进一步发展，是"致广大，尽精微"，正如朱子在《小学·题词》所言那样："穷理修身，斯学之大；明命赫然，罔有内外；德崇业广，乃复其初；昔非不足，今岂有余。"② 小学教育是培根，大学教育则是达支；不培根无以达支，不达支培根何用？大学之大，一则大在穷理修身，小学是行其事、知其然，大学则要通达其理、明其所以然；二则大在明命赫然，这命自然是天命之明德，要将此明德推而广之，从而提升自己的生命境界，消弭自我，而达至与天地同体的精神境界，此谓之"罔有内外"。只有做到这两点，才能做到"德崇业广"，曾有学生向朱子请教"德崇业广"，朱子回答，"德是得之于心，业是见之于事"③，张伯行先生注解此句为："则我之明德既崇，而新民之业又广。"④ 可见，"德崇"是内圣之事，"业广"是外王之事。做到"德崇业广"，按朱子所言就可以"乃复其初"了，这个"初"就是我们天性之本然。朱子接着说，"昔非不足，今岂有余"，也就是说在众人之前安于暴弃不是因为本性不足，而是因为本性被物

---

① 张伯行. 小学集解 [M]. 上海：商务印书馆，1936：2.
② 张伯行. 小学集解 [M]. 上海：商务印书馆，1936：2.
③ 黎靖德. 朱子语类 [M]. 北京：中华书局，1986：2245.
④ 张伯行. 小学集解 [M]. 上海：商务印书馆，1936：2.

欲所蔽，经过洒扫应对、穷理修身的小学教育和大学教育，便可扩充四端、清除物蔽，重新恢复我们天性之本然了。

朱子在《四书章句集注》中有一段注解可以很好地诠释"德崇业广，乃复其初"，他认为所谓"明德"乃是吾人所得之于上天，它的本质特征是虚灵不昧，也因此它本身就具备万理而可以应接一切事物，但是吾人天赋之明德会为气禀拘迫，会被私欲蒙蔽，导致它有时候昏昧难明，虽然如此，它的"本体"之明是从来未曾改变的，所以学者应当根据明德本体所发之善念而彰明它，使它恢复本来光明的本体。① 这"本体"便是天所赋予我之明德，而在道德实践中能够因循"明德"所发并推广之、扩充之，便是道德实践的功夫，不下小学和大学的功夫，"本体"便无以得明。

紧接上节，朱子话锋一转，在《小学·题词》第九小节直接点出当前社会和教育的现状，他说，"世远人亡，经残教弛；蒙养弗端，长益浮靡；乡无善俗，世乏良材；利欲纷拏，异言喧豗"②，也就是说今天的我们距离圣人之世也很久远了，经书已残缺，教化已废弛，在这样的情况下童蒙很难得到好的涵育，长大后便更为浮华侈靡；也因为如此，乡村缺少良善的风俗，社会缺乏贤良的人才，物欲横流，纷纷扰扰；异端邪说，喧哗躁动。可见，朱子认为造成民俗败坏、人才凋敝的主要原因是时代的推移导致经典不明、圣教不张，以至于蒙养之法无端，长大后轻薄浮华，难成大器。这也是朱子之所以旁搜远绍，辑录《小学》的主要原因。

但即便如此，朱子依然对天理人性抱有极大的信心，所以他在题词最后两节写道："幸兹秉彝，极天罔坠；爰辑旧闻，庶觉来裔；嗟嗟小子，敬受此书；匪我言耄，惟圣之谟。"③ 朱子认为，虽然当世经典不明、圣教不张，但人类本然之天性是永远不会泯灭的，所以他才辑录《小学》一书以教育并唤醒后人，并且叮咛后生小子要好好研读此书，因为这本书并非一位老朽之人的呓语，而是古圣先贤的谆谆教诲。

正如江先忠先生所言，朱子在《小学·题词》中叙说的是天道性情的本原和《小学》《大学》培养人才、扩充道德的事功。这篇题词，兼及本体和

① 朱熹. 四书章句集注［M］. 北京：中华书局，1983：3.
② 张伯行. 小学集解［M］. 上海：商务印书馆，1936：2.
③ 张伯行. 小学集解［M］. 上海：商务印书馆，1936：2-3.

功用，也涵盖了形而上和形而下，并且此文是朱子用韵文写就，便于儿童教学，对后来的求学之人也有着非常深刻的点化与启示作用。[①]

二、小学大学之辨

小学教育和大学教育之别，古已有之，朱子教育心法继承圣学传统，尤重小学和大学之辨。关于古代大学教育，其宗旨和内容主要记录在《礼记·大学》一文，可谓完整而齐备；关于古代小学教育的记录则比较零散，最早可见于《礼记·王制篇》和《大戴礼记·保傅篇》等典籍。据《礼记·王制篇》记载，"小学在公宫南之左，大学在郊"[②]，可见当时的小学是设在国君宫廷南边左侧，大学则设在国都郊区；《大戴礼记·保傅篇》则记载，"古者年八岁而出就外舍，学小艺焉，履小节焉。束发而就大学，学大艺焉，履大节焉"[③]。（见图 2.4）

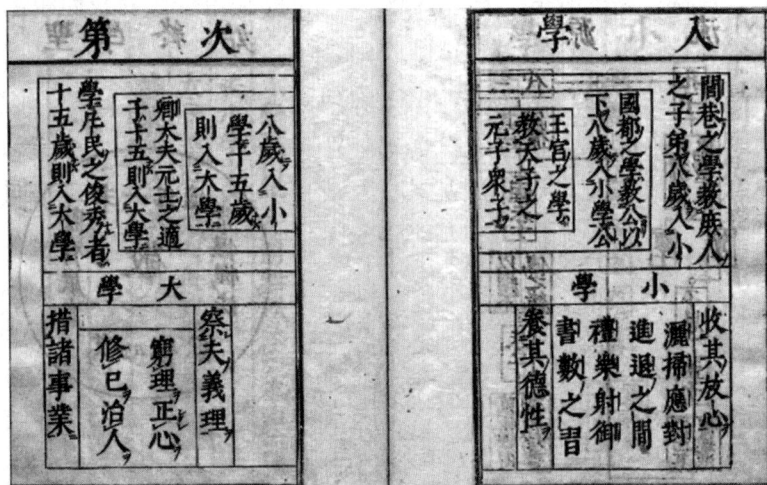

图 2.4　入学次第图

（资料来源：摘自日本国立公文书馆藏《小学书图骥括篡要》卷之上第二十一页）

朱子认为，小学是大学之根底，大学则是小学之延续、深入和发展，是

---

① 江先忠，王维建. 朱子《小学》详解 [M]. 长沙：岳麓书社，2017：4.
② 杨天宇. 礼记译注 [M]. 上海：上海古籍出版社，2004：149.
③ 孔广森. 大戴礼记补注 [M]. 北京：中华书局，2013：75.

在小学功夫上增加光彩，他说："古者，小学已自暗养成了，到长来，已自有圣贤坯模，只就上面加光饰。"① 鉴于当时的教育现状，朱子尤重提倡小学教育，这主要是因为朱子认为自秦汉以来中国教育过于注重大学教育而忽略了小学教育，所以才造成秦汉以后人才凋敝的状况。

鉴于此，朱子远绍前贤，一方面主张要办好小学教育，另一方面注重大学对小学的延续，这不仅符合教育规律，而且是非常具有现实意义的。在考察了古代教育经典以及结合当时的教育现状之后，朱子提出，弟子应当在八岁左右就开始接受"小学"阶段的教育，十五岁左右开始接受"大学"阶段的教育，并且根据年龄差异带来的生理、心理差异，详细论述了小学、大学在性质、特点以及教育内容和方法上的不同之处与相关之处，对后世产生了深远的影响。

关于小学和大学的联系和区别，有人曾问朱子，为何您给学生讲大学的学问还希望学生要好生学习小学之道？朱子告诉他，学问之道固然有大小之别，但是其中的道是一个，当子弟小的时候如果不学小学，就没有办法收其放纵之心、养其美好之德，这二者是大学的根本所在；等到子弟长大了，如果不进大学，就没有办法考察义理并把义理运用于事业而不荒废小学的功夫；所以说学问有大学、小学之分别，这只是因为年龄不同而学习的东西要适应年龄，这才有高和下、深和浅等区别，而不是像义和利、冰和炭那样的区别，我们当下教育应当趁子弟年幼时，让他们学习洒扫应对、礼乐射御等小学功夫，等到他们长大了，再教以明德新民至善之道，这是因为学习是有次第顺序的。② 从这段论述当中，我们可以看出，"小学"阶段侧重于让弟子懂得做事，知其然就可以；"大学"阶段则侧重于教导学生穷索义理，这就要知其所以然了。在"小学"阶段要注重"收其放心"，否则"大学"阶段便会"有扞格不胜之患"了；同样地，小学如果不通过大学进一步提升，那么圣贤坯模也就永远停留在坯模阶段，而不能成德成贤而使小学成果得到最终完成了。

在"小学"阶段，朱子认为首先是培养弟子为人做事，其次才是读书学文。朱子认为小学教育内容主要是洒扫应对、礼乐书数等事，也就是要从小

---

① 黎靖德. 朱子语类 [M]. 北京：中华书局，1986：125.
② 江先忠，王维建. 朱子《小学》详解 [M]. 长沙：岳麓书社，2017：4.

教导弟子按规矩行事、培养好的伦常道德、学习生活习惯以及传授一些基本的文化知识。他在《大学章句序》中写道："人生八岁，则自王公以下，至于庶人之子弟，皆入小学，而教之以洒扫、应对、进退之节，礼乐、射御、书数之文。"① 另外，朱子认为，"夫童蒙之学，始于衣服冠履，次及言语步趋，次及洒扫清洁，次及读书写文字，及有杂细事宜，皆所当知。令逐目条列，名曰《童蒙须知》"②。也就是说，童蒙教育首先应该从穿衣戴帽开始教，其次教以言行举止的基本礼仪，再次教以洒扫清洁之事，最后才是教他们读书、写字、作文等，再有生活中的一些杂事也应当一并教导他们。

在"大学"阶段，就主要教学内容而言，则和"小学"阶段有所区别，朱子认为："及其十有五年，则自天子之元子、众子，以至公、卿、大夫、元士之适子，与凡民之俊秀，皆入大学，而教之以穷理、正心、修己、治人之道。"③ 可见，"大学"阶段则主要教导学生穷索义理、端正内心、修养自身、治理民众的道理和方法。所谓"穷理"，自然是穷索万事万物之理，而乂以此理来考察天下万事万物，在朱子看来，要穷理则必须读六经，他认为六经是圣王时代的记载，又经圣人亲自编订，所记所载全是天理；所谓"正心修己治人"，则是《大学》一书所说的修齐治平之道。

可见，在朱子教育心法中，小学功夫乃大学之根底，没有"小学"阶段的涵养功夫，便不大可能成就"大学"阶段的圣贤功德。正如陈青之先生所言："小学教授以'事'，到大学才教授以'理'。所谓事，如'礼、乐、射、御、书、数及孝、悌、忠、信者'之类，教生徒为什么要如此做。小学教以当然，偏重在动作方面；大学教以所以然，于动作之后且进而求得了解的。小学教育即大学教育之基础，大学教育为小学教育之扩充与深究，虽然程度有深浅，而教材却是一贯，生活自是整个的。"④

朱子以为，圣贤成为圣贤的关键原因在于他们在"小学"阶段便受到了良好的教育，他一再说道："古者小学已自暗成了，到长来已自在圣贤坯模，

---

① 朱熹. 四书章句集注［M］. 北京：中华书局，2012：1.
② 朱熹. 朱熹童蒙须知［M］. 合肥：黄山书社，2003：65.
③ 朱熹. 四书章句集注［M］. 北京：中华书局，2012：1.
④ 陈青之. 中国教育史［M］. 长沙：岳麓书社，2010：283.

只就上面加光饰。"① 也就是说，圣贤的基础是在"小学"阶段便已成就了，后面只是在这基础上进一步发展而已；反过来说，如果小学基础没打好，日后想要成德成圣那就千难万难了。正如朱子所言，"古人便都从小学中学了，所以大学，都不费力，如礼乐射御书数大纲都学了，及至长大，便只理会穷理致知工夫，而今自小失了，要补填实是难"②，朱子这段话，也体现了《礼记·学记》"时过然后学，则勤苦而难成"讲明的道理。

如果"小学"阶段的基础没有打好，"自小失了"，以后要想补回来就难了，因此学生在"小学"阶段要通过做事奠定好基础，要培养"庄敬诚实"的品质，不能好高骛远，在每一事、每一物上切实"理会道理"。如果在"小学"阶段只"教考究些礼文制度"，那是虚的，是和学生本身的生命不相干的，所以一定要就"切身处理会得道理"，这个"切身处"具体说来便是洒扫应对等生活中的道德实践，几乎涵盖日常生活中的一切事物，如事父兄、处友等。

正是鉴于此，所以朱子才重续古人"小学""大学"之教育两阶段思想，他说："古人小学养得小儿子诚敬善端发见了。然而大学等事，小儿子不会推将去，所以又入大学教之。"③ 也就是说，朱子认为上古时代的教育是通过"小学"阶段的教育便把蒙童的诚敬和善端给养好了，但是这时候他们因为年龄小扩充推理能力还不够，所以穷理等事又要等到上大学时再教导他们。朱子又说："古者初年入小学，只是教之以事，如礼、乐、射、御、书、数及孝、弟、忠、信之事。自十六七入大学，然后教之以理，如致知、格物及所以为忠信孝弟者。"④ 可见朱子认为，小学教育主要是教做事，教他们如何对待父母、兄弟、君主、朋友，只教他们按照规矩去做事，而大学教育则主要是教导他们如何去发明万事万物之理，正如周昌乐教授所言：

　　大学教育原则上应该是一种"通识教育（liberal education）"，根本目标不在于传授某种非常专业的知识与技能，而是要培养批判之精神、

---

①　张伯行. 小学集解（小学辑说）[M]. 上海：商务印书馆，1936：4.
②　张伯行. 小学集解（小学辑说）[M]. 上海：商务印书馆，1936：5.
③　黎靖德. 朱子语类 [M]. 北京：中华书局，1986：124.
④　黎靖德. 朱子语类 [M]. 北京：中华书局，1986：125.

思考之独立、公民之责任，要让自由滋养心灵，要明道显性躬亲民，服务社会。大学教育是为了将来胜任任何职位，精通任何学科而准备的，专门知识和技能是本科毕业后才需要去学习和掌握的。说得简练一些、大学教育的宗旨就是《礼记·大学》提倡的圣学之道。①

朱子认为，小学和大学虽然各自有所侧重，但绝不是截然分开的，而是一个相辅相成、不可分割的整体。朱子学生曾向朱子请教："大学与小学，不是截然为二。小学是学其事，大学是穷其理，以尽其事否？"朱子回答说：

> 只是一箇事。小学是学事亲，学事长，且直理会那事。大学是就上面委曲详究那理，其所以事亲是如何，所以事长是如何。古人于小学存养已熟，根基已深厚，到大学，只就上面点化出些精彩。古人自能食能言，便已教了，一岁有一岁工夫。至二十时。圣人资质已自有十分（寓作"三分"）。大学只出治光彩。今都蹉过，不能转去做，只据而今当地头立定脚做去，补填前日欠阙，栽种后来合做底（寓作根株）。如二十岁觉悟，便从二十岁立定脚力做去；三十岁觉悟，便从三十岁立定脚力做去。纵待八九十岁觉悟，也当据见定劄住硬寨做去。②

从上述谈话中我们可以看到，朱子认为从根本上讲大学和小学是一贯的，小学是学如何事亲事长，大学则是要穷索事亲事长的道理何在，"小学"阶段主要通过做事来涵养心性，培养圣贤坯璞，就像朱子所言，到了二十成人之时，已经有了十分的圣人资质；到了"大学"阶段，便要穷究事理，要千方百计详究所以然。如果自小耽误了做事的功夫，蹉跎过去了，也要从现有的这个程度开始做，要把根株立定了，不要怕迟，什么时候觉悟了就什么时候开始做，不要管是二十岁、三十岁甚至是八九十岁，一定不要怕迟，要下硬功夫、打硬仗，不能稀里糊涂过一生。朱子此言，真可谓"朝闻夕死"之绝好注脚。

---

① 周昌乐. 明道显性：沟通文理讲记［M］. 厦门：厦门大学出版社，2016：24.
② 黎靖德. 朱子语类［M］. 北京：中华书局，1986：125-126.

曾有人请教朱子："某今看《大学》,如《小学》中有未晓处,亦要理会?"朱子告诉他："相兼看亦不妨。学者于文为度数,不可存终理会不得之心。须立个大规模,都要理会得。至于其明其暗,则系会人之才如何耳。"①可见在朱子看来,小学、大学归根结底是一件事,其终极教育目的都是培养弟子成圣成贤,二者都必须寻根究底弄个清楚明白。正如清代大儒张伯行先生所言:"朱子自谓一生得力只看得《大学》。而又辑《小学》一书者,以为人之幼也,不习于小学,则无以收其放心、养其德性,而为大学之基本。"②

总而言之,我们知道朱子一方面重视小学和大学之别,另一方面特别重视小学和大学的一贯性。朱子之所以重视小学,还为此特别编订《小学》,是因为在朱子看来,"小学"对圣学教育而言,可谓"作圣之基、入道之门",万万不可轻忽,是培养圣贤坯璞的,"大学"阶段则是在此圣贤坯璞的进一步发展和升华,这两个阶段的教育可谓相辅相成、缺一不可。

三、童蒙养之以正

中华圣学教育心法,历来注重童蒙养正,这一传统教育心法首先体现在《周易·蒙卦》之中。蒙卦卦象为山下有一泓清泉,这一泓清泉象征人性最初之善端。然如不善加护养,这一泓天生清泉很有可能会变浑浊,所以要想护持这一泓清泉则必须加以养正之功。《周易·蒙卦·象辞》就说:"蒙以养正,圣功也。"③ 朱子在给弟子讲解蒙卦时也说道,"盖言蒙昧之时先自养教正当了,到了那时时便有作圣之功。若蒙昧之中已自不正,他日何由得会有圣功"④,可见圣学教育历来就注重童蒙养正,并认为这是成圣成德的根基所在。

朱子继承并发展了蒙卦的教育心法,他认为所谓"童蒙养之以正",便是要在子弟生命的第一天开始就注重通过教育培养他端正的品格、中和的性情,而不能让他在人生的起步阶段走上邪路。一旦能够在子弟年幼的时候培养他

---

① 黎靖德. 朱子语类 [M]. 北京:中华书局,1986:127.

② 朱杰人,严佐之,刘永翔. 朱子全书:第 13 册 [M]. 上海:上海古籍出版社,2010:380.

③ 黄寿祺,张善文. 周易 [M]. 上海:上海古籍出版社,2004:46.

④ 黎靖德. 朱子语类 [M]. 北京:中华书局,1986:1746.

良好的行为习惯，涵养吾人本有的灵明良知，使他的心灵得到端正、智慧得到增长，那么他长大以后就不会有积恶成习、难以改变的祸患了。

朱子在《小学·立教篇》开篇小序即引用《中庸》首句，以明天命、人性、修道、教化这四者之间的关系，其文曰："子思子曰：'天命之谓性，率性之谓道，修道之谓教。'则天明，遵圣法，述此篇俾为师者知所以教，而弟子知所以学。"① 朱子辑录子思子此言，是为了说明圣人立教，必本自天命赋予人之秉性，若不知此，无以立教。所以朱子解释此句说，要以天之明德以及圣人之法则为标准，这样才能让教师明白他要教什么，让学生明白他们要学什么。

在朱子看来，教育务必慎始慎终，"童蒙养之以正"，便是慎始的功夫，因为人在童蒙时代接受的教育，在很大程度上影响其终身发展。《周易》有云："元者，善之长也。"所谓"元"，本义为"首"，有开始、开端之义。"童蒙养之以正"，便是要在子弟开蒙的阶段通过培养他良好的生活习惯，以此来涵养和发掘他本性中就具备的良知良能。正如《周易·序卦传》所说："物生必蒙，故受之以《蒙》；蒙者蒙也，物之稚也。"② 所谓"蒙"，是指万事万物童稚之初，人在童蒙这个时期，这个世界对他来说是全新的，生在酱缸他便黑，生在活水他便清，所以需要师长以正道来养育他，以天理来启发他本心的良知良能，使他在人生之初就走上正道，那么他日后的学习也就事半功倍了。

《周易·蒙卦·象辞》又说：""蒙，亨'，以亨行时中也。"③ 可见，"蒙"之所以能亨通而行，是因为顺应了中道，把握了时机。人生之初，犹如四季之春，这是人生最关键的时期，施教者必须把握好这个时机为幼儿打好基础，否则一旦错过这个时机可能一生都没办法弥补了。像"狼孩"等现象便是错失好的教育时机的极端例子。从生理上看，这些孩子和一般的孩子基本是一样的，但是在教育的关键时期他们因为种种原因没能在人类社会成长，导致他们没能得到基本的语言交流、行为规范、基本常识的启蒙，以至于回

---

① 江先忠，王维建．朱子《小学》详解［M］．长沙：岳麓书社，2017：11.

② 黄寿祺，张善文．周易［M］．上海：上海古籍出版社，2004：598.

③ 黄寿祺，张善文．周易［M］．上海：上海古籍出版社，2004：46.

归人类社会之后因为错过了教育关键期而很难再像常人一样学会基本的语言、行为和常识了。所以说，施教者必须把握住受教者童蒙时代这一关键时期，教之以正道，这样受教者长大后才能亨通而行。

朱子认为，人的天性是无有不善的，但是这先天之善会因后天物欲交蔽而蒙尘，所以在人生之初就对子弟养之以正是非常重要的。人生之初的童蒙阶段，子弟因为辨别力不强，所以需要师长导之以善，甚至责之以善，这样子弟在童蒙时期就能走上人生正道，以后即便处于不善的环境，但是因为根子直，也有足够的心力战而胜之了。为了说明童蒙养正的重要性，朱子在《小学》一书中专门引用了杨文公在《家训》中所说的一段文字来阐发此义：

> 童稚之学不止记诵。养其良知良能，当以先入之言为主。日记故事，不拘古今，必先以孝悌、忠信、礼义、廉耻等事。如黄香扇枕，陆绩怀橘，叔敖阴德，子路负米之类，只如俗说，便晓此道理，久久成熟，德性若自然矣。①

可见童蒙稚子的教育，不仅仅是记诵的教育，最重要的是要从小培养他们的良知良能，要特别注重先入之言的重要性。古今有关孝悌廉耻的故事，如黄香、子路等孝顺父母的事，都要讲给他们听，让他们明白其中的道理，这样久了，他们的德行也就自然养成了。

首先，朱子认为，要做到童蒙养正，必须在幼年时期就让子弟养成良好的生活和道德行为。为此，朱子专门编订《童蒙须知》一文，为蒙童道德行为规范订立了十分详尽的标准。比如，"衣服冠履"条就规定穿衣服必须"先提整衿领"，然后"结两衽纽带"；"语言步趋"条就规定说话时不可"浮言戏笑"，要"语言详缓"，平时走路则要端正，不可"疾走跳踯"；"洒扫涓洁"条就规定所居之处，几案地面要洒扫洁净；"读书写文字"条则规定书册要摆放整齐，读书时要"字字响亮"，不能"牵强暗记"；"杂细事宜"条则规定要早起晚睡，不要凑热闹，不要做无益之事。朱子认为，从小训练子弟的生活习惯和道德行为，便可激发和培养子弟的善端，正所谓"少成如天

---

① 张伯行. 小学集解［M］. 上海：商务印书馆，1936：94.

性"，只要长期坚持便可使子弟具备坚定的操守，而对德行的涵养也能日渐纯熟。

另外，童蒙养正之功，一方面自然要落在日常洒扫应对进退中，另一方面也要注重礼、乐、射、御、书、数这六艺的学习。朱子在写给孙仁甫的信中说："古人设教，自洒扫应对进退之节，礼乐射御书数之文，必皆使之抑心下首以从事于其间，而不敢忽，然后可以消磨其飞扬倔强之气，而为入德之阶。"① 可见古代圣学教育，一方面注重洒扫等小节，另一方面也注重礼乐等技艺，一定要使子弟收其放心而专注于这二者，让他们不敢轻忽学习而专注其间，这样可以把他们飞扬倔强的习气消磨掉，这是入德的阶梯。

其次，要做到童蒙养正必须注意儿童主体性的发挥，正如蒙卦卦辞所言，不是我求童蒙学习，而是童蒙向我求教。在"教"与"学"的关系上，施教者强行实施教育的效果是不佳的，务必树立受教者的主体性，只有这样受教者的主动性才会被调动和激发出来。朱子认为，如果向我求教之人不够真诚，那么我便不会教导他，只有他真诚求教我才会真诚教导他。② 明儒林希元也认为，童蒙不主动求教的话，表明他没有向学之心，那就没有办法来求学并深信；等到他向我求教之时我再启发他，这时候他便会相信我所言并投身实践；等到他赤诚求教再启发他，那么因为他求道心切，所以只要稍加启发，便能使他通达于道了。③ 在朱子看来，老师的作用主要是引导、启发和指正学生，老师能做的只是在开始的时候提点他，并在这一过程中帮助他纠正，而真正的学习主体只能是学生自己，所以他一再告诫弟子，无论读书还是为学都与他人毫不相干，都是自家事。

我们知道，现代教育学认为，儿童教育有三大关键，第一是遗传，第二是环境，第三则是儿童的主体性能否得到成长。朱子教育心法，一方面非常注重以格言至论以及德育故事教育子弟，另一方面注重子弟在幼年之时主体性的发挥，是其真诚求教再告之以道，而不是盲目地苛责以善。这两方面要把握好度，正如朱子所言，击蒙之道不能太过，太过则会伤害被击之人，要

---

① 郭齐，尹波. 朱熹文集编年评注：第 8 册 [M]. 福州：福建人民出版社，2019：3140.

② 黎靖德. 朱子语类 [M]. 北京：中华书局，1986：1746.

③ 李光地. 周易折中 [M]. 成都：巴蜀书社，2008：34.

恰到好处才行。①

　　我们不妨把朱子童蒙养正的教育心法和西方教育学家博维特的思想对比一番，以便加深我们对朱子教育心法的理解。博维特认为道德责任感的形成主要依据两个条件：一是从外部发出的命令，即指没有明确的时间范围的命令（例如，不要说谎等）；二是接受命令须以发出命令的人和接受命令的人之间存在着的一种特殊情操为前提（儿童并非接受任何人的命令，对年幼的弟妹或一般不重要人的命令就不接受）。另外，博维特还认为这是一种尊敬的情操，包含爱和怕。但是，单是爱不足以产生责任感，单是怕仅能激起形体上的屈从或是为了自己利益而引起的服从，而尊敬却包含爱和怕两方面，它是同劣势地位和优势地位间的关系相联系的，从而决定对命令的接受，最后导致责任感的形成。②

　　朱子在《小学》等教育典籍中给弟子立的规矩便是从外部发出的命令，这种命令是带有强制性的，但是朱子认为这种命令是要发自天赋明德、至诚之心的，也因此才能在师长和蒙童间建立情感连接和信任。正如人本主义心理学认为的那样，一个教师给学生做出最好的示范就是他在和学生交流沟通时展现的坦诚，唯独这样才可在师生之间产生接受与信任，罗杰斯将此名为"珍视的学习者"，教师必须尊重学生的完整性，只有这样才能接受他们的思想和情感，学生才可能与教师分享他们的思想和情感，双方的互相信任是交流的保证，学生不会因为教师的权威而觉得害怕，教师也不必认为学生的提问是对自己的挑战。③

　　通过比较，我们可以看到，朱子童蒙养正心法和博维特的教育思想是不谋而合的，一方面要责之以善，这是外部对儿童发出的命令；另一方面要真诚教诲，这是要在师长和儿童之间形成一种特殊的情操，师长爱护并督责儿童，儿童尊敬并爱慕师长，在这样的良性互动中，儿童的道德感才能得到激发和培养。在这样的情感和道德交互中，在师长的引导下，从人生一开始就以正道养育儿童，这样方能涵养出道德品行俱佳的圣贤坯璞。

---

①　黎靖德. 朱子语类［M］. 北京：中华书局，1986：1851.

②　皮亚杰，英海尔德. 儿童心理学［M］. 吴福元，译. 北京：商务印书馆，1981：92-93.

③　陈琦，刘儒德. 当代教育心理学［M］. 北京：北京师范大学出版社，2007：414-415.

第二节 《小学》教育三大层次

朱子《小学》一书对整个小学教育阶段有全面系统的规划，从胎教到早教，从早教到小学教育，从小学教育到大学教育，乃至从大学教育到生命的完结，朱子《小学》一书皆有所论及。当然，本书集中要阐发的教育心法在胎教、家庭教育、学校教育（主要为小学）三大阶段，这也是本节要论述的主题。

一、《小学》胎教心法

中华圣学胎教心法源远流长，堪称世界教育史上的一朵奇葩，朱子《小学》教育心法继承了这一优良传统。朱子在辑录的《小学·立教篇》第一章就引用了刘向在《列女传》中记载的胎教之法。《列女传》如此总结中国古代的胎教心法：古代女子怀孕之后，讲究睡姿要端正而不能斜侧，坐姿也不能歪斜，站着的时候不能斜跷着脚；不食怪味的食物，不食没割正的食物，不坐没摆正的席子，不看淫邪的颜色，不听不合正道的声音；晚上的时候，让瞽瞍读好诗、讲正事，经过这样的胎教养育出来的孩子，定然形貌端正、才德超凡。①

《小学·立教篇》第一章便辑录胎教之法，可见朱子对于胎教的重视，这也是朱子对圣学教育心法之继承和发扬。圣学教育源远流长，其中胎教可谓一朵奇葩，相关资料显示，远在西周时期，我们的祖先便开始胎教实践了。圣学教育对胎教心法异常重视，据《大戴礼记·保傅篇》记载，当时的胎教之法是要"书之玉板，藏之金匮，置之宗庙，以为后世戒"②。除此之外，《大戴礼记·保傅篇》对古代胎教心法还有详细的记载，其文曰："古者胎教，王后腹之，七月而就宴室，太史持铜而御户左，太宰持斗而御户右。比及三月者，王后所求声音非礼乐，则太师缊瑟而称不习，所求滋味者非正味，则

---

① 江先忠，王维建. 朱子《小学》详解 [M]. 长沙：岳麓书社，2017：12.
② 戴德. 大戴礼记 [M]. 南京：江苏人民出版社，2019：92.

太宰倚斗而言曰：不敢以待王太子。"① 也就是说，王后怀孕七个月就要到侧室里住下，太师拿着铜律管站在房门左边，太宰拿着水勺站在房门右边。各类官员都按照各自的职责站在大门里面。等到三个月后，王后要求欣赏的音乐不是合乎礼的雅乐，太师就会按住乐器说没有学过而不演奏；要求饮食的滋味不是正味，太宰就会提着水勺不敢烹调，说不敢用这种饮食对待王太子。

朱子在《小学·立教篇》首章就引用《列女传》此章，意在强调教育之功务必从胎教开始，如果错过了教育时机，日后要弥补恐怕不容易，如果把握好了教育时机，日后自然会有事半功倍之效。朱子曾给宋儒游定夫从妹撰写过一篇墓志铭，文中记载其从妹"娠子则必端居静室，焚香读儒佛书，不疾呼，不怒视，曰：'此古人胎教之法也。'故其子生皆贤才"②。

中国古代最为著名的胎教事例，自然是太任在怀周文王的时候实施的胎教。根据刘向在《列女传》一书中的记载，太任非常注重胎教心法："目不视恶色，耳不听淫声，口不出敖言。"（卷一《周室三母》）她性情本就十分端庄贤良，在怀上文王之后，更是如此，她不看丑恶之色，不听靡靡之音，说话也不大声恶语。正因为太任注重胎教心法，所以文王自出生以来便聪敏智慧，对母亲太任的教训，很自然地就能做到闻一知十、触类旁通。③ 朱子在《小学·稽古篇·立教》第一章便辑录了太任的胎教心法，可见朱子对胎教之重视。不独周文王之母太任，周成王之母在怀成王之时亦实施了胎教心法，据《大戴礼记·保傅篇》记载："周后妃任成王于身，立而不跛，坐而不差，独处而不倨，虽怒而不詈，胎教之谓也。"④ 周文王是有周一代之所以兴起的名君，周成王继承文武之业，开疆拓土、统一天下，这两位君主的成就不能不说与他们的母亲太任和周武后在怀孕之时对他们实施胎教心法有关。

朱子在《小学》一书中辑录的圣学胎教心法虽然只有两条，但是这两条基本涵盖了圣学胎教心法的主要内容。

---

① 戴德. 大戴礼记［M］. 南京：江苏人民出版社，2019：93；朱杰人，严佐之，刘永翔. 朱子全书：第 2 册［M］. 上海：上海古籍出版社，2010：190.

② 朱杰人，严佐之，刘永翔. 朱子全书：第 24 册［M］. 上海：上海古籍出版社，2010：4212.

③ 江先忠，王维建. 朱子《小学》详解［M］. 长沙：岳麓书社，2017：167.

④ 戴德. 大戴礼记［M］. 南京：江苏人民出版社，2019：96.

第一，朱子《小学》胎教心法注重择偶，对于如何择偶，朱子《小学》总结了如下几条重要原则：一是特别注重"同姓不婚"，这便尽量避免了近亲通婚的恶果；二是注重对方的家庭背景，有五种家庭是不能通婚的①；三是注重对方的性情修养，男子要谨慎恭敬，女子要正直信实；四是注重对方的身体健康，像朱子所说的"五不娶"中有家族遗传病的就在其列；五是婚礼一定要依礼操办，双方要互相尊重。这是因为，父母双方的道德品质和身体素质会在很大程度上影响后代的身体素质和心理素质，所以择偶务必慎重。

第二，朱子《小学》胎教心法特别注重调和孕母的情志，他认为文王之所以生而明圣，一个很重要的原因便是文王之母太任性情"端一诚庄"。② 古人认为，胎儿和孕母是息息相通的，孕母的喜怒哀乐都会影响胎儿的发育，因此古人主张孕母要养中和之气，如此则所生之子性情便和顺，不会有乖张暴戾之气。现代医学证实，孕妇发怒、大声哭叫会引起肾上腺皮质分泌过多，会导致胚胎某些组织无法联合，从而造成胎儿出现兔唇、腭裂等畸形，严重的甚至会造成死胎。③ 另外，现代神经科学也表明，孕母情绪变化会在相当程度上影响生理的变化，如果孕母经常处于紧张和焦虑的状态，孩子的情绪波动就会比较大，有很大的可能性会发展成人格障碍。

第三，朱子《小学》胎教心法对孕母的生活起居和饮食也非常重视，除了对睡姿、坐姿、站姿都有一定的要求，对饮食也非常注重。《韩诗外传》也记录了孟母胎教之事，孟母曰："吾怀妊是子，席不止，不坐；割不正，不食；胎教之也。"④ 另外，北齐大儒颜之推也非常重视胎教心法，在写给后人的家训中，他便要求"怀子三月，出居别宫，目不斜视，耳不妄听，音声滋味，以礼节之"⑤。这是非常符合现代科学的，现代幼教学者周维城就说："妊娠之时，夫妇最忌争论及忧虑惊惧之事，一或不慎，胎儿即有感染。又如饮酒影响亦烈，非独母当戒饮，即为父者亦当深戒，凡婴儿有缺唇及其他种

---

① 江先忠，王维建.朱子《小学》详解［M］.长沙：岳麓书社，2017：91.
② 江先忠，王维建.朱子《小学》详解［M］.长沙：岳麓书社，2017：167.
③ 于子明，赵永荃.胎教与优生［M］.天津：天津科学技术出版社，1996：128.
④ 韩婴.韩诗外传集释［M］.北京：中华书局，1980：306.
⑤ 颜之推.颜氏家训全译［M］.贵阳：贵州人民出版社，2008：5.

种不具之行状，皆由父母妊娠时不注意于身心之修养故也。"①

　　第四，朱子《小学》胎教心法注重对胎儿进行音乐教育，孕母在怀孕之时要听"正声"，而不能听"淫声"。现代教育科学表明，孕妇为保护胎儿免受或少受噪声危害，要特别注意对中低频率为主的噪声的防护。据日本安滕教授统计，机场飞机起降的噪声会使胎儿出生时的体重降低；北京天坛医院的实验也表明胎儿大脑如果被噪声刺激，很可能会受到损伤。② 相反，如果为了通过语言或音乐透入宫内进行胎教，也要选择中低频成分为主的乐曲。③ 澳大利亚一家医院对 35 名孕妇进行了追踪实验，让她们每天欣赏轻音乐，后来她们生的子女中，有 7 人成了音乐家，2 人成了舞蹈家，其余的孩子也有良好的音乐感，而且这些受到胎教的孩子学习成绩好、反应灵敏、聪明可爱。④

　　第五，朱子《小学》胎教心法还特别注重孕母的精神生活，朱子认为孕母要在孕期追求高尚的精神生活，而不是低俗的感官刺激。比如，朱子认为孕母妊娠之时要"夜则令瞽诵诗，道正事"⑤，这样所生子女就会容体端正、才德卓越。明代名医万全根据自己多年的行医经验指出，孕母如果能经常听诗、书、礼、乐，那么所生子女便会福寿敦厚，反之则鄙贱愚顽。⑥

　　总而言之，朱子《小学》辑录的圣学胎教心法，被后世中医总结为"外象内感"之说，"外象"即外部世界的万事万象，"内感"即身处母体之胎儿对外部世界所生发之感应。也就是说，虽然胎儿还在母体之内，但是他能感应到外部世界，并且会受到外部世界的影响，这便是胎教的基本原理。现代神经科学也证实，母体中的胎儿已具备学习的三大条件——感情、理智、神经，30 周左右胎儿的神经系统和刚出生的婴儿在发育成熟程度上没有差别，这时的胎儿具备一种神奇微妙的能力，他可以辨识孕母的情感、态度，甚至情绪细微的变化，更重要的是他还能对此有所表现。⑦ 衡之以现代科学，我们

① 周维城. 儿童心理研究·儿童心理学［M］. 北京：中央编译出版社，2018：31.
② 于子明，赵永荃. 胎教与优生［M］. 天津：天津科学技术出版社，1996：138.
③ 苏君玉，李炜光. 胎教指南［M］. 哈尔滨：黑龙江科学技术出版社，1997：113.
④ 苏君玉，李炜光. 胎教指南［M］. 哈尔滨：黑龙江科学技术出版社，1997：125-126.
⑤ 江先忠，王维建. 朱子《小学》详解［M］. 长沙：岳麓书社，2017：13-14.
⑥ 于子明，赵永荃. 胎教与优生［M］. 天津：天津科学技术出版社，1996：140.
⑦ 于子明，赵永荃. 胎教与优生［M］. 天津：天津科学技术出版社，1996：130.

可以说圣学胎教心法和现代科学是有非常契合之处的。

朱子《小学》在《立教篇》首章便辑录圣学胎教心法，可谓独具慧眼、用心良苦。尤其需要指出的是，现代胎教更注重对胎儿聪明才智的培养，而朱子胎教心法则奠基于优秀传统文化，因之更注重自胎儿起就养成端正温良的性情，如果不是有伟大的文化抱负以及对儿童教育规律的深切了解是不可能具备如此见识的，这也是非常值得我们现代人借鉴和参考的。

二、家庭教育心法

朱子家庭教育心法，是以涵养儿童的德行为核心而展开的。在他生活的时代，因为北方少数民族入侵以及当朝统治者的腐败，以致道德沦丧、礼教废弛。为此，朱子专门撰写《朱子家训》以及《朱子家礼》两书，试图唤醒人心、重建家园。这两部经典是圣学家庭教育心法的瑰宝，其主要思想是希望通过规矩来训练儿童的道德行为和礼仪，通过慈爱来感化儿童的道德情感，通过礼乐来涵养儿童的身心，从而达至童蒙养正乃至养成"圣贤坯璞"的教育目的。朱子编纂的《小学》一书，也秉承了《朱子家训》《朱子家礼》两书的思想，在家庭教育心法方面多有发明，这也是本小节论述的重点。

朱子对家庭教育非常重视，在他看来，父母兄长的言行对弟子的身心起耳濡目染、潜移默化的作用，在《补试牓谕》中，他写道：

> 盖闻君子之学，以诚其身，非直为观听之美而已。古之君子以是行其身，而推之以教其弟子，莫不由此，此其风俗所以淳厚，而德业所以崇高也。近世之俗不然，自父母教其子弟，固已使之假手程文，以欺罔有司矣。新学小生自为儿童时，习见其父兄之诲如此，因恬不以为愧，而安受其空虚无实之名，内以傲其父兄，外以骄其闾里，终身不知自力，以至卒就小人之归者，未必不由此也。故今劝谕县之父兄有爱其子弟之心者，其为求明师良友，使之究义理之指归，而习为孝弟驯谨之行，以诚其身而已。[1]

---

[1] 郭齐，尹波. 朱熹文集编年评注 [M]. 福州：福建人民出版社，2019：3601.

可见朱子那时，风俗凋敝，以至于父母兄长从小就教导弟子弄虚作假、欺罔有司，以致弟子自儿童起就失去了羞愧之心。在朱子看来，如果父母兄长真心爱护子弟的话，就应当从小便为子女聘请明师，使子弟认识到读书不是为了追名逐利，不是为了科举考试，而是为了明义理、习孝悌、诚其身。也正因为如此，朱子在编纂《小学》一书时辑录了多则关于家庭教育的经典，通过对这些经典的解读，我们可以从中探究朱子的家庭教育心法。

第一，朱子家庭教育心法特别注重对施教者的选择。儿童出生以后，胎教阶段随之结束，接下来的自然是早教，早教阶段的儿童主要是在家庭接受教育，而中国古代，对儿童施以教育的主要是女性。所以，朱子辑录《礼记·内则》之言以明早教之重要性，其文曰，"凡生子，择于诸母与可者，必求其宽裕慈惠、温良恭敬、慎而寡言者，使为子师"①，也就是说，幼儿出生之后，首要之事是要在众母之中择一性情宽裕温良、敬慎少言者作为子女的早教老师以教养之。一方面，施教者性情宽裕温良，不会太苛责儿童；另一方面，施教者敬慎少言，能敦促儿童自小便培养成良好的生活习惯。

第二，朱子家庭教育心法特别注重环境教育。现代教育学认为，影响一个儿童一生的三大要素为遗传、环境以及儿童主体性的发挥，朱子在《小学·稽古篇·立教》第二章专门辑录了著名的"孟母三迁"的故事，用以说明教育环境在儿童成长发展的过程中起到的重要作用。正如张伯行先生所言："无慈母三迁之教，观筑埋则习筑埋，见贾衒则习贾衒，其不流于鄙贱者几希。人家生子，非无聪明之资、忠厚之质，而所习不慎，耳濡目染，卒流于不善者多矣。孟母一妇人而能善成其子若是，乃有俨然父兄，而不能豫教其子弟，所谓蒙养弗端，长益浮靡者，可胜慨哉。"②

第三，朱子家庭教育心法注重培养蒙童的生活能力和习惯。朱子认为，一旦儿童有能力自己独立吃饭后，就应当教导他使用右手吃饭；当蒙童能说话后，男孩要教之用"唯"迅速应答；女孩要教之用"俞"缓缓应答；男孩子系腰应当用皮带，女孩子系腰应当用丝带；当儿童六岁时，就要教他们学习数字和方位；当儿童七岁时，就要教会他们男女有别，男孩子和女孩子不

---

① 江先忠，王维建. 朱子《小学》详解［M］. 长沙：岳麓书社，2017：13.
② 张伯行. 小学集解［M］. 上海：商务印书馆.1936：68.

应当在一个席上坐，不能使用同一个食具；当儿童到了八岁的时候要教他们礼让之道；当儿童到了九岁要教他们计算日子。①

第四，朱子家庭教育心法注重以格言至论来涵养蒙童的良知良能。伊川先生认为早教应当先入为主，他说："古人生子，能食能言而教之。大学之法，以豫为先。人之幼也，知思未有所主，便当以格言至论日陈于前，虽未晓知，且当薰聒，使盈耳充腹，久自安习，若固有之，虽以他言惑之，不能入也。若为之不豫，及乎稍长，私意偏好生于内，众口辩言铄于外，欲其纯完，不可得也。"② 可见，伊川先生认为子女年幼之时便当让他们熟悉"格言至论"，如此日加熏习，则可养其纯心，让其不为他言所惑；这便是作圣之基。朱子承继了伊川先生的教育心法，他引用杨文公家训之说，批评记诵之学，其文曰："童稚之学不止记诵。养其良知良能，当以先入之言为主。日记故事，不拘古今，必先以孝悌、忠信、礼义、廉耻等事。如黄香扇枕、陆绩怀橘、叔敖阴德、子路负米之类，只如俗说，便晓此道理，久久成熟，德性若自然矣。"③ 可见，朱子主张从小便以格言至论以及各种养正故事教导蒙童，使他们通晓此中道理，这样日加熏习，德行自然便养成了。

第五，朱子家庭教育心法注重养成蒙童的志向。朱子在《小学·嘉言篇·广立教》专门辑录吕祖谦的一段话以说明培养儿童志向的重要性，吕子说："若夫立志不高，则其学皆常人之事。语及颜孟则不敢当也。其心必曰：我为孩童，岂敢学颜孟哉。此人不可以语上矣。先生长者见其卑下，岂肯与之语哉。先生长者不肯与之语，则其所与语皆下等人也。言不忠信，下等人也。行不笃敬，下等人也。过而不知悔，下等人也。悔而不知改，下等人也。闻下等之语为下等之事，譬如坐于房舍之中，四面皆墙壁也。虽欲开明不可得矣。"④ 可见，如果立志不高的话，那么他学的也都是一般人的事，终其一生就像坐在一所四面都是墙壁的房子当中，想要让他通达聪明也不可能。

儿童时期是铸就圣贤坯璞的最关键期，濂溪先生就说："圣希天，贤希圣，士希贤。伊尹、颜渊，大贤也。伊尹耻其君不为尧、舜，一夫不得其所，

---

① 江先忠，王维建．朱子《小学》详解［M］．长沙：岳麓书社，2017：13-14.
② 叶采．近思录集解［M］．北京：中华书局，2017：272.
③ 江先忠，王维建．朱子《小学》详解［M］．长沙：岳麓书社，2017：226.
④ 江先忠，王维建．朱子《小学》详解［M］．长沙：岳麓书社，2017：230.

若挞于市；颜渊不迁怒，不贰过，三月不违仁。志伊尹之所志，学颜子之所学，过则圣，及则贤，不及则亦不失于令名。"①　要树立伊尹这样的志向，要学习颜渊所学的学问，超越他们便为圣人，达到他们便是贤人，即便不及他们也能有美名。在这学习的关键时期，身为施教者，此时自然当想方设法引导儿童立下成圣成贤的志向，这样才能激发他内在的驱动力而使之终生受用了。

第六，朱子家庭教育心法注重正面引导、真诚相待。在《小学·立教篇》第三章，朱子辑录了《礼记·曲礼》的一段话，其文曰："幼子常视毋诳，立必正方，不倾听。"②　朱子辑录此言，意在告诫施教者，一方面要正面引导蒙童，使之自小养成良习；另一方面一定要真诚以待，不要欺骗孩子，以免孩子学会撒谎。为了进一步说明此中道理，朱子又在《小学·稽古篇·立教》中专门辑录了孟母的另一则故事，其文曰：

> 孟轲之母，其舍近墓。孟子之少也，嬉戏为墓间之事，踊跃筑埋。孟母曰："此非所以居子也。"乃去。舍市，其嬉戏为贾衒。孟母曰："此非所以居子也。"乃徙。舍学宫之旁，其嬉戏乃设俎豆，揖让进退。孟母曰："此真可以居子矣。"遂居之。孟子幼时，问东家杀猪何为？母曰："欲啖汝。"既而悔曰："吾闻古有胎教，今适有知而欺之，是教之不信。"乃买猪肉以食之。既长就学，遂成大儒。③

最后需要一提的是，朱子家庭教育心法在施教时比较注重男孩女孩的分别，并根据二者不同的生理和心理特征施以不同的教育。朱子《小学·立教篇》第二章最后一段后半部分则主要探讨女子十岁之后的教育，其文曰："女子十年不出，姆教婉娩听从。执麻枲，治丝茧，织纴组紃，学女事，以共衣服。观于祭祀，纳酒浆笾豆菹醢，礼相助奠。十有五年而笄，二十而嫁。有故，二十三而嫁。聘则为妻，奔则为妾。"④　按其文所述，女子十岁之后是不

---

①　叶采. 近思录集解 [M]. 北京：中华书局，2017：37.
②　江先忠，王维建. 朱子《小学》详解 [M]. 长沙：岳麓书社，2017：17.
③　江先忠，王维建. 朱子《小学》详解 [M]. 长沙：岳麓书社，2017：168.
④　江先忠，王维建. 朱子《小学》详解 [M]. 长沙：岳麓书社，2017：14.

入学校的，但并非女子十岁之后就不用学习了。和男子不同，那时候的女子是养在深闺之中的，并请女老师教以婉娩听从之道，也就是教导她们如何做到颜色柔顺、言语温和以及顺从长者之道，如何绩麻纺丝、养蚕治茧、编织布帛，以及缝纫衣服等女事。另外，在观祭祀之时，还需要协助把酒醋、腌菜、肉酱等装进笾豆等礼器，并且依礼来襄助长辈祭祀。女子十五岁成年，要行笄礼，二十岁出嫁。如果不幸遇到父母之丧，那便要守丧三年，二十三岁再出嫁。出嫁时如果纳过聘礼，便是妻；如果没有聘礼，便是妾。这是朱子辑录的《礼记·内则》中的女教思想，朱子自身的女教思想一方面继承了古人，另一方面又有所发展。《朱子语类》中便辑录了朱子和门人如下一段对话，有学生请教朱子用《孝经》和《论语》来做女教教材怎么样，朱子告诉他可以，并且补充了《女戒》和《家范》这两种教材。① 可见朱子主张女子除了学女事之外，还应当学习一部分儒家经典。

相关史料表明，朱子曾打算按照《小学》的体例编撰一本女教课本，据朱子写给刘子澄的信中所言，此书拟分为《正静》《卑弱》《孝爱》《和睦》《勤谨》《检质》《宽惠》《讲学》等篇目。② 由此可见，朱子的女教心法思想并未停留在所谓"女子无才便是德、男尊女卑"这等层面上，而是有了更丰富的内涵和质的飞跃。另外需要说明的是，朱子的女教心法思想，自清戴震以来便常被诟病（尤其是五四运动以来），实则这并非朱子之罪，而是历代专制统治者借理学之名桎梏妇女，使她们成为男子的附庸及节烈的牺牲，就像欧洲的一句谚语所言："播下的是龙种，收获的是跳蚤。"

总而言之，通过朱子《小学》辑录有关家庭教育的条目，我们可以了解到，朱子家庭教育心法主要是通过选择一宽裕温良、敬慎少言的施教者，并通过施教者来涵养儿童美好的德行、教导儿童基本的礼节、培养儿童基本的生活能力，以此来达成童蒙养正之功。

---

① 黎靖德. 朱子语类［M］. 北京：中华书局，1986：3014.

② 朱杰人，严佐之，刘永翔. 朱子全书：第 21 册［M］. 上海：上海古籍出版社，2010：1553. 朱子曰：向读《女戒》，见其言有未备及鄙浅处，伯恭亦尝病之。间尝欲别集古语，如《小学》之状，为数篇，其目曰"正静"，曰"卑弱"，曰"孝爱"，曰"和睦"，曰"勤谨"，曰"俭质"，曰"宽惠"，曰"讲学"。班氏书可取者，亦删取之。

三、学校教育心法

学校教育是朱子《小学》教育心法的重要组成部分，在《小学·立教篇》第四章朱子就辑录《学记》之言以明学校教育之重要性。正所谓："古之教者，家有塾，党有庠，术有序，国有学"（见图2.5），可见中国早自夏、商、周以来就十分注重教育，并建立了完备的教育体系。清儒张伯行先生之注则详细阐明了此章展示的古代学制：

> 古者二十五家为闾。同在一巷，巷首有门，门侧设学曰塾。择里中之有道德者为师，凡民在家者，朝夕受教于塾也。五百家为党，党之学曰庠，教家塾所升之人。术读为遂，万二千五百家也。术之学曰序。国天子及诸侯之都也。国学曰学，教元子众子及卿大夫元士之嫡子与庠序所升俊秀之士也。此言古者设教之事，盖无地而非学，无人而不入学也。①

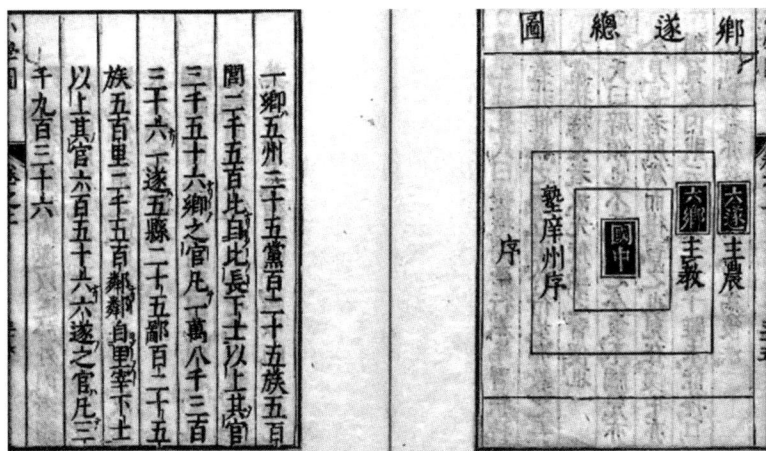

图2.5 乡遂总图

（资料来源：摘自日本国立公文书馆藏《小学书图巽括纂要》卷之上第三十五页）

---

① 张伯行. 小学集解［M］. 上海：商务印书馆. 1936：5.

古代教育虽和现代教育有别，但是总体而言，古代教育也分成三大部分，家庭教育、学校教育、社会教育，其中学校教育在当时又涵盖了"小学"和"大学"两个阶段。学校教育是个人成长的关键阶段，正如阿德勒所言，学校"应该能够联通起家庭和现实世界，成为其间的中介，不但教给孩子们书本上的知识，还能解读一些生活中的问题，以及阐述生活方面的艺术"①，如果说家庭早期教育是以涵养德行、培养习惯为主，那么学校教育便是德行与学问并重，双管齐下的教育。朱子非常重视学校教育，并在《小学》一书中辑录了多则关于学校教育心法的条目，这也是本节要论述的主题。

朱子认为，古时候的儿童刚进小学的时候，只是教导他们做事，如礼乐等小六艺以及孝悌忠信等事，等到了大学才教导他们如何格物穷理，以及孝悌忠信背后的道理。朱子这里所谓的"孝悌忠信之事"自然和伊川先生所言的"洒扫应对，事长之节"是相互呼应的。可见无论是伊川，还是朱子，都主张早教一方面要教之以洒扫应对之事，另一方面应用礼乐涵养学子心性。朱子小学、大学之辨，上文已有专节论述，本节主要从学校教育目的、教育内容及教育方法这几方面阐发朱子学校教育心法。

首先，朱子学校教育心法以培养德才兼备的学子为主要教育目的，这是朱子对圣学教育心法的继承和开拓。朱子青年时期曾在福建同安任职，在任期间，他兴办学校、命名校舍，并设立志道、据德、依仁、游艺四斋，还专门为此撰写《四斋铭》（绍兴二十四年）阐发以德学并重的教育理念，其文如下：

> 志道：日趋而挹者，孰履而持？日饥而寒者，谁食而衣？故道也者，不可须臾离。子不志于道，独罔罔其何之！
>
> 据德：语道术，则无往而不通；谈性命，则疑独而难穷。惟其厚于外而薄于内，故无地以崇之。
>
> 依仁：举之莫能胜，行之莫能至。虽欲依之，安得而依之？为仁由己，而由人乎哉。虽欲违之，安得而违？
>
> 游艺：礼云乐云，御射数书。俯仰自得，心安体舒。是之谓游，以

---

① 阿德勒. 儿童人格形成及培养［M］. 张晓晨，译. 上海：上海三联书店，2017：10.

游以居。呜呼游乎，非有得于内，孰能如此其从容而有余乎。①

　　将近二十年后，朱子于乾道九年（1173）又撰写了《又四斋铭》再次申述自己的教育思想。

　　《崇德斋铭》：尊我德性，希圣学兮。玩心神明，蜕污浊兮。
　　《广业斋铭》：乐节礼乐，道中庸兮。克勤小物，奏霄公兮。
　　《居仁斋铭》：胜己之私，复天理兮。宅此广居，纯不已兮。
　　《由义斋铭》：羞恶尔汝，勉扩克兮。遵彼大路，行无穷兮。②

　　从朱子撰写的《四斋铭》和《又四斋铭》我们不难看出，志道、据德、依仁、崇德、居仁、由义皆侧重德行，而游艺、广也则侧重学识。在学校教育中当以德育为本，且以智育辅之，只有既尊德行，又道问学，仁智双运方可培养出德学兼备的栋梁之材。

　　朱子在《小学·立教篇》第七章所引《周礼·大司徒》之文也体现了其德学并重这一思想，其文曰："《周礼》：大司徒以乡三物教万民而宾兴之。一曰六德，知、仁、圣、义、忠、和。二曰六行，孝、友、睦、姻、任、恤。三曰六艺，礼、乐、射、御、书、数。"③ 大司徒以"六德""六行""六艺"以教万民，"六德""六行"主要是道德教育，"六艺"则主要是知识和技能教育，当然在以"六艺"为主的知识技能教育中也无时无刻不贯穿着道德教育。《小学·善行篇·实立教》第五章则引用明道先生之言进一步申述此点，其言曰：

　　治天下以正风俗，得贤才为本。宜先礼命近侍贤儒及百执事，悉心推访。有德业充备足为师表者，其次，有笃志好学材良行修者，延聘敦遣，萃于京师，俾朝夕相与讲明正学，其道必本于人伦，明乎物理，其教自小

① 郭齐，尹波．朱熹文集编年评注［M］．福州：福建人民出版社，2019：4028-4029.
② 郭齐，尹波．朱熹文集编年评注［M］．福州：福建人民出版社，2019：4030-4031.
③ 张伯行．小学集解［M］．上海：商务印书馆，1936：7.

学洒扫应对以往，脩其孝悌忠信，周旋礼乐。其所以诱掖激励，渐摩成就之道，皆有节序。其要在于择善脩身，至于化成天下。自乡人而可至于圣人之道。其学行皆中于是者为成德，取材识明达可进于善者，使日受其业。择其学明德尊者，为大学之师。次以分教天下之学。择士入学。县升之州，州宾兴于大学，大学聚而教之，岁论其贤者能者于朝。凡选士之法，皆以性行端洁，居家孝悌，有廉耻礼让，通明学业，晓达治道者。①

可见，学校教育要以德业充备为标准推访老师，以笃志好学材良为标准选拔学生，这不仅是学校教育的关键，还是治理天下的根本所在。

其次，朱子学校教育心法在教育内容的安排上十分妥当细致，既重道德教育，又重格物致知，并且尤为重视礼乐教育。《小学·立教篇》第二章后半部分主要探讨的便是学校教育内容的安排。这段辑录自《礼记·内则》，其文如下：

十年，出就外傅，居宿于外，学书计，衣不帛襦袴。礼帅初，朝夕学幼仪，请肆简谅。十有三年，学《乐》诵《诗》舞《勺》。成童，舞《象》，学射御。二十而冠，始学《礼》，可以衣裘帛，舞《大夏》。惇行孝弟，博学不教，内而不出。三十而有室，始理男事。博学无方，孙友视志。四十始仕，方物出谋发虑，道合则服从，不可则去。五十命为大夫，服官政。七十致事。②

按其所述，男孩子到了十岁就要外出追随老师学习，主要是学习书写和算数，不允许穿丝帛所制的衣服。在礼仪方面要遵行之前学过的礼节，早晚都要学习幼童的礼仪，并向老师请教处理一些简单的事物。十三岁时，要吟诵《诗经》、学习《乐经》、练习《勺》舞。十五岁时，要开始学习《象》舞，练习驾车以及射箭（参见图2.6）。

从十岁到十五岁是一个阶段，从文中我们可以看到在这一阶段已经从家

① 江先忠，王维建.朱子《小学》详解［M］.长沙：岳麓书社，2017：333-334.
② 江先忠，王维建.朱子《小学》详解［M］.长沙：岳麓书社，2017：14.

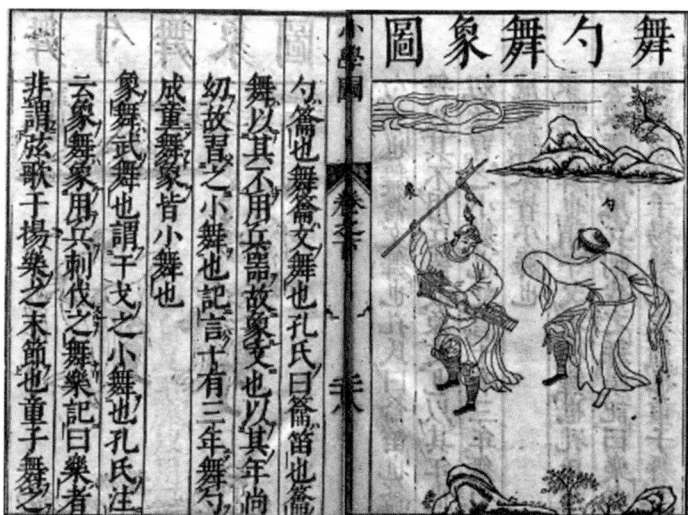

图 2.6 舞勺舞象图

（资料来源：摘自日本国立公文书馆藏《小学书图槩括纂要》卷之下第二十八页）

庭教育进入学校教育了。这一阶段的学子不能穿丝帛制的衣服，是要节俭，防止奢侈，所学的礼仪比之前在家庭教育中所学更加丰富。另外，我们可以看到，在这一阶段，音乐和舞蹈教育所占比重非常大，学习音乐可以抒发学子的情感，学习舞蹈可以柔韧学子的身体。除了音乐和舞蹈外，学子还需要学习《诗》，这可以养成他们温柔敦厚的性情。除了诗、礼、乐的教育外，在这一年龄阶段，学子开始学习小六艺中的书、数、射、御，可以说到了十五岁，小六艺的教学基本完成。

男子二十岁时，在古代社会要行冠礼，这代表已经成人了。这时候，就要开始学习《礼经》以及练习《大夏》舞了，并且可以穿裘和帛所制的衣服了。这时候，因为已经成人，所以要真诚地行孝悌之道，要广博地学习但是不要好为人师，不要炫耀自己的才干。男子三十岁娶妻，开始独立打理一些男子要承担的事务，这个时候要更加广泛地学习，不要有固定的方向，要兼收并蓄，与朋友相处之时务必谦逊和气，并且要善于观察朋友的志向。到了四十岁时，可以出仕了，为官不能蛮干，要因顺事理去思考筹划。如果君主有道，就遵从；如果君主无道，就离开。如此这般，到了五十岁的时候，便可以受命为大夫，并且开始参与管理国家大事。到了七十岁，就可以退休了。

从上文我们可以看到，古代圣学教育对于学校教育内容的安排可谓条理清晰、井井有条，融道德、礼乐、知识、技能、政治、身体教育于一体，经由如此教育培养出来的学生，大概率能成为全面发展的国之贤才。另外，朱子还认为，在童蒙时期老师不宜教之以高深的"天命"，只需要就眼前之事蕴含的义理讲个大概即可，如果要写点小文章，就让蒙童写"洒扫应对"之题。比如，《曲礼》之中"衣毋拨"①等押韵的句子，朱子认为都是古代教导儿童的韵语。

在识字教学这方面，门生元兴向朱子请教，朱子告诉他："此类有数法：如'日月'字，是象其形也；'江河'字，是谐其声也；'考老'字，是假其类也。如此数法，若理会得，则天下之字皆可通矣。"②（参见图2.7）朱子能在文献整理和训释方面取得宋明其他理学家难以匹敌的成就，和他具备基本的语言文字功底是分不开的。从《朱子语类》记录的这段对话我们便可以看出，在识字教学这方面，朱子有他的独到之处，就像朱子所说，如果能掌握六书之法，就能一通百通，天下之字都能理会了。

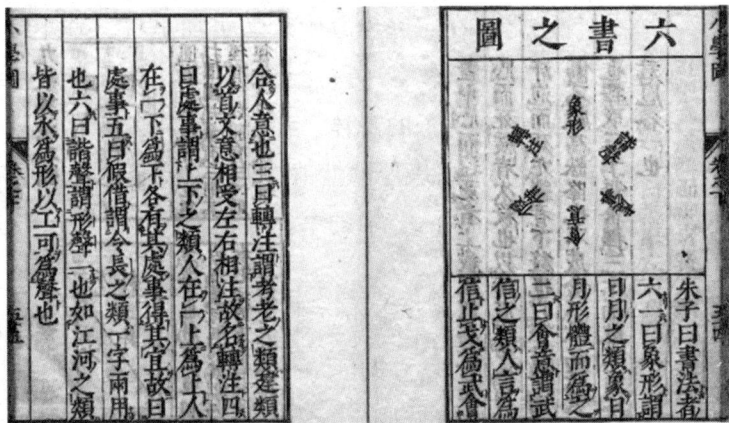

图2.7 六书之图

（资料来源：摘自日本国立公文书馆藏《小学书图骒括纂要》卷之下第五十四页）

---

① 黎靖德. 朱子语类 [M]. 北京：中华书局，1986：126.
② 黎靖德. 朱子语类 [M]. 北京：中华书局，1986：128.

最后，朱子学校教育心法特别重视教育方法，好的教育不但要有良好的教育目的、合理的教育内容，还要通过恰当的教育方法传授内容以达到目的，否则是很难培养圣贤之才的。大体言之，朱子提倡的教育方法主要如下：人格涵养、因材施教、循序渐进、愤悱之道、讲答问法。

第一，朱子继承和发展了韩愈的教育思想，他在《谕诸生》一文中说："非独教之，固将有以养之也。盖义理以养其心，声音以养其耳，采色以养其目，舞蹈降登，疾徐俯仰，以养其血脉，以至于左右起居盘盂几杖，有铭有戒。其所以养之之具，可谓备至尔矣，夫如是，故学者有成材，而庠序有实用。"① 可见，一方面，朱子认为老师应当对学生尽传道、授业、解惑之职责，这是对韩愈思想的继承；另一方面，朱子进一步丰富和完善了韩愈的思想，他说老师不但要传授弟子知识，更要用理、声、色、舞等来涵养弟子的心、耳、目、血脉，也就是说，作为老师要以自己的人格涵养学生的身心，使其德行日进、成德成才。

为了端正学生的行为，朱子曾制定《训学斋规》。在此规中，朱子对学生的穿衣、言行、洒扫、学习以及一些杂事等方面制定了非常严格的规则，但要注意的是，朱子认为制定这些规则主要是从正面引导规范学生，而不是消极管制学生。他告诫书院的管理人员："尝谓学校之政，不患法制之不立，而患理义之不足以悦其心。"② 也就是说，学校的管理工作，最重要的不是建立制度防止学生，而是要把重点放在以义理引导和感化学生上。他还建议学校管理人员对学生以德服人，要"使义理有以博其心，规矩有以约其外"。一方面，要用规矩约束学生的行为，要和学生讲明道理之所在；另一方面，要在日常教学生活中亲身实践以做示范，用自身的道德实践涵养学生的人格，这样才能在批评学生时让他心悦诚服，真心改过向善。

第二，因材施教是圣学教育心法的要诀之一，自孔子开创私学以来，因材施教便是圣学教育的重要法门，宋明理学诸子作为夫子的传承者，自然延续了这一优良传统。《近思录》选录了一条横渠先生评价《学记》的话，横渠先生有言："此言教人必尽其材，圣人随材施教，各当其可，如庖丁解牛洞

---

① 郭齐，尹波. 朱熹文集编年评注［M］. 福州：福建人民出版社，2019：3599.

② 郭齐，尹波. 朱熹文集编年评注［M］. 福州：福建人民出版社，2019：3600.

见间隙，无全牛矣。"① 也就是说，圣人教人，已经达到了一种非常高明的教育境界，就像庖丁解牛那般对牛的骨肉肌理完全洞悉，因之在教学中能做到"游刃有余"。明道先生对此也有心得，他说："忧子弟之轻俊者，只教以经学念书，不得令作文字。子弟凡百玩好，皆夺志。至于书札，于儒者事最近。然一向好着，亦自丧志。"② 他认为，对于那些性格轻狂但是又很有才华的弟子，主要教他们经学以及让他们多读书，不要让他们写文章，要通过念书学经磨炼他们的性子，如果让他们写文章反而会助长他们的浮华之气。这是因材施教在日常施教中的具体运用。朱子继承和发展了这一传统，他认为圣学教育要做到大材大教、小材小教，因受教者个人禀赋不同而施以不一样的教育，最后达至"人无弃人"的极高明的教育境界。

第三，朱子认为要达到因材施教的效果，在教学当中就要做到学不躐等、教学有序，不能僭越施教，要像夫子那般循循善诱。《学记》有言："进而不顾其安，使人不由其诚，教人不尽其材。"③ 适当的做法自然应当是"进而要顾其安，使人要由其诚，教人要尽其材"，只有如此施教，方能充分推至学生的仁德良知，方能最大限度地挖掘和提升学生的才智，使之立志成圣成贤。二程子认为，教学是必须讲究顺序的，所谓"先传后倦，君子教人有序：先传以小者近者，而后教以大者远者；非是先传以近小，而后不教以远大也"④。也就是说，要先教切近小事，然后再教远大之事，但二者又不可偏废，小的、大的都要教，只是先后的问题。没有经验的老师在教学中往往会存在贪多求快的毛病，殊不知，这违背了学不躐等的教学原则。施教者在教育中务必做到教人有序，唯有这样才有可能达到理想的教育效果。那么身为师长，如何培养学生成为君子乃至圣贤呢？

第四，"不愤不启，不悱不发"也是圣学教育不二心法，此心法自夫子道出后，可谓万世不易。二程子说："孔子教人，'不愤不启，不悱不发'。盖不待愤悱而发，则知之不固；待愤悱而后发，则沛然矣。学者须是深思之，思而不得，然后为他说便好。初学者，须是且为他说，不然，非独他不晓，亦

---

① 叶采 . 近思录集解 [M]. 北京：中华书局，2017：280.
② 张伯行 . 小学集解 [M]. 上海：商务印书馆，1936：95.
③ 杨天宇 . 礼记译注 [M]. 上海：上海古籍出版社，2004：460.
④ 陈荣捷 . 近思录详注集评 [M]. 重庆：重庆出版社，2021：402.

止人好问之心也。"① 朱子解释此句说，"所谓'愤'者，是'心求通而未得之意'；所谓'悱'者，是'口欲言而未能之貌'；所谓'启'者，是'开其意'；所谓'发'者，可谓'达其辞'"②。可见，所谓"愤"是指内心求通却没有通，对此施教者要"开其意"；"悱"是想说却难言其辞，对此施教者要"达其辞"。有学生请教朱子，程子所言"沛然"到底是什么意思？朱子告诉他："譬如种植之物，人力随分已加，但正当那时节发生未发生之际，却欠了些子雨。忽然得这些子雨来，生意岂可御也。"③ 也就是说程子所言的"沛然"就像植物遇到"时雨之化"，它的生意是蓬勃而发，不可遏制的。这便是圣学教育心法中的愤悱之道，朱子对"不愤不启、不悱不发"的解读可谓通达其意、精妙入神，如果没有多年的教学经验，是不大可能有如此深切细致的体会的。

第五，在教师教学方法这方面，朱子综合总结了前贤的教学方法，提出讲问法和答问法两种教学方法。④ 所谓讲问之法，就是一方面教育者根据施教需要向学生讲授圣学之道；另一方面施教者要在讲授过程中为受教者答疑解惑，可见"讲问"之法是以师为主，以生为辅。所谓"答问"之法，乃是继承孟子教学方法而来，正如朱子所言，"今发策以观二三子之所蕴折中之，是乃古之所谓答问者，非徒相与以为谀也。今自诸生条对所问，宜湛思正论于答问之际，审加意焉"⑤，可见朱子"答问"之法是继承孟子而来，如果说"讲问"之法是以教师为主导，那么"答问"之法则是以学生为中心，学生通过向教师请益增进学问，教师通过学生所发之问掌握学生情况。

学校教育，是教育的三大组成部分之一，这一时期也是学生成长的关键时期。教师，是学校之灵魂，是培养学生道德学问的关键所在，身为师者，学可为人师，行当为世范，唯有如此才能让学生：

---

①　陈荣捷. 近思录详注集评 [M]. 重庆：重庆出版社，2021：405.

②　陈荣捷. 近思录详注集评 [M]. 重庆：重庆出版社，2021：405.

③　陈荣捷. 近思录详注集评 [M]. 重庆：重庆出版社，2021：405.

④　郭齐，尹波. 朱熹文集编年评注 [M]. 福州：福建人民出版社，2019：3599. 朱子《谕诸职事》："今增修讲问之法，诸君子其专心致思，要使之知所以正心诚意，于饮食起居之间，而由之以入于圣贤之域。"

⑤　朱杰人，严佐之，刘永翔. 朱子全书：第 24 册 [M]. 上海：上海古籍出版社，2010：3569.

温恭自虚，所受是极。见善从之，闻义则服。温柔孝弟，毋骄恃力。志无虚邪，行必正直。游居有常，必就有德。颜色整齐，中心必式。夙兴夜寐，衣带必饬。朝益暮习，小心翼翼。一此不懈，是谓学则。[①]

第三节　礼乐涵养知行相须

中华文明历来被称为"礼乐文明"，以礼乐教化民众、移风易俗也是圣学教育的应有之义。圣学教育心法旨在培养具备五常之德的仁爱君子，五常之德以仁德为本，而这仁德体现在中国社会则为礼乐文明，正因为仁德与礼乐所具有的体用关系，圣学教育心法尤为注重通过礼乐涵养来培养具有理想人格的君子。《说文解字》曰，"礼，履也"，因之一讲到礼乐涵养便离不开知行相须，便离不开道德实践与道德认知。朱子《小学》教育心法既重礼乐涵养，又重知行相须，朱子认为施教者应当以礼乐涵养受教者以成人，受教者则应知行相须以成己，此便是朱子教以成人、学以成己的教育心法。

一、礼乐涵养心法

礼乐教育在我国有着悠久而丰富的传统，正如冯兵教授在《朱子礼乐哲学思想研究》一书中所言："在我国，西周时期的礼乐就已呈现为一种比较成熟的文化形态，受到了统治者和思想家们的高度重视，其基本理论被列为用来教育和培养统治人才的'六经'或'六艺'的主要内容。随后的几千年里，礼乐文化一直都是构成中国思想文化的重要内容和本质特征。"[②] 可以说自周公"制礼作乐"以来，礼乐便被用来培养人才、教化民众，在中国传统教育中占据着核心地位。而对培养理想君子而言，礼乐涵养的作用也是无法替代的。周昌乐教授认为礼乐教育是圣道心法的重要途径，他说："对圣道心法而言，学而时习，习学靠的就是礼乐；迁善改过，迁改靠的也是礼乐。从

---

① 张伯行. 小学集解 [M]. 上海：商务印书馆，1936：8.
② 冯兵. 朱子礼乐哲学思想研究 [M]. 北京：社会科学文献出版社，2019：28-29.

根本上讲，礼乐涵养就是内外皆修习学迁改的有效途径：礼以规外，乐以治内，便可以成就诚明君子。"①

《礼记·乐记》有言："乐者，天地之和也。礼者，天地之序也。和故百物皆化，序故群物皆别。乐由天作，礼以地制。过制则乱，过作则暴。明于天地，然后能兴礼乐也。论伦无患，乐之情也。欣喜欢爱，乐之官也。中正无邪，礼之质也。庄敬恭顺，礼之制也。"② 又说："仁近于乐，义近于礼。乐者敦和，率神而从天。礼者别宜，居鬼而从地。故圣人作乐以应天，制礼以配地。礼乐明备，天地官矣。"③ 可见，用礼乐教化民众、涵养人心，并以此移风易俗达至天下大治历来是圣学教育的传统。

朱子《小学》教育心法继承了圣学教育这一优良传统，非常注重以礼乐涵养蒙童，用之教化蒙童使其自小便养成敦厚的性情、中和的心态。朱子《小学·立教篇》共十三章，其中便有三章的主题是礼乐教育，分别如下：

> 《王制》曰：乐正崇四术，立四教。顺先王诗、书、礼、乐以造士。春秋教以礼乐，冬夏教以诗书。④
> 兴于诗，立于礼，成于乐。⑤
> 《乐记》曰：礼乐不可斯须去身。⑥

《小学·立教篇》是《小学》一书的总纲，从其中礼乐教育所占篇幅之多我们不难看出朱子对礼乐教育的重视。那么礼乐教育如何在人身上发生作用呢？其内在机制又是什么呢？《礼记·乐记》有言："乐至则无怨，礼至则无争。揖让而治天下者，礼乐之谓也。"⑦ 这是从反面论述礼乐教育的作用。从正面而言，礼乐教育则既调和内在性情又规范外在行为，正所谓："乐由中出，配天性，从和近仁，治心之和，与内在性情的修养紧密关联，而'乐得

① 周昌乐. 通智达仁：传授心法述要［M］. 厦门：厦门大学出版社，2018：55.
② 孔颖达. 礼记正义［M］. 北京：北京大学出版社，1999：1090.
③ 孔颖达. 礼记正义［M］. 北京：北京大学出版社，1999：1093-1094.
④ 张伯行. 小学集解［M］. 上海：商务印书馆，1936：8.
⑤ 张伯行. 小学集解［M］. 上海：商务印书馆，1936：9.
⑥ 张伯行. 小学集解［M］. 上海：商务印书馆，1936：9.
⑦ 孔颖达. 礼记正义［M］. 北京：北京大学出版社，1999：1086.

其反则安'；礼自外作，配地理，别宜近义，治躬之顺，与外在行为的修养紧密关联，而'礼得其报则乐'。"①

可见，礼乐教育是内外兼顾之教育，学生在蒙童时期通过礼乐涵养，一方面教以礼义使其治躬庄敬，另一方面导以雅乐使其达成中和，如此双管齐下、内外兼修，可为其日后成人成德打下坚实的人格基础。下文我们将分别从礼教和乐教两方面来阐述礼乐涵养心法对于小学教育的重要作用。

礼教的作用正如《礼记·曲礼》所言："道德仁义，非礼不成。教训正俗，非礼不备。"孔子也曾说即便达到了"知及之"与"仁能守之"，但是不能做到动之以礼，还是不够完善。朱子在《小学·稽古篇·立教》就辑录了一章孔子教子的典故：

> 孔子尝独立，鲤趋而过庭，曰："学《诗》乎?"对曰："未也。""不学《诗》，无以言。"鲤退而学诗。他日又独立，鲤趋而过庭，曰："学《礼》乎?"对曰："未也。""不学《礼》，无以立。"鲤退而学礼。②

不学礼的后果竟然如斯严重，会无以立足天地之间而为人。从孔子对孔鲤的教导中我们不难看出圣学传统对于礼教之重视。但是礼，看上去似乎又极为烦琐，《中庸》就讲过"礼仪三百，威仪三千"，那么其中是否有一以贯之的原则呢?《礼记·礼器》有言："先王之立礼也，有本有文。忠信，礼之本也。义理，礼之文也。无本不立，无文不行。"③ 马斯洛在考察了人类诸多宗教之后说："我在许多有组织的宗教的历史中看到有一种两翼发展的倾向：一翼是'神秘的'和个体的，另一翼是律法主义的和组织化的。虔诚而深刻的宗教人士能很容易而又自动地把这些倾向整合起来。他在其中受到教养的各种礼仪和信仰自白对于他仍然有深厚的体验根基，富有象征意义，成为原始意象，是统一的。"④ 从《礼记·礼器》所述和马斯洛所言中我们不难看出，礼既有内在要求，又有外在要求。从外在讲，礼讲究外在礼仪，这表现

① 周昌乐. 通智达仁：传授心法述要 [M]. 厦门：厦门大学出版社，2018：58.
② 江先忠，王维建. 朱子《小学》详解 [M]. 长沙：岳麓书社，2017：169-170.
③ 孔颖达. 礼记正义 [M]. 北京：北京大学出版社，1999：717.
④ 马斯洛. 人性能达的境界 [M]. 林方，译. 昆明：云南人民出版社，1987：338.

为典章制度、律法组织等，也就是"文"；从内在讲，礼讲究忠信之道，这表现为温良敦厚、虔诚深刻，也就是"本"。既重视内在根本，又重视外在条理，如此内外兼修才是礼教发生作用的根本之道。

《礼记·乐记》有言："致礼以治躬，则庄敬，庄敬则严威。心中斯须不和不乐，而鄙诈之心入之矣。外貌斯须不庄不敬，而易慢之心入之矣。"① 也就是说，礼乐涵养当从外貌庄敬入手，外貌如果不庄敬那么就容易生易慢之心，通过外在礼仪的规范可以有助于内心生出庄敬，正如朱子所言：

> 古人便都从小学中学了，所以大来都不费力，如礼乐射御书数，大纲都学了。及至长大，也更不大段学，便只理会穷理、致知工夫。而今自小失了，要补填，实是难。但须庄敬诚实，立其基本，逐事逐物，理会道理。待此通透，意诚心正了，就切身处理会，旋去理会礼乐射御书数。今则无所用乎御。如礼乐射书数，也是合当理会底，皆是切用。但不先就切身处理会得道理，便教考究得些礼文制度，又干自家身己甚事！②

从朱子之言我们可以看到，礼教首先要教导蒙童"庄敬诚实"，要从"正容体，齐颜色，顺辞令"③ 入手，这是奠定为学为人的根本，在此基础上要继续教导蒙童就切身之处"逐事逐物，理会道理"。朱子又说："圣人之教学者，不过博文约礼两事尔。博文，是'道问学'之事，于天下事物之理，皆欲知之；约礼，是'尊德性'之事，于吾心固有之理，无一息而不存。"④ 就切身处理会事物是"博文"，"庄敬诚实"是"约礼"，可见朱子礼乐涵养心法亦是对圣学教育博文约礼之道的开拓。

如果说礼教是要养成庄敬之心，那么乐教则是要达至中和之境。正如《礼记·乐记》所言："乐者，天地之命，故乐者，中和之纪，人情之所不能

① 孔颖达. 礼记正义 [M]. 北京：北京大学出版社，1999：1140.
② 黎靖德. 朱子语类 [M]. 北京：中华书局，1986：125.
③ 孔颖达. 礼记正义 [M]. 北京：北京大学出版社，1999：1614.
④ 黎靖德. 朱子语类 [M]. 北京：中华书局，1986：569.

免也。"① 音乐生于人心，乃是人心为事物所感动而生发出来的，所以音乐自然也能感动人心、调和人情，进而丰满人性，就像马斯洛所说的那样："韵律的体验，甚至最简单的韵律体验——好的伦巴舞（古巴人的一种舞蹈）或孩子们能用鼓敲打出的鼓点：我不知道你是否愿把这称为音乐、舞蹈、韵律、体育，或别的什么东西。对躯体的爱，对躯体的觉知，对躯体的崇敬——这些显然是通向高峰体验的良好途径。这些转过来又是通向'存在认知'，认识柏拉图式的本质、内在价值、终极存在价值的良好途径（不是有保证的，但在统计上是很有可能成为良好途径的），这种认知又是有治疗效果的，它既能促进疾患的治愈，又能促进趋向自我实现的成长，趋向丰满人性的成长。"②二程子认为，天下很多人才之所以不能有所成就，其主要原因就在于礼乐之道的废弛，其言曰：

　　天下有多少才，只为道不明于天下，故不得有所成就。且古者"兴于诗，立于礼，成于乐"，如今人怎生会得？古人于诗，如今人歌曲一般，虽闾巷童稚，皆习闻其说而晓其义，故能兴起于诗。后世老师宿儒，尚不能晓其义，怎生责得学者？是不得兴于诗也。古礼既废，人伦不明，以至治家皆无法度，是不得立于礼也。古人有歌咏以养其性情，声音以养其耳目，舞蹈以养其血脉，今皆无之，是不得成于乐也。古之成材也易，今之成材也难。③

　　二程子认为古人对于诗的了解和体会就好像今人对于歌曲的了解和体会那般，就是闾巷中的普通儿童都能够通晓其义，因而他们的天赋能被诗所兴发出来，不像现在，就连宿儒都难通其义，又怎么能责怪学生呢？正因为古代礼乐废弛所以导致了人伦混乱、治家无度。古人通过歌咏、声音、舞蹈来涵养性情、耳目、血脉，今天则全然没有，这就是为什么古代容易成才，今天难于成才了。这段话是二程子对后世教育尤其是宋代教育很严厉的批评，

①　孔颖达. 礼记正义［M］. 北京：北京大学出版社，1999：1145.
②　马斯洛. 人性能达的境界［M］. 林方，译. 昆明：云南人民出版社，1987：177-178.
③　陈荣捷. 近思录详注集评［M］. 重庆：重庆出版社，2021：404.

98

他们认为后世教师不能通晓诗经大义，因此没办法通过诗教涵养学子性情、耳目、血脉，从而导致古代培养人才较为容易，现今培养人才十分困难的局面。从二程子的这段话我们可见宋儒对于礼乐教育的重视。

朱子继承了二程子的思想，他充分认识到了乐教在"小学"阶段的重要作用。有学生问朱子《小学》涉及的乐教是否今天也可以用来教学，朱子告诉他姑且让学生了解就可以了，然后进一步阐述说，古人从小就会以音乐教童子，并且是"人执手提诲。到得大来涵养已成，稍能自立便可。今人既无此，非志大有所立，因何得成立"①。可见，朱子认为古人对儿童施以乐教，所以其到长大了性情已经涵养得很好了，但是今天则不同，乐教这块已经基本缺失了，所以必须树立大志向，方可有所成就。在一次论及《小学》之时，朱子说"古者教必以乐，后世不复然"，又说"古者，国君备乐，士无故不去琴瑟，日用之物，无时不列于前"②。由这段话可知，朱子认为古代教育必须有乐教，但是后世就不是这样了，朱子还说，古代的士人，琴瑟乃是日常所用之物，但是今天就不一样了，可见朱子十分重视乐教，并为乐教的遗失而深感遗憾。

朱子在《小学·嘉言篇·广立教》中辑录了伊川先生的一段话，伊川先生说："教人未见意趣，必不乐学。欲且教之歌舞，如古《诗》三百篇，皆古人作之。如《关雎》之类，正家之始，故用之乡人，用之邦国，日使人闻之。此等诗，其言简奥，今人未易晓。别欲作诗，略言教童子洒扫应对事长之节，令朝夕歌之，似当有助。"③ 也就是说，身为施教者，如果"教人未见意趣"的话，那么受教者"必不乐学"，所以应当教之以歌舞，如《诗经》中《关雎》这样的篇章，这是端正家族的开始，所以周公制礼作乐，以《关雎》教化乡人、涵养邦国之民，让国民天天都能听到这样的歌。像《关雎》这般美妙的诗篇，语言既简洁又深妙，但是现代人不容易通晓其中奥义。所以呢，伊川先生想另外作一些诗，大体要说明应当如何引导童子学会洒扫、应对以及对待长辈的礼节，让他们"朝夕歌之"，这样应该会对他们有所助益。另

---

① 黎靖德. 朱子语类［M］. 北京：中华书局，1986：127.
② 黎靖德. 朱子语类［M］. 北京：中华书局，1986：127-128.
③ 江先忠，王维建. 朱子《小学》详解［M］. 长沙：岳麓书社，2017：229.

外，清儒陈选亦认为，将洒扫、应对等事编成韵语令蒙童朝夕咏歌，会有助于提升蒙童的学习兴趣并让其养成好学之心。①

关于"小学"阶段如何开展乐教，《朱子语类》中记载了两段朱子和学生关于《论语》"兴于诗，立于礼，成于乐"的精彩对话，可以说把乐教的次第、方法、作用讲得明白而透彻，其文如下：

> 或问"兴于《诗》，立于礼，成于乐"。曰："'兴于《诗》'，便是个小底；'立于礼，成于乐'，便是个大底。'兴于《诗》'，初间只是因他感发兴起得来，到成处，却是自然恁地。"又曰："古人自小时习乐，诵《诗》，学舞，不是到后来方始学《诗》，学礼，学乐。如云'兴于《诗》，立于礼，成于乐'，非是初学有许多次第，乃是到后来方能如此；不是说用工夫次第，乃是得效次第如此。"又曰："到得'成于乐'，是甚次第，几与理为一。看有甚放辟邪侈，一齐都涤荡得尽，不留些子。'兴于《诗》'，是初感发这些善端起来；到'成于乐'，是刮来刮去，凡有毫发不善，都荡涤得尽了，这是甚气象！"又曰："后世去古既远，礼乐荡然，所谓'成于乐'者，固不可得。然看得来只是读书理会道理，只管将来涵泳，到浃洽贯通熟处，亦有此意思。"②

> 亚夫问此章。曰："《诗》、礼、乐，初学时都已学了。至得力时，却有次第。乐者，能动荡人之血气，使人有些小不善之意都着不得，便纯是天理，此所谓'成于乐'。譬如人之服药，初时一向服了，服之既久，则耳聪目明，各自得力。此兴诗、立礼、成乐所以有先后也。"③

可见朱子认为，对蒙童乐教应当自小就开始，正如马斯洛所言，"音乐、韵律和舞蹈是有助于发现自我同一性的最佳途径。我们是以这样一种方式构成的，它能使这种类型的诱因、这种类型的刺激对我们的自主神经系统、内分泌腺、我们的情感和我们的情绪发生种种作用"④，通过让蒙童从小习乐、

---

① 陈荣捷. 近思录详注集评 [M]. 重庆：重庆出版社，2021：400.
② 黎靖德. 朱子语类 [M]. 北京：中华书局，1986：930-931.
③ 黎靖德. 朱子语类 [M]. 北京：中华书局，1986：931.
④ 马斯洛. 人性能达的境界 [M]. 林方，译. 昆明：云南人民出版社，1987：178.

诵《诗》、学舞以动荡血气、畅通身体并且兴发内心美好的感情，与此同时，以礼来引导他们的情感、规范他们的行为，使他们日趋平和温良而不失勇决之心，如此"刮来刮去"以至内心无丝毫不善而达至浃洽贯通、与理为一的境界。

古代诗乐同源，诗教在很大程度上是乐教的组成部分，在诗教这块，朱子主张教童子读诗要遵循"诗不破章"①的原则，这也是非常符合现代教育心理学的。所谓"诗不破章"，就是教弟子读诗必须通贯全章来读，如果破章来读的话，文理就断了，只有"诗不破章"才能让弟子感受到诗的文理、文脉、文势，才能通过诗歌之美来涵养弟子的性情。朱子曾教导门生义刚，教小儿读书不要刻意限定长短，要以"文理断处"为准，如果文理没有断的话，多教几行也没有关系，因为小儿读书读熟了，一辈子都很难改口了；如果教小儿拘泥于长短的话，长大之后就会"念不转"。朱子还教导义刚，教小儿读书，在训诂"则当依古注"②，这是因为古注的意思比较正，只有这样才能让学生有所得。

朱子《小学》所蕴含的礼乐涵养心法自然不是短短一节所能阐述的，礼乐涵养的教化作用，正如周昌乐教授所言："就修身正心而言，除了诗教（所谓'温柔敦厚'）外，不管是外在行为规范（所谓'恭简庄敬'），还是内心存养（所谓'广博易良'），都需要礼乐的途径方能实现。这样，加上诗乐同源，因此，强调礼乐涵养的作用，便是圣道心法实践的主要途径。"③

总而言之，在朱子《小学》教育心法体系中，天理之理乃宇宙万物之本原，礼乐之礼则是此天理在人类社会的体现，此理此礼延伸至童蒙教育层面则必然要求儿童循理依礼而行，这便是《小学》一书中格外强调洒扫、应对等规矩的根源。另外，朱子又很明了过于严苛的规矩会窒息儿童的生命，所以他又非常重视通过师长的关爱和提点以及乐教来守护儿童最为本真的"初心"，以此来涵养人所本有的"天地之性"，通过内在的涵养和外在的规训，朱子希望能通过小学教育把儿童培养成"圣贤坯璞"。

---

① 黎靖德. 朱子语类［M］. 北京：中华书局，1986：126.
② 黎靖德. 朱子语类［M］. 北京：中华书局，1986：126.
③ 周昌乐. 通智达仁：传授心法述要［M］. 厦门：厦门大学出版社，2018：55-56.

二、知行相须心法

朱子《小学》教育心法尤重知行相须，知行相须是圣学教育的传统，朱子认为要通过教育来培养人才，通过学习达至圣贤的境界，离不开对知行问题的深入理解和体会。《论语》开篇就点明了知行相须，"学"即"知"，"习"为"行"，可见圣学教育心法自孔子开始就奠定了知行相须的传统。周昌乐先生说："因为重视习行，以至于对成就仁道而言，孔子强调的一种有效方式也就是在生活的习行过程中不断迁善改过。如果说孔子上述强调的'学而时习'的好学，偏重于智慧的获得；那么孔子主张'迁善改过'的力行，强调的便是仁性的显发。"①

相比孔子而言，孟子教育心法则更为重视通过"行"，也就是实践，把人本性便具备的"良知"发展出来。在孟子看来，人天性便富有"良知"，这"良知"的具体表现便是人之四端（见图2.8）。孟子认为教育者一方面应当向受教育者传授道德知识，以此来启迪并开发受教育者固有的四大善端；另一方面更应当重视受教育者自身的道德实践，要通过"苦、劳、饿、空、乱"来磨砺受教育者的道德意志。

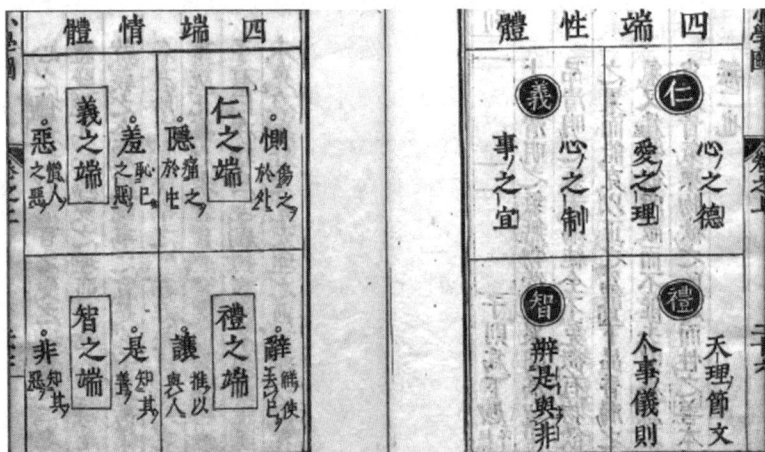

图2.8　四端性体之图

（资料来源：摘自日本国立公文书馆藏《小学书图槩括纂要》卷之上第二十六页）

---

① 周昌乐. 通智达仁：传授心法述要［M］. 厦门：厦门大学出版社，2018：49.

　　荀子教育心法提倡"化性起伪"，他从性恶论的角度论述道德并非人性所固有的，在这一点上和孟子的"性善论"截然不同甚至相反，但是他和孟子同样都重视道德实践。荀子认为没有听说比不上听说了，听说了比不上见到了，见到了比不上知道了，知道了比不上行动了，他说："不闻不若闻之，闻之不若见之，见之不若知之，知之不若行之，学至于行之而止矣。行之，明也。明之为圣人。"①　可见对于"知""行"这两者之间的关系，荀子很明显是更加重视"行"的。荀子认为"道虽迩"，但是你如果不去追求的话就不会获得；"事虽小"，但是你如果不去行动的话就不会做成（《荀子·修身》）。可见，荀子认为只有通过"行"，也就是道德实践，才能收"化性起伪"之效，从而达至圣贤境界。

　　宋明时期，面临佛、道两家的挑战，理学家们把先秦儒家知行观发展成了系统的理论，其中对朱子知行思想影响最为重要的是二程子的知行观。二程子的知行观是以"知"为本②，二程子有言，"须是知了方行得"（《二程集·河南程氏遗书》卷八），可见二程子认为"知""行"两者应当以"知"为本，"知"在"行"前。二程子把知行关系比喻成"光照"和"行路"，二程子说"须是识在所行之先，譬如行路，须得光照"（《二程集·河南程氏遗书》卷十八），可见二程子认为如果缺乏了道德认知的引导，盲目地进行道德实践，就像在黑灯瞎火中走路一般，不但不能达到目的，甚至还会迷失方向，做出违背伦理之事。

　　朱子是宋明新儒学代表人物，是圣学教育心法之集大成者，朱子教育心法中的知行观自然是对先秦儒家及北宋四子的承继和发展。

　　首先，从知行关系这一方面来看，朱子承继了孔子知行合一的传统，既重视"行"，又不轻忽"知"，他认为"知行常相须"，二者就像眼和足，有眼无足是无法行走的，有足无眼也看不见前路，即便能行走，那也是盲目行走。另外，朱子直接秉承了伊川先生知先行后的说法，并且对此做出了进一步的阐发和论述，他说："致知力行，论其先后，固当以致知为先，然论其轻

---

①　王先谦. 荀子集解［M］. 北京：中华书局，1988：142.

②　程颢，程颐. 二程遗书［M］. 上海：上海古籍出版社，2000：381.

重，则当以力行为重。"① 可见朱子认为致知和力行，如果以先和后来看，应当以"知"为先，"行"为后。在"知""行"轻重关系上，朱子和程颐观点不同，程颐的知行观有忽视"行"的重要性的一面，但是朱子对此则有所扬弃，朱子坚持认为"行"比"知"重，但也绝不轻忽"知"的重要性，他说，"圣贤教人，必以穷理为先，而力行以终之"②，也就是说圣贤教导人，首先要教导弟子穷尽事物之理，但是最终还是要落实在"力行"上。还需要指出的是，朱子认为"知""行"虽然有先后、轻重之分，但是都必须一以贯之，而这个一便是"敬"，他说："盖圣贤之学，彻头彻尾只是一'敬'字。致知者，以敬而致之也。力行者，以敬而行之也。"③ 可见，在朱子看来，无论是致知也好还是力行也好，都要以敬贯之。

其次，从"知"这一方面来看，朱子又承继了孟子的思想，提倡人的道德意识是先天就有的，而不是后天才有的，只不过需要经由后天的教育和学习来彰显先天的道德意识。从"行"这一方面来看，朱子承继和发扬了孔子、孟子、荀子三位儒家圣贤重视道德实践的传统，他认为以先后论，"知"在先"行"为后；以轻重论，"行"为重"知"为轻。另外，朱子还发展了二程子的"真知"和"常知"之说。关于"真知"和"常知"的区别，二程子曾说："真知与常知异。常见一田夫，曾被虎伤，有人说虎伤人，众莫不惊，独田夫色动异于众。若虎能伤人，虽三尺童子莫不知之，然未尝真知，真知须如田夫乃是。故人知不善而犹为不善，是亦未尝真知。若真知，决不为矣。"④ 可见，二程子认为知而不行只是常知非真知，知而行之才是真知。二程子又说："学者须是真知，才知得是，便泰然行将去也。某年二十时，解释经义与今无异，然思今日，觉得意味与少时自别。"⑤ 朱子则指出一个人如果对一个事物认识得愈清楚，那么他践行的时候也就愈加笃实；反过来，笃实的践行又可以促进他对这一事物有更深刻、明了的认识。

最后，朱子十分重视躬行践履对于存心养性之重要性。周昌乐先生有言，

① 郭齐，尹波. 朱熹文集编年评注 [M]. 福州：福建教育出版社，2019：2435.
② 郭齐，尹波. 朱熹文集编年评注 [M]. 福州：福建教育出版社，2019：2661.
③ 郭齐，尹波. 朱熹文集编年评注 [M]. 福州：福建教育出版社，2019：2433.
④ 程颢，程颐. 二程遗书 [M]. 上海：上海古籍出版社，2000：66.
⑤ 程颢，程颐. 二程遗书 [M]. 上海：上海古籍出版社，2000：236.

"如果说存养心性是上达境界，那么致知力行便是下学功夫了"①，朱子也认为修身的功夫全在践行上，只有践行才能明"理"，才能使自身与善合而为一，他说，"既得知，若不真实去做，那个道理也只是悬空在这里，无个安泊处"②。他主张人们将义理凝结到自身的所有行动中，并在践行中不断巩固自身对义理的理解，从而达到知之愈至，意之愈诚，心之愈正，行之愈笃的目的。

胡小林、袁伯诚两位先生认为，朱子知行观之精要在于十分重视对传统经典文本的继承与研习，在这方面朱子不仅与陆九渊张扬的"六经皆我注脚"，轻视对经典的学习判然有异，与二程也有差别。因此，两位先生认为从某种意义上讲，朱子并没有完全扬弃汉唐经疏传统。③ 可见，朱子非常重视博学，他提倡学者不但要下功夫学修治之方，还要了解宇宙之理。在他看来，博学不是胡乱地学，是有大小本末、轻重缓急的，应当先学大的、急的，而不应当"杂而无统"。④ 朱子博学思想无疑是对圣学教育"博文"思想的发展，针对当时学人专讲治心、修身之弊，朱子批评说，为学必须博学，如果没有博学的功夫（格物穷理的功夫），专攻所谓修身正己就是盲目的，是没办法得其门而入的。⑤

明清之际大儒颜元批评朱子博学之说甚严，他说：

"如朱子以乐为学教人，自无此问，况亦自言'礼、乐、射、御等俱是该做的，今日补填实是难，不如先去诚正'，是不曾即乐而格之也。且书本上所穷之理，十之七分舛谬不实，朱子却甚认真，天下书生遂奉不易之理，甚可异也。如'廊诗'、'蝃蝀'，朱子注'天地之淫气'，不知却是一虫为之。……总之，愿天下扫净书生见，观法孔孟以前道可传也。"⑥ 又说"先生昭明书旨，备劳心力，然所明只是书旨，未可谓得吾

① 周昌乐. 通智达仁：传授心法述要 ［M］. 厦门：厦门大学出版社，2018：278.
② 黎靖德. 朱子语类 ［M］. 北京：中华书局，1986：1721.
③ 胡小林，袁伯诚. 中国学习思想通史 ［M］. 北京：人民出版社，2007：710.
④ 黎靖德. 朱子语类 ［M］. 北京：中华书局，1986：142.
⑤ 黎靖德. 朱子语类 ［M］. 北京：中华书局，1986：153.
⑥ 颜元. 颜元集 ［M］. 北京：中华书局，1987：493-494.

身之道也。盖四书、诸经、群史、百氏之书所载者，原是穷理之文，处事之道。然但以读经史、订群书为穷理处事以求道之功，则相隔千里；以读经史、订群书为即穷理处事，曰道在是焉，则相隔万里矣。"①

颜元教育心法尤重实践，强调实学，反对虚文，从这个角度来讲，颜元的思想无疑是非常有价值的，他对当时只重读书、忽视实践的教育风气的批评也是有其道理的，对批评那些只为科举而读书的所谓学人而言，更可谓一针见血。但是以之批评朱子，则显然是对朱子思想的极大误解。

朱子为考证《禹贡》之所载，何尝不亲躬力行、实地考察，最后方写就《九江彭蠡辨》②，这岂不和颜元"手格诸物"之精神相贯通？朱子教育心法，不但看重博学，也重视贯通。朱子认为要贯通，首先必须博学。他说只要是学者，没有什么所谓"径截一路"，必须博洽，要"历涉多"，这样才"方通"。③ 朱子认为博学就像"富人积财"，积累的钱财多了，就能"无不如意"，又像学做文章，必须多看多学，这样积累多了，写出的文章自然便蔚为可观了。博学可以使人不断地积累义理，如此积力日久，便可"贯通了，自然见效"。④

纵观朱子这一生，无论是政治实践、教育实践还是政治思想、教育思想，何尝不都重实践、实行以及学以致用呢？在这些方面，其实朱子和颜元从根本上讲是一致的。朱子认为博学并非追求那些"异闻杂学"，既要博学于文，这是"知"，又要约之以礼，这是"行"，朱子认为初学之时可以姑且把这当作两件事来做。一方面要在博学这一点上下功夫，另一方面要在持敬守约这一点上下功夫，要"塞断中间，莫令相通"，等功夫到时，这二者"便自会有通处"。⑤

朱子是一位极其博学的文化巨人，黄百家先生在《晦庵学案》中以"博

① 颜元. 颜元集［M］. 北京：中华书局，1987：78.
② 郭齐，尹波. 朱熹文集编年评注［M］. 福州：福建人民出版社，2019：3488-3493.
③ 黎靖德. 朱子语类［M］. 北京：中华书局，1986：144.
④ 黎靖德. 朱子语类［M］. 北京：中华书局，1986：157.
⑤ 黎靖德. 朱子语类［M］. 北京：中华书局，1986：834.

极群书"① 四字评价朱子可谓至当，并说朱子为学，除了研究经史文献之外，对诸子百家、佛学道学甚至天文地理等学问也无不涉猎，他认为朱子是当之无愧的巨儒！或许，我们可以这么说，假如没有在为学上下"博极群书"以及"躬行实践"的功夫，朱子恐怕很难成为理学之集大成者，也就很难成为同代大学者陈亮所赞誉的"一世学者宗师"② 了。

三、自我教育心法

无论是礼乐涵养也好，知行相须也好，其落足点都在于教以成人、学以成己，对学生自身而言，要真正成德成人，最终要靠自我教育、自我学习。朱子特别注重自我教育，他认为人生在世当立志成就圣贤君子，而要成就这一志向除要向有道者虚心求教外，最重要的是必须通过自我教育来实现这一人生志向。

首先，自我教育心法首在学以为己，所谓"古之学者为己，今之学者为人"（见《论语·宪问》），学习并非为了向他人炫耀自身的学问，而是为了提升自己的道德学问。圣学心法是成就内圣外王之学，朱子教育心法作为圣学心法之继承和发扬者自然也不例外，他说："凡看语孟，且须熟读玩味，将圣人之言语切己。不可只作一场话说。看得此二书切己，终身尽多也。"③ 所谓内圣之学便是为己之学，而绝非为他之学，就像程子所说，学以为己者终于成物，学以为人终于丧己。④

朱子提倡书院教育，并且努力创办书院，这是对圣学教育心法的具体实践。针对当时学者之弊，朱子继承程子之说，他说："古之学者为己，其终至于成物；今之学者为人，其终至于丧己。"⑤ 可见朱子认为，如果学以为人的话，就会把心放在闲事上多，而放在义理上就少了，这样造成的后果便是学者对义理很生疏，对与自身生命提升不相干的闲事却很熟络。所以，朱子一再强调为己、为人这个分别是非常要紧的，他说，"于此明辨而日省之，则庶

① 黄宗羲，全祖望．宋元学案［M］．北京：中华书局，1986：1505.
② 陈亮．陈亮集［M］．北京：中华书局，1987：383.
③ 先忠，王维建．朱子《小学》详解［M］．长沙：岳麓书社，2017：316.
④ 朱熹．四书章句集注［M］．北京：中华书局，1983：156. 朱子引用程子之言注之曰。
⑤ 黎靖德．朱子语类［M］．北京：中华书局，1986：139.

乎其不昧于所从矣"，这是因为学以为己者是"直拔要理会这个事物"，而学以为人者则是为了让别人夸赞自己"也曾理会来"，并非真为了提升自己的个人修养和能力。① 朱子用吃饭来做比喻，他说学以为人者就好像有饭不自己吃，而是把饭摆在自家门前让别人知道我家有饭吃，朱子认为，只有把学以为人之意完全消除掉才能有进步，也才能去"理会文字"。②

如果从现代心理学的角度来考察为己之学和为人之学，我们可以看到，为己之学的学习动机是为了不断地提升自己、完善自己，而为人之学的学习动机是为了让他人赞美、肯定自己，以满足个人的虚荣心。学习动机不同，自然产生的学习效果就完全不同，学以为己自然"安静笃实"，也因而可以承载道理；学以为人则"轻扬浅露"，也因而不足与之探讨道理。③ 按照人本学者马斯洛的观点，为人之学是一种外在学习（external learning），是依靠外在驱动的学习，学生所学到的东西就像是往自己兜里放了钥匙和钱，对于自身的心智成长全无价值；而为己之学则是一种内在学习（internal learning），这种学习是由内在动力所驱使的，所以这种学习非常主动、自觉而富有创造性，可以充分地提升自己的心智、开发自身的潜能，只有在这种学习模式下，一个人才有可能最大限度地开掘自己的潜能，完成自我实现。④

学以为己，在朱子看来是入道的不二法门，因为只有学以为己才能切己笃实，才能全身心地沉浸在道理之中，这样渐渐与道理相亲，久而久之便达至自家与道理浑然一体的境界；学以为人则与此相反，道理是道理，自家是自家，两者没有建立紧密关联，因此便只知用道理去衡量他人。⑤ 在朱子看来，只有切己之学才能笃实，他一再告诫为学务必要笃实，要"实去做工夫"，他认为今人为学的一大弊端就是未曾真心实意地下功夫去做，古人却是"逐步步实做将去"⑥。有人问朱子为学应当怎样下功夫，朱子回答他说为学一定要"切己"，只要"切己"便是对的。⑦ 也就是说，切己是为学的关键，

---

① 黎靖德. 朱子语类 ［M］. 北京：中华书局，1986：139.
② 黎靖德. 朱子语类 ［M］. 北京：中华书局，1986：139.
③ 黎靖德. 朱子语类 ［M］. 北京：中华书局，1986：140.
④ 陈琦，刘儒德. 当代教育心理学 ［M］. 北京：北京师范大学出版社，2017：204.
⑤ 黎靖德. 朱子语类 ［M］. 北京：中华书局，1986：140.
⑥ 黎靖德. 朱子语类 ［M］. 北京：中华书局，1986：139.
⑦ 黎靖德. 朱子语类 ［M］. 北京：中华书局，1986：140.

是大方向。只有学以为己才能切己，只有切己才能对自己有益，如果不切己的话，按朱子的说法就"只是说话"①，那对自己而言只能是"全无益"。②

在《自由学习》一书中，人本主义心理学家罗杰斯和马斯洛一样定义了两种学习方式：一种学习是无意义的，一种学习是有意义的。在罗杰斯看来，无意义的学习对学习者自身来讲是没有意义的，因为这种学习没有融入学习者的情感，只是"脖子以上"的学习，所以它对作为整体的人不能产生积极作用；有意义的经验学习与之相反，就像一个"蹒跚学步的孩子碰到暖气片，便意识到了'热'的含义，知道以后要当心所有与之类似的暖气片"，这种"通过亲身体验学到的知识是不容易忘记的"。③ 罗杰斯定义了有意义学习或经验学习包含的四种关键要素，他说有意义的学习包含的第一个要素是卷入程度，也就是学习者要投入自己的整个身心，其认知和情感都要融入学习之中；第二个要素是自我主动投入，即使刺激是来自外部的，探索、接触以及理解和掌握的愿望却是发自内心的；第三个要素是渗透性，它引起了学习者在行为、态度甚至是人格上的改变；第四个要素与学习者对事件的评价有关。这样的学习者非常明了所学是不是自己想要，是否能将自己引向想要了解的领域，是否恰好填补了自己的空白。我们认为评价的核心在于学习者自身。对学习者而言，学习的本质是意义，当这样的学习发生时，对学习者有意义的元素会被融合到其全部经验之中。④

其次，朱子认为自我教育必须有项羽那般破釜沉舟的勇决，要有一往无前的精神，要"如居烧屋之下，如坐漏船之中"⑤，如果本身有意向学，但是不能坚持，过个五天、十天就犯懒，那是做不好学问的。朱子再三强调为学必须有一股精神、有一股劲头，所谓"阳气发处，金石亦透。精神一到，何事不成"，也就是说必须秉承天地阳刚之气，方才做得事成。在朱子看来，人之一身，本身就具备阳刚之气，为学一旦找准了路子，"便须刚决向前"⑥。

---

① 黎靖德. 朱子语类［M］. 北京：中华书局，1986：140.
② 黎靖德. 朱子语类［M］. 北京：中华书局，1986：140.
③ 罗杰斯，弗赖伯格. 自由学习［M］. 王烨辉，译. 北京：人民邮电出版社，2015：41.
④ 罗杰斯，弗赖伯格. 自由学习［M］. 王烨辉，译. 北京：人民邮电出版社，2015：42.
⑤ 黎靖德. 朱子语类［M］. 北京：中华书局，1986：137.
⑥ 黎靖德. 朱子语类［M］. 北京：中华书局，1986：138.

朱子说到高兴处，甚至举起酒杯向学生说，从来没有见过"衰底圣贤"。① 周昌乐先生有言："易以乾道为准则，因此其主旨便在'乾卦'义理的阐释之中，大致思想就是强调恪守中道、自强不息、进德修业。"② 由此看来，朱子教育心法重视人之阳刚气，强调为学必须有自强精神，这无疑是对《易传》心法的承继和弘扬，是乾道自强不息精神的体现。

朱子善用比喻，他把为学比喻成炼丹，一定要先用百十斤炭的烈火锻炼一段时间才行，如果缺少了这段功夫，一味想"微火养将去"，是做不好学问的。③ 他又把为学比喻成煎药，为学必须首先下猛火去煎，要让药先滚沸直至"涌迄出来"，经过猛火煎熬再来用"慢火养之"。④ 可见，朱子教育心法不但强调为学一定要有勇猛精进的精神，还特别讲究火候，一方面要用"猛火"攻之，另一方面在攻克之后还要以"慢火"养之。什么时候用"猛火"，什么时候用"慢火"，都是特别有讲究的，这便是为学的火候。朱子又用撑船来比喻为学，他说学习就像逆水撑船，什么时候要"把篙处着力"是非常讲究的，如果在水势平缓之处，那就"尽行不妨"，但是一旦遇到激流险滩，这一篙下去必须用力，并且一步都不可不紧，否则的话，船就不得上了。⑤

如果为学暂时不得其门而入应该怎么办？朱子告诉我们，此时一方面不要着急，另一方面也不可急慢，正所谓太紧了也不行，太慢了也不可；如果为学"识得些路头"，就一定要持之以恒，要"如鸡抱卵"，不要断了，如果断了，要再捡起来就费劲了，这时候也不能急，不能像"把汤去烫"，否则"便死了"。可见朱子教育心法，是特别讲究火候的，既不能太热，也不能过冷，要持之以恒地"抱得有甚煖气"，这样坚持下去才会有所得。⑥

再次，朱子认为自我教育要掌握为学要领，既要把握大处，又要注重细节。朱子认为学者下功夫之大患在于"不得其要"，如果能够把握要领，那就能起到提纲挈领的作用，自然就能条理贯通；如果不能寻究得这个道理，那

---

① 黎靖德. 朱子语类 [M]. 北京：中华书局，1986：138.
② 周昌乐. 通智达仁：传授心法述要 [M]. 厦门：厦门大学出版社，2018：66.
③ 黎靖德. 朱子语类 [M]. 北京：中华书局，1986：137.
④ 黎靖德. 朱子语类 [M]. 北京：中华书局，1986：138.
⑤ 黎靖德. 朱子语类 [M]. 北京：中华书局，1986：137.
⑥ 黎靖德. 朱子语类 [M]. 北京：中华书局，1986：132.

就会"处处窒碍"。所谓要领，在朱子看来不是别的，就是"必有实得力处方可"，朱子认为很多学者之所以"不得其要"，是因为他们都只停留在"拣好的言语做个说话"，而没有把这些好的言语用于生活实践，所以只能觉得处处皆是窒碍，其根源就在于知行相离。①

所谓把握大处，便是为学必须首先立定一个"大腔当"，必须从根本上"识得道理源头"，这个就好比盖房子，地基必须开阔，选址必须广大，这样才能建大房子，这也是为何朱子把《大学》列为四书之首的原因。但是很可惜，在朱子看来现在的人却理会不了何为"大腔当"，光知道就一些细枝末节去搜寻，这样自然就难得为学之大要了。② 因之，朱子认为，为学心法在于要"能一处大处攻得破"，如能于大处攻破，在朱子看来"方是快活"；如若不然，只在零碎处下功夫，即便有少许收获，"终不快活"。在朱子看来，如果能够把大道理看明白了，即便在为学过程中"有病痛处"也不打紧，这些病痛处会在不自知的过程中就消除掉了，"不消费得力"。③ 除了强调要把"大底道理"看通透外，朱子还非常注重小处、近处，他说，圣人说一千道一万，都是要教人从身边小处做起。朱子认为，学者如果不从近处、小处做起，只知好高骛远，那么就不能"领会得大头项底"。学者如果在为学过程中对于大关节处开拓不了，其主要原因实则在于其不肯在小处尽心。④

所谓注重细节，是因为大处和小处是兼而顾之、贯而通之的，可谓不偏不倚、合乎中道。为了说明大处和小处的关系，朱子举《中庸》之例以说明之，他说武王、周公之所以能行得"经纶天下"之大处，正是因为他们是从"谨独"等小处做起的。⑤ 在朱子看来，如果一定要等一个所谓"大项目方后做"，那时间就蹉跎过去了，学者应当"逐些零碎积累将去"，从此刻做起，要"断以不疑"。⑥《易经·系辞》也曾说如果不积小善的话就没办法成大善，朱子教育心法无疑是对易道心法的继承，也是对荀子"积善成德"心法的绝

---

① 黎靖德. 朱子语类［M］. 北京：中华书局，1986：130.
② 黎靖德. 朱子语类［M］. 北京：中华书局，1986：130-131.
③ 黎靖德. 朱子语类［M］. 北京：中华书局，1986：131.
④ 黎靖德. 朱子语类［M］. 北京：中华书局，1986：131. 朱子说："圣贤千言万语，教人且从近处做去。"
⑤ 黎靖德. 朱子语类［M］. 北京：中华书局，1986：131.
⑥ 黎靖德. 朱子语类［M］. 北京：中华书局，1986：132.

好阐释。

　　最后，朱子认为，自我教育必须"择善固执"。在朱子看来，常人为学的一大弊端在于"偏于一理"，所以难免有偏颇之处，既有偏颇之处就易起争执；但是圣人之学就不同，圣人之学不偏不倚、合乎中道，所以能广大深远、绵密精微。① 朱子认为圣人所讲的功夫其实并不高深，"都只一般"，这个一般也就是指圣人所言只是常情常理；圣人功夫也不是别的，在朱子看来圣人功夫就是"择善固执"。② 孔子所言"学而时习之"和孟子所言"明善诚身"在朱子看来只是因为具体情况不一样，所以所言也略有不同，但是究其根本而言，"其实工夫只是一般"③，不学无以明善，不时习之无以诚身，学即明善，习即诚身。自我教育心法，便是强调这个"一般"的择善固执，并在此过程中，"学而时习"而"明善诚身"，致力把自己培养成具备理想道德的君子。

---

① 黎靖德. 朱子语类 [M]. 北京：中华书局，1986：130.
② 黎靖德. 朱子语类 [M]. 北京：中华书局，1986：130.
③ 黎靖德. 朱子语类 [M]. 北京：中华书局，1986：130.

第三章

朱子《小学》教育心法——《明伦篇》

朱子教育心法尤重讲明人伦，这也体现在他所编订的《小学》一书中，在本书中《小学·明伦篇》紧随作为总纲的《小学·立教篇》，很显然就体现了朱子对明伦之重视。所谓明人伦，便是通过教化民众来改善社会风俗、整顿道德伦理，并以此来创造清明而太平之世。对于此点，朱子历来是十分看重的，他在给福州州学撰写的文章中曾深切感叹当时的教育不得法，以致像福州这样的地方竟然会产生师生如路人的现象，福州本是东南一带学风最盛之地，其他地方更不用说了。① 那么造成风俗凋敝、道德沉沦的原因在哪儿，朱子在这篇文章中也说得很清楚，其根源就在于圣学失传了，以致当世的学者不知道学习的根本所在。② 可见，在朱子看来，既然古圣先贤之学以彰明人伦为根本，那么教育就应当而且必须教导和培养弟子懂得何谓伦理纲常，如何践行伦理纲常。也就是说，朱子认为教育的目的就是要培养节制人欲、修身明伦的圣贤君子，这也是朱子《小学·明伦篇》的宗旨所在。

朱子认为圣学失传有两大原因，其一在于秦汉以来统治者不行仁政，导致学者只知追名逐利而不明道义所在；其二在于儒者只知章句训诂，而不再追求圣人兴学的立意所在，所以也根本不懂得性命道德的宗旨所在。③ 在朱子

---

① 郭齐，尹波．朱熹文集编年评注［M］．成都：四川教育出版社，1996：4153.《福州州学经史馆阁记》：福州之学在东南为最盛，弟子员常数百人。比年以来，教养无法，师生相视，漠然如路人。以故风俗日衰，士气不作，长老忧之，而不能有以救也。

② 郭齐，尹波．朱熹文集编年评注［M］．成都：四川教育出版社，1996：4153.《福州州学经史馆阁记》：圣学不传，世之士者，不知学之有本。

③ 郭齐，尹波．朱熹文集编年评注［M］．成都：四川教育出版社，1996：3675.《中庸集解序》：然尝窃谓秦汉以来，圣学不传，儒者惟知章句训诂之为事，而不复求圣人之意，以明夫性命道德之归。

看来，后世虽然在设立学校这一点上和先王之时没多大区别，但是教师和学生教学的目的不在仁义，而在利益，所以其名虽在，但是形同虚设。也正因为如此，才导致了民风民俗日益凋敝，人才日益衰微的现状，即便像汉唐这样人人称道的盛世，在朱子看来，也远远赶不上夏、商、周三代的末世。① 因此，朱子认为要改变这种现状就应当恢复圣学教育，要遵从古圣先王兴办学校的旨归，那就必须"明义反本"，要培养君子儒，而不是追名逐利的小人儒。②

朱子说："古者圣王设为学校，以教其民。由家及国，大小有序，使其民无不入乎其中而受学焉，而其所以教之之具，则皆因其天赋之秉彝而为之品节，以开导而劝勉之，使其明诸心，修诸身，行于父子、兄弟、夫妇、朋友之间，而推之以达乎君臣上下、人民事物之际，必无不尽其分焉者。及其学者既成，则又兴其贤，且能者实之列位，是以当是之时，理义休明、风俗醇厚，而公卿大夫列士之选，无不得其人焉。此先王学校之官，所以为政事之本、道德之归，而不可以一日废焉者也。"③ 由此可见，圣王之所以设学校，是要因民众之禀赋而教其明心修身之道，然后推此道于父子、兄弟、夫妇、朋友以至君臣、人民之际。正如朱子在《补试牓谕》中所言，古代君子都是遵循五伦行事，并以此来教导弟子，所以风俗醇厚、德业崇高。④

朱子认为，圣人之所以教"孝弟忠信"之言，是因为圣人施教有其"定本"所在，而这"本"在朱子看来便是"五伦之常"及"克己之仁"，此"皆是定本"。⑤ 朱子认为，圣人之道虽看似"甚觉浅近"，只是日用常行之事，但是如果推究其理的话，就能发现其中实在是无所不包，可以像天地那般广大。⑥ 所以，要重新恢复古圣先王时的风俗和德业，在朱子看来就必须弥补当时小学教育的缺失，自小就给弟子补上五伦之常这一课，这也是朱子在

① 朱杰人，严佐之，刘永翔．朱子全书：第24册［M］．上海：上海古籍出版社，2010：3741-3742.
② 郭齐，尹波．朱熹文集编年评注［M］．成都：四川教育出版社，1996：4077.《静江府学记》：熹闻之侯之所以教于是者，莫非明义反本，以遵先王敩学之遗意。
③ 朱杰人，严佐之，刘永翔．朱子全书：第24册［M］．上海：上海古籍出版社，2010：3741.
④ 郭齐，尹波．朱熹文集编年评注［M］．福州：福建人民出版社，2019：3601.
⑤ 黎靖德．朱子语类［M］．北京：中华书局，1986：129.
⑥ 黎靖德．朱子语类［M］．北京：中华书局，1986：130.朱子曰："无有不包，无有不贯，及其充实，可与天地同广大。"

《小学·立教篇》后续以《小学·明伦篇》的主要用意。在《小学·明伦篇》，朱子首先就引用孟子之言以为本篇小序，孟子认为设立庠、序这些学校来教育学生的最重要的目的就是要让他们明白何为人伦、如何践行人伦，这也是朱子在《小学》一书设立《明伦篇》的目的所在。① 朱子在《四书章句集注》一书中对孟子此言有更进一步的发挥，他首先解释了庠、校、序、学的同异，其次进一步申述了父子等五伦便是吾人所当遵守的伦理，而设立学校的目的便在于彰明这些道德伦理。②

　　张伯行先生在《小学集解》一书中注解此篇小序时说，世上没有不通过读书和穷理就可以彻底实践人伦者，也没有可以彻底实践人伦而不通过读书和穷理这条路的，所以"明"这一个字，既包含"知"，又包含"行"。③ 此段注解可谓把读书穷理和尽伦的关系说得清清楚楚，尤需注意的是，张伯行先生还独具慧眼，点明朱子为什么在《白鹿洞书院学规》先列父子等五教之目，然后再以《中庸》一文言博、审、慎、明、笃等五事，这是因为博、审、慎、明还只是停留在读书明理之上，而笃行所笃之行主要便是指五教这人伦之事。

　　总而言之，《小学·明伦篇》主要探讨的便是教育和人伦之关系，朱子在此序言中说得明明白白，兴建学校的主要目的便是一方面要教导弟子明白此人伦之理，另一方面则是要敦促弟子通过反躬自省实践此人伦之理，这也是朱子《小学》教育心法的重中之重。

第一节　父子有亲：父慈子孝

　　慈文化和孝文化是中华优秀传统文化的重要组成部分，"慈"和"孝"最早皆可见于商周时期的金文，可见这两个中华文化中非常重要的观念之悠久深远。"慈"字从心兹声，从造字方法讲乃是一形声字，《说文解字》解释"慈"字为"爱"；"孝"字从老从子，从造字方法讲乃是会意字，像一位青

① 张伯行. 小学集解 [M]. 上海：商务印书馆，1936：11.《小学·立教篇》："孟子曰：'设为庠序学校以教之，皆所以明人伦也.' 稽圣经，订贤传，述此篇以训蒙士。"
② 朱熹. 四书章句集注 [M]. 北京：中华书局，1983：258-259.
③ 张伯行. 小学集解 [M]. 上海：商务印书馆，1936：11.

年挽扶着一位老者，《说文解字》解释"孝"字为"善事父母者"。《北溪字义》"理"字条目说："为父止于慈，为子止于孝，孝慈便是父子当然之则。"① 可见"慈"和"孝"是父母与子女之爱的一体两面，是源自天理之本然，为吾人所本有之性。

《道德经》认为"慈"是三宝之一，《孝经》则认为"孝"乃德行之根本所在，可见慈孝文化在中华优秀传统文化中的重要性，也正因为如此，朱子在《小学·明伦篇》首节便设父子一伦，以明慈孝之重要性。本节主要内容，正如京兆李氏所言：

> 夫孝始于事亲。首四章明事亲之礼；次六章明凡为人子之礼；次五章明敬亲之礼；次五章明广爱敬之礼；次三章明谏过之礼；次二章明侍养疾病之礼；次二章明谨身礼；次六章明祭享大意；人之行莫大于孝，不善莫大于不孝，故以后三章警之于末。以上凡三十九章，明人子事亲之孝略备于此。②

《小学·明伦篇》首四章主要阐明事亲之礼，因此本节首章即摘录《礼记·内则》篇之言，以明父子之亲③（见图3.1）。从这段文字我们可以看到《礼记·内则》对子女服侍父母的要求可谓细致入微，甚至有苛刻之嫌，比如，鸡鸣起床之后便要前去父母住所问安，要下气怡声向父母嘘寒问暖，甚至父母有瘙痒的话要"敬仰搔之"。那么，朱子也主张今人如古人一般服侍父母吗？我们不妨看一下这段文字："逼屦着綦。綦，鞋口带也，古人皆旋系，

---

① 陈淳. 北溪字义［M］. 北京：中华书局，1983：42.
② 何士信. 标题注疏小学集成：卷二［M］. 东京：日本国立公文书馆藏本，万治元年刊本：39.
③ 张伯行. 小学集解［M］. 上海：商务印书馆，1936：11-12.《礼记·内则》曰："子事父母：鸡初鸣，咸盥漱，栉縰笄总，拂髦，冠緌缨，端韠绅，搢笏，左右佩用，逼屦着綦。妇事舅姑，如事父母：鸡初鸣，咸盥漱，栉縰笄总，衣绅，左右佩用，衿缨，綦屦，以适父母、舅姑之所。及所，下气怡声，问衣燠寒，疾痛苛痒，而敬仰搔之。出入则或先或后，而敬扶持之。进盥，少者奉槃，长者奉水，请沃盥，盥卒，授巾。问所欲而敬进之，柔色以温之，父母、舅姑必尝之而后退。男女未冠笄者，鸡初鸣，咸盥漱，栉縰，拂髦，总角，衿缨，皆佩容臭，昧爽而朝，问何食饮矣。若已食则退，若未食则佐长者视具。"

今人只从简易，缀之于上，如假带然。"① 可见朱子并不拘泥于古法，而是能与时俱进。朱子教育心法要义，在尽人伦这一节上，尤其注意的便是培养这"爱敬"之心，所以当门生为《小学·明伦篇》对弟子的要求有极难行处而感到困惑并向朱子请教时，朱子告诉他虽然其中有很多极难做到的事，但是如果你能以充盈爱敬之心去做，自然就不会有难做到的事。②

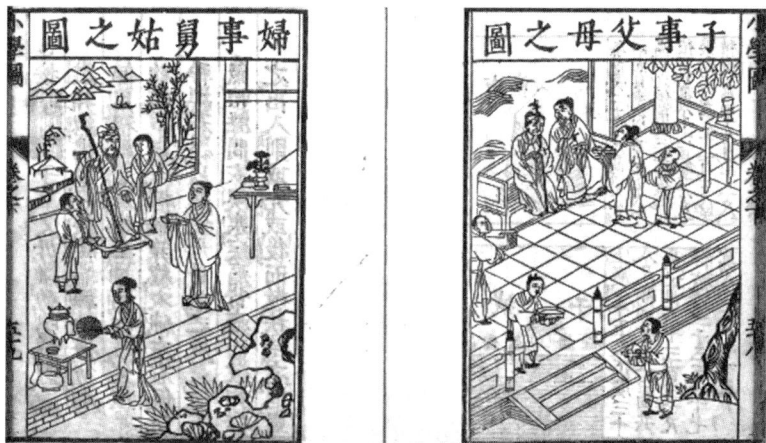

图 3.1　事父事姑之图

（资料来源：摘自日本国立公文书馆藏《小学书图骡括纂要》卷之下第五十八页）

本节第二章、第三章、第四章乃朱子辑录自《礼记·内则》。第二章主要内容是说明为人子女在早晨起床之后应尽的基本礼仪，比如，洒扫厅堂、铺设座席，都是为人子女应尽之本分；第三章主要说明如何服侍父母公婆坐卧，以及对待父母公婆所用器物和食物要保持敬意，不可乱动；第四章则主要说明子女日常服侍父母的基本礼仪以及态度。子女对父母之爱敬，不是嘴上说说而已，而是要体现在日常生活的一举一动、一言一行之中，正所谓"孝子爱敬存于内心，产生于声气，施行于举手投足，体现在洗衣服等琐碎事物上，

---

① 黎靖德. 朱子语类［M］. 北京：中华书局，1986：2245.
② 黎靖德. 朱子语类［M］. 北京：中华书局，1986：2628. 问："《小学·明伦》一篇，见得'尽是节文'事亲之实。"曰："其中'极有'难行处。"曰："爱敬与倪为一，自无难行。"曰："此便是爱敬尺度。须是把他去量度，方见得爱敬。"倪。

这些都要恭敬慎重"。①

本节前四章所言皆为事亲之礼，从外在讲乃是服侍父母的基本行为规矩，从内在讲这些规矩反映了子女对父母的爱敬之心。这爱敬之心本是人子天生所本有的，但是这爱敬之心需要通过基本的礼仪来体现，也需要从蒙童时代就加以培养，为人父母应当一方面以慈爱之心护持蒙童本心，另一方面则必须通过规范蒙童的道德行为来激发此心。在《论语·为政第二》中，孔子亦谈到爱敬之心，学生子游和子夏分别请教孔子什么是孝，孔子告诉子游只单纯赡养父母，但是不爱敬父母那就和饲养犬马没分别；告诉子夏孝敬父母不仅仅是服侍，还必须做到容色和悦。② 在孔子和朱子看来，事亲之孝最重要的量度便是这爱敬之心，如果没有这爱敬之心，服侍父母便和畜养犬马无所区别，只要有了这爱敬之心，便是极难之事做起来也变得不难了。朱子注解"子夏问孝"时说，真正的孝子一定是深爱父母的，有深爱就必定会有和气、愉色以及婉容，只是单纯地"服劳奉养"在朱子看来还不足以说是孝③，朱子此段注解可谓深得圣学教育心法之要义。

本节第五章到第十章所言乃为人子之礼。第五章辑录自《礼记·曲礼》，以明为人子女者务必设身处地、想方设法为父母着想，要像父母爱护子女一样体谅父母。正如王仲复先生所言："亲之爱子至矣，所游必欲其安，所习必欲其正。苟悭身而不自爱，则非所以养其志也。"④ 为了进一步说明和颜悦色的重要性，"父子之亲"节第六章又引用《礼记·祭义》以说明和颜悦色和孝子爱亲之间的关系，其文曰："孝子之有深爱者，必有和气；有和气者，必有愉色；有愉色者必有婉容；孝子如执玉，如奉盈，洞洞属属然，如弗胜，如将失之。严威俨恪，非所以事亲也。"⑤ 在此篇中，朱子一再申述对待父母一定要保有爱敬之心，只有爱敬根于心，气方能和、色方能愉、容方能婉，并且朱子告诫弟子，服侍父母务必不能严肃正经，而是要像拿着贵重的玉器，像捧着满盈的水那般虔敬专一，丝毫不能有懈怠之心。张伯行先生注曰："为

① 江先忠，王维建. 朱子《小学》详解［M］. 长沙：岳麓书社，2017：36-37.
② 朱熹. 四书章句集注［M］. 北京：中华书局，1983：55-56.
③ 朱熹. 四书章句集注［M］. 北京：中华书局，1983：56.
④ 王仲复. 小学句读记：卷二［M］. 同治戊辰刊本：6.
⑤ 江先忠，王维建. 朱子《小学》详解［M］. 长沙：岳麓书社，2017：38.

人子者能如此，则凡晨昏定省，许多节文，皆自爱敬之诚流出，不能自已。"① 本节第七章辑录自《礼记·曲礼》，其中有两句特别值得点出，即"听于无声，视于无形"②，意为作为子女的要能通达父母的意志，不用等父母去说，身为子女就已经通晓他们的意愿并且付诸实践了，要如真氏所言，"孝子之心，惟恐纤介之差、须臾之失，故其潜听默察，至于如此。非诚于事亲者，其能若是乎"③，才算得上真孝子。本节第八章到第十章所言皆是针对父母在世之时为人子女不当行之事，如"不远游""不许友以死""不敢私其财"等，许鲁斋有言，"为子者恃血气，何所不往？但父母之心宜深体，当以父母之心为心"④，凡为人子者，当以此言自警。

本节第十一章至第十五章所言乃是明敬亲之礼。第十一章乃辑录自《礼记·内则》，主要强调对于父母舅姑之命不可违逆和懈怠，朱子说："勿逆勿怠，此谓不可变节，以伤尊者平日慈爱之心也。"⑤ 第十二章至第十五章所言皆为子女与父母谈话时的基本礼仪，其中第十五章后半段所言尤为感人，父母虽然过世，然而其书、其杯犹存至亲之手泽、口泽，此唯至纯至孝之人方能感受之。张伯行先生有言："至于亲没之后，无时不念，故触物生悲，不能读父之书。非不读也，谓父之手泽所存，不忍读也。母没而杯圈不能饮焉，非不饮也，谓母口泽之气所存，不忍饮也。孝子之心，于此乎见矣。"⑥

本节第十六章至第二十章主要说明广爱敬之礼。此五章皆朱子辑录自《礼记·内则》，进一步申述了何谓孝子之心，父母过世之后，对父母爱敬之心应当至死不衰，要终身尊重父母之志，爱父母所爱之人，这才是真正的孝。其中第十八章乃引用曾子之言，其言曰："孝子之养老也，乐其心，不违其志。乐其耳目，安其寝处，以其饮食忠养之。养之，如此为其近于亲也。言忠养之，嫌或伪也。是故父母之所爱亦爱之，父母之所敬亦敬之。至于犬马

① 张伯行．小学集解［M］．上海：商务印书馆，1936：15．
② 江先忠，王维建．朱子《小学》详解［M］．长沙：岳麓书社，2017：39．
③ 王仲复．小学句读记：卷二［M］．同治戊辰刊本：8．
④ 王仲复．小学句读记：卷二［M］．同治戊辰刊本：8-9．
⑤ 王仲复．小学句读记：卷二［M］．同治戊辰刊本：9．
⑥ 张伯行．小学集解［M］．上海：商务印书馆，1936：18．

尽然。而况于人乎。上言其近亲者,此言亲所爱敬者。"① 曾子此言意在说明孝子赡养父母,不但要使父母内心欢乐,还不能违背父母的意志;不但要让父母耳、目、口得到享受,还要让父母有好的居处;父母喜爱的子女也要喜爱,父母尊敬的子女也要尊敬;这些犬马都可以做到,何况我们是人。此便是朱子所言"爱敬与倪为一"②,父母所爱的不管自己爱不爱也要爱之,父母所敬的不管自己敬不敬也要敬之,这是一种尽己之心、无私无我的精神状态,而此精神状态,则全然是由对父母的爱敬之心生发出的。或许,我们可以把这种精神状态以及保持这种精神状态所行的事亲之事看作孝道的最高境界。

本节第二十一章至第二十三章所言乃是明谏过之礼。第二十一章辑录自《礼记·祭义》,所引乃曾子之言,其言曰:"父母爱之喜而弗忘。父母恶之惧而无怨。父母有过谏而不逆。无怨,谓无怨于父母之心。不逆,顺而谏之也。"③ 曾子认为,如果父母爱护子女的话,子女应当欢喜而不要忘记父母的恩德;如父母憎恶子女,子女当畏惧但不可怨恨;父母如有过错,子女当劝谏但不要悖逆。正如朱子所言,"谏而不逆,谓委曲作道理以陈,不唐突父母之怒也"④,这也符合孔子所言的"几谏"之理。接下来两章继续申述劝谏父母之道,劝谏时一定要怡其色、柔其声,如果父母不听劝谏,子女就要更为孝敬,待到父母高兴之时再行劝谏,宁可因劝谏得罪父母,不可让父母因过错得罪乡党,如果反复劝谏父母还不听,甚至鞭挞子女,子女要哀号哭泣以求感动父母,从而让他们改正。正如方氏所言:"子之于亲,三谏而不听,苟遂绝之,则伤恩矣。伤恩者,仁所不忍,故随之。盖将以感动其心而或听,则仁之至矣"。⑤

本节第二十四、第二十五两章所言乃是明侍养疾病之礼。父母有疾,子女当无时无刻不忧虑之,并想方设法为父母治疗疾病,还当为父母亲尝汤药,以免药性有毒而伤害父母,此时子女之用心及行为当如《小学集注大全》所言:"孝子之事亲,病则致其忧。不栉,忧不为饰也;不翔,忧不为容也;不

---

① 江先忠,王维建. 朱子《小学》详解 [M]. 长沙:岳麓书社,2017:49.
② 黎靖德. 朱子语类 [M]. 北京:中华书局,1986:2628.
③ 江先忠,王维建. 朱子《小学》详解 [M]. 长沙:岳麓书社,2017:52.
④ 王仲复. 小学句读记:卷二 [M]. 同治戊辰刊本:15.
⑤ 王仲复. 小学句读记:卷二 [M]. 同治戊辰刊本:16.

惰，忧不谇也；不御，忧不为乐也；不变味，忧不择食也；不变貌，忧不多饮也。大笑则见矧；怒甚则见齜；亦为忘忧也，故戒之。"①

本节第二十六、第二十七两章所言乃是明谨身之礼，意在说明父母过世之后，子女当常常思念父母，当谨守父母之善道而令父母之令名益彰显于世，勿行恶事而令父母蒙羞。父母过世之后，当"思慕不忘，萌一善念，则思立身扬名以显父母，故行之必勇决也；萌一恶念，则思不善之名以辱父母，故必畏惮而不为也"②。

紧承上两章，接下来七章所要说明的乃是祭享父母之大意，思慕之心不已，故祭祀之礼自当不绝。本节第二十八章及第三十一章乃朱子辑录自《礼记·祭义》，用以强调子女要时常感念过世的父母，履霜要生凄怆之心，履春要生怵惕之心，尤其在斋戒的日子更要调服身心、戒酒戒荤，在斋戒时要常怀念先祖的居处、笑言、志愿、爱好，在祭祀之时，仿佛先祖的音容笑貌就在眼前。这种感念父母的精神状态，如果衡之以正念心法思想，可称之为"聚焦注意冥想"，感念父母之心虽然是以悲为主，然而此心有助于提升我们的生命境界，净化我们的心灵。

本节第三十四章至第三十六章乃朱子辑录自《孝经》。第三十四章首先说明爱护身体是孝之始，立身行道为孝之终；其次解释说明何为天子、诸侯、卿大夫、士、庶人之孝。第三十五章则引用孔子之言说明孝亲不可违背常情常理，正如范氏所言："君子爱亲而后爱人，推爱亲之心以及人也，夫是之谓顺德；敬亲而后敬人，推敬亲之心以敬人也，夫是之谓顺礼。"③第三十六章出自《孝经·纪孝行章》，一方面从居、养、病、丧、祭五方面对子女提出要求，另一方面则告诫子女不可犯骄、乱、争三种不孝之事。

最后三章分别辑录自《孟子·离娄》《礼记·祭义》《孝经·五刑章》，以说明不善莫大于不孝亲，而善则莫大于孝亲。朱子认为，治心之法、学问

---

① 吴讷，陈祚，陈选. 小学集注大全：卷二［M］. 东京：武村市兵卫刊行，庆安三历孟春日刊本：18.

② 吴讷，陈祚，陈选. 小学集注大全：卷二［M］. 东京：武村市兵卫刊行，庆安三历孟春日刊本：19.

③ 吴讷，陈祚，陈选. 小学集注大全：卷二［M］. 东京：武村市兵卫刊行，庆安三历孟春日刊本：36.

之道，虽则"其功夫所施有序，而莫不以爱亲敬长为先，非谓学问自是以事，可以置之度外而姑从事于孝友之实也"①。然而，我们也需要看到，父子有亲本身是讲究父慈子孝，但可惜发展到后世，因为专制文化的侵入，导致单方面的强调"孝"而不强调"慈"了，实则在父母和子女之间，父母处于主导地位，因之首先应该要求父母要慈，其次要求子女要孝，这才是合乎人情人性的。父母是子女之源头，子女是父母之延续，无论是"慈"还是"孝"，其实贯穿其中的是人天性就有的爱，正如周昌乐先生所言："中国古代'孝文化'所主导的思想观念必然会被'爱文化'所主导的思想观念所替代。因为'爱'不但包含'孝'，也体现平等思想，为所有文明体系所倡导。"②

第二节　君臣有义：君仁臣忠

《小学·明伦篇》第二节主旨在于教导弟子懂得何为"君臣之义"，在儒家文化中，君之于臣正如子之于父，是以父慈子孝、君仁臣忠。对于此节，朱子曰，"人之所以有此身者，受形于母而资始于父。此父子之道，所以为天性而不可解也……父子欲其亲，君臣欲其敬。非是欲其如此，盖有父子则自然便有亲，有君臣则自然有敬，是即《书》所谓'天叙有典'，岂人为哉也"③。京兆李氏对此节所论述君臣之道亦有精当的评述：

> 君臣以义合者也。君之于臣，一于礼而已；臣之于君，则有二焉，以礼为行，以节为守。事君以礼，则尊卑不紊；行己有节，则进退有道。故明君臣之义。前一十二章明事君之礼；后八章明为臣之节。为人君者，知此然后能立志，责任求贤；为人臣者，果能以此书惟本，是乃正己格君之道；然后及于谋国政，一举而天下治也，不难矣。④

---

① 郭齐，尹波. 朱熹文集编年评注［M］. 成都：四川教育出版社，1996：2660.
② 周昌乐. 明道显性：沟通文理讲记［M］. 厦门：厦门大学出版社，2016：253.
③ 王仲复. 小学句读记：卷二［M］. 同治戊辰刊本：26.
④ 何士信. 标题注疏小学集成：卷三［M］. 东京：日本国立公文书馆藏本，万治元年刊本：10.

本节第一章至第十二章意在说明人臣当事君以礼。本节首章乃朱子辑录自《礼记·玉藻》，其言曰："将适公所，宿齐戒，居外寝，沐浴，史进象笏，书思对命。既服，习容观，玉声，乃出。"① 此章主要讲的是大夫觐见国君之前所要做的准备，大夫觐见国君，需提前一天沐浴和斋戒，而且要居外寝，不能近女色，此三者的目的都是保持内心的明净纯一；除此之外，还需在象笏上书写好所奏之事，以防遗忘，出门之前还需演习一番仪容举止，考察佩玉之声是否和缓、走路是否符合礼节，这三者的目的主要是保持内心之敬。张伯行先生注解此章曰："皆敬之至也。此言臣将往君所之事。与子事父母同。但父子主恩，君臣主敬，故尤加严恪详慎焉。"② 为说明此义，朱子在《小学·稽古篇》中专门辑录了一段卫灵公与蘧伯玉的故事③，意在告诫弟子，为人臣者，事君当以敬为主，不但要在朝堂之上保持敬的状态，即便在幽暗之地也要一如既往，要像蘧伯玉夜过宫门那般，不要有丝毫懈怠。另外，此段卫灵公和蘧伯玉的故事还点出了"敬"和"礼"二者之间的关系：没有礼，无以体现敬；没有敬，礼只是虚文而已。

本节第二章辑录自《礼记·曲礼》，意在说明要敬重君主之命、恭待君主之使。第三章、第四章皆辑录自《论语·乡党》，主要记录了圣人孔子是如何事君以礼，比如，孔子作为君主傧相时的得体合礼的容止（见图3.2），以及孔子在朝堂之上入门、过位、升堂、没阶、复位时的仪容，朱子辑录此两则意在以圣人作为弟子之楷模。圣人之用心，正如胡氏所言："初则身如不容，次则言似不足，又次则气似不息。君愈近则敬愈加也。至于舒气解颜若少放矣，而跋踖余敬，久犹未忘。则圣人所以存心可见矣。"④

---

① 张伯行. 小学集解［M］. 上海：商务印书馆，1936：27.
② 张伯行. 小学集解［M］. 上海：商务印书馆，1936：27.
③ 江先忠，王维建. 朱子《小学》详解［M］. 长沙：岳麓书社，2017：192-193. 卫灵公与夫人夜坐，闻车声辚辚，至阙而止，过阙复有声。公问夫人曰："知此为谁？"夫人曰："此蘧伯玉也。"公曰："何以知之？"夫人曰："妾闻，礼下公门，式路马，所以广敬也。夫忠臣与孝子，不为昭昭信节，不为冥冥惰行。蘧伯玉，卫之贤大夫也，仁而有智，敬于事上，此其人必不以暗昧废礼，是以知之。"公使人视之，果伯玉也。
④ 王仲复. 小学句读记：卷二［M］. 同治戊辰刊本：30.

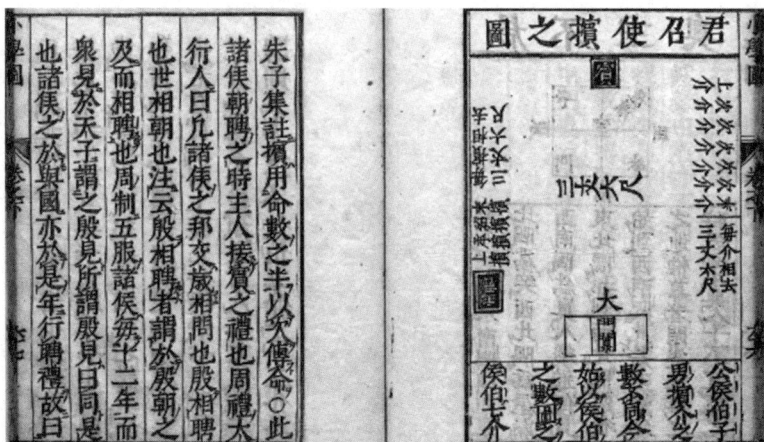

图3.2　君召使傧之图

（资料来源：摘自日本国立公文书馆藏《小学书图骥括纂要》卷之下第六十六页）

本节第五章至第七章意在说明要敬重君主之赏赐，要遵守基本的礼仪规范，切不可亵渎。比如，君主赏赐车马，第二天便当乘此车马去向君主拜谢；又如，君主赏赐果品，如果有核的话，人臣吃完之后需把果核藏在怀里，不能轻易扔弃。为了进一步申述对于君主赏赐的敬重，朱子还在第八章辑录了《论语·乡党篇》中一则孔子的典故，其文曰："君赐食，必正席先尝之；君赐腥，必熟而荐之；君赐生，必畜之。"① 上述四章所言皆以"敬"为根本，正如《小学纂注》所言，此四章"皆言人臣受君赐之礼，观于圣人，则一食一腥俱有高天厚地之谊，或且食厚禄而不怀忠，几于无行矣"②。

本节第九章至第十二章乃朱子辑录自《论语·乡党篇》，意在描述孔子待君之礼，以为弟子之楷模。此四章所涉及之礼有食祭、病中、君命、朝服之礼，其中尤值得感叹的是孔子在病中之时如果君主来探视，孔子虽卧病依然遵守礼节，所谓"东首，加朝服，拖绅"③，孔子所行真可谓"一息尚存，不

---

① 江先忠，王维建. 朱子《小学》详解［M］. 长沙：岳麓书社，2017：75.

② 高愈. 小学纂注：卷二［M］. 编修励守谦家藏本：20.

③ 江先忠，王维建. 朱子《小学》详解［M］. 长沙：岳麓书社，2017：76.

敢废礼"①，由此可见孔子对待君主之礼，绝非做作虚伪，而是发自内心的敬重。另外要注意的是，孔子所敬之君绝非后世之独裁君主，而是周礼这一整套礼制之中的君主，此君主在孔子心中乃是万民之代表。

　　本节第十三章至末章所言皆为君臣之道，朱子秉承圣学精神一再申述君臣当以道合，不合则止。第十三章引用《孝经·事君章》孔子之言，申述人臣上朝之际应当想着如何尽己之忠，退朝之后应当想着如何补己之过，人君之善处应当尽力成全，人君之恶处则当尽力匡正，唯有如此才能达到上下相亲的和谐状态。张伯行先生注解此段曰，"若己之忠未尽而将顺则近谀；己之过未补而匡救则近讦。上疑其下，下欺其上，何以能相亲乎"②，此则从反面论证事君不能尽忠之恶果。第十四章则引用《论语·八佾》孔子答鲁定公之言，其言曰，"君使臣以礼，臣事君以忠"③，孔子此言，一方面说明人君要待人臣以礼，另一方面说明人臣要事君以忠，盖人君地位尊贵，容易怠慢人臣，所以孔子认为君要以礼待人臣，这样人臣才会对人君尽忠竭力，这才是君臣交泰之道。可惜朱子在本节之中论人臣之言多，论人君之言少，不得不说这是一件很遗憾的事。

　　在朱子看来，无论是事君以敬，还是事君以忠，都有一个根本性的原则，那便是事君以道，无论以敬、以忠事君皆是事君以道的表现。朱子在本篇专门辑录五则孔孟之言以说明。本节第十五章选自《论语·先进篇》，孔子说，"大臣以道事君，不可则止"④，朱子辑录此章意在说明大臣一定要以正道事君，如果人君不道，那便要辞职不干，不可贪恋权位。第十六章选自《论语·宪问篇》，其文曰："子路问事君，子曰：'勿欺也，而犯之。'"⑤ 本章文义直承上一章，子路问孔子应当如何事君，孔子告诫子路，不可以欺骗君主，但是可以冒犯君主，如果君主有过错，作为人臣不可欺骗，必须犯颜直谏，这自然是出自一片忠直真诚之心，这便是立身行道。第十七章则指出鄙

---

①　何士信. 标题注疏小学集成：卷三［M］. 东京：日本国立公文书馆藏本，万治元年刊本：7.

②　张伯行. 小学集解［M］. 上海：商务印书馆，1936：30.

③　江先忠，王维建. 朱子《小学》详解［M］. 长沙：岳麓书社，2017：78.

④　张伯行. 小学集解［M］. 上海：商务印书馆，1936：30.

⑤　张伯行. 小学集解［M］. 上海：商务印书馆，1936：30.

陋低俗之人是没办法做到以道事君的，其文曰："鄙夫可与事君也与哉。其未得之也，患得之，既得之，患失之。苟患失之，无所不至矣。"① 正如真氏所言："道者，正理也，大臣以正理事君。君之所行，有不合正理者，必规之拂之，不苟从也。道有不合则去之，不苟留也。或谓不合则去，毋乃非爱君之意乎？此所以为爱君也。君臣之交，盖以义合，非利之也。道不合而弗去，则有苟焉。徇利之意，是使君轻视其臣，谓可以笼络之也。君而轻视其臣，何所不至？惟大臣能以道为去就，则足以起其君敬畏之心。敬畏之心存，而后能适道。"②

　　本节第十八章选自《孟子·离娄篇》，这一段孟子就说得更为直接了，孟子说，"责难于君，谓之恭；陈善闭邪，谓之敬；吾君不能，谓之贼"③，也就是说人臣事君，一要恭，这恭便体现在人臣要督责人君施行仁政；二要敬，这敬便体现在人臣要陈善道于人君、禁邪道于人君（如伊尹对待太甲）；如果人君不能施行仁政，人臣不能劝以善道，那么便是戕害君主。第十九章则选自《孟子·公孙丑篇》，其言曰："有官守者，不得其职则去。有言责者，不得其言则去。"④ 此章进一步申述了如果君主不听劝谏，则人臣就可挂冠而去。范氏对第十八章的点评也很精彩，他说："人臣以难事责于君，使其君为尧舜之君者，尊君之大也；开陈善道以禁闭君之邪心，惟恐其君或陷于有过之地者，敬君之至也；谓其君不能行善道，而不以告者，贼害其君者也。"⑤

　　本节末章乃朱子辑录自《史记·田单列传》，所引乃战国王蠋之言，强调大臣对君主要有始有终，不可择势而从。王蠋是齐国退隐大夫，燕国大将乐毅攻破临淄之后听说王蠋贤能，便派人以重金礼请他做官，并封他万户食邑，王蠋回复说，"忠臣不事二君，贞女不更二夫……与其生而无义，固不如烹"⑥，并最终自缢身亡。由此言可见，王蠋绝非愚忠之人，而是坚守节操，可惜后

①　张伯行. 小学集解［M］. 上海：商务印书馆，1936：30.
②　何士信. 标题注疏小学集成：卷三［M］. 东京：日本国立公文书馆藏本，万治元年刊本：8-9.
③　张伯行. 小学集解［M］. 上海：商务印书馆，1936：31.
④　张伯行. 小学集解［M］. 上海：商务印书馆，1936：31.
⑤　何士信. 标题注疏小学集成：卷三［M］. 东京：日本国立公文书馆藏本，万治元年刊本：9.
⑥　江先忠，王维建. 朱子《小学》详解［M］. 长沙：岳麓书社，2017：82-83.

世曲解了王蠋本意，导致此言演变成了对君主的绝对忠诚。

圣学以道事君，孔子是不可则止，孟子更是平视甚至俯视君主，朱子亦然，他说："事君则能格其非心，不至于以讦为直。格君心之非者，大人之事。孝悌固是顺德，然所造有浅深，未必皆能大人之所为也。犯颜而谏，主于爱君……前贤如董仲舒之流，非一人，皆能使其君愧畏而不敢为非，是亦格其非心也。"① 可见朱子在君臣之义这一方面继承了孔孟思想，他们都认为虽则身为人臣，但如人君悖道行事，人臣当秉持道心，不畏犯颜直谏，以格君心之非，而不是顺从甚至助长人君之恶，如此方是事君之道。

君臣之道，近世以来批之者甚多，认为其是专制糟粕，然考诸孔孟程朱，可知儒家君臣之道绝非愚忠，实乃主张君臣要各司其职、各尽本分，以实现天下清平大治。君臣之道所蕴含之深意，张舜徽先生论之甚详，兹录于此，以供参考：

> 因言五伦为吾国数千年立邦之本，至赜而不可乱。时移世异，论者徒以君臣之辨，不可复行于今日，于是并五伦而疑之，以为必尽弃此而后可以为国。其始由误解君臣二字，而其终乃至拔其国本，非细故也。窃尝试论之，夫君臣者，上下之谓也。方今政制虽异往昔，要不可无上下。官府无上下，则职事不分；学校无上下，则师道不尊；师旅无上下，则号令不行；国家无上下则乱，理势然矣。盖君者长上役人之义，而臣者卑下役于人之义，百业未有能免者，初不限于居帝位者然后谓之君，执事朝廷者然后谓之臣也。征之古初，凡有威能服人者，皆得谓之君，故子称父母曰君，妇称舅姑曰君，妾称其夫为男君、称夫之嫡妻为女君，子称父之嫡妻曰君母，妻称其夫曰君子。凡此，皆卑下者加诸所尊事者之名。主国政者之得称为君，犹斯义也。荀子曰："君者，善群也。"然则善理人群之事者谓之君。昔之帝王，亦犹今之元首也，名异而实则同。昔之为吏者固当忠于君，今之从政者亦当服从元首也。如是，则上下别而礼义明，国家以兴，庶民以宁。此君臣之义为五伦之一，历古今而不

---

① 朱杰人，严佐之，刘永翔 . 朱子全书：第 22 册［M］. 上海：上海古籍出版社，2010：1779.

可变也。①

第三节　夫妇有别：夫诚妇信

圣学教育心法尤重夫妇有别、夫诚妇信，这一传统可追溯至《周易》《诗经》之教。《周易》认为婚姻乃是"天地之大义"，没有婚姻则人类也就没办法繁衍生息，而这婚姻则须以"说以动"为前提。除此之外，男女双方虽则两情相悦，但亦必须以礼相待、和谐相处，决不可"见金夫"就抛弃对方。《诗经》夫妇之道则主要体现在《关雎》篇中，其中大义正如朱子《诗集传》引康衡之言："妃匹之际，生民之始，万福之原。婚姻之礼正，然后品物遂而天命全。孔子论《诗》以《关雎》为始。言太上者民之父母，后夫人之行，不侔乎天地，则无以奉神灵之统，而理万物之宜。自上世以来，三代兴废，未有不由此者也。"②

朱子《小学·明伦篇》第三节主要内容为明夫妇之别，其主要精神乃承继《周易》《诗经》夫妇之道，本节正如京兆李氏曰："夫妇人伦之始，情欲之原，苟不接之以礼、别之以义，则其违禽兽不远矣。故首五章明婚姻之礼，虽为夫妇，平居不可无别；次二章明男女之别之礼，夫妇万世之始，不可不择；次一章明去取之义；男女有别，不惟夫妇之际，虽与人交，亦所当谨，故以曲礼之言终之。"③

本节首章引用《礼记·曲礼》之言，其言曰："男女非有行媒，不相知名。非受币，不交不亲。故日月以告君，齐戒以告鬼神，为酒食以召乡党僚友，以厚其别也。娶妻不娶同姓，故买妾，不知其姓则卜之。"④ 此言意在强调婚娶之事除必须依礼而行之外，还当重视内心的诚敬：男女双方如无行媒，

---

① 张舜徽. 壮议轩日记［M］. 北京：国家图书馆出版社，2010：404-405.

② 朱杰人，严佐之，刘永翔. 朱子全书：第1册［M］. 上海：上海古籍出版社，2010：403-404.

③ 何士信. 标题注疏小学集成：卷三［M］. 东京：日本国立公文书馆藏本，万治元年刊本：20.

④ 张伯行. 小学集解［M］. 上海：商务印书馆，1936：32.

就不能互通名字；女方若没接纳聘礼，双方则不可亲近；举办婚事之前，男女双方必须首先斋戒，其次祭告祖先；纳妾如不知其姓，必须卜问以明吉凶。马氏有云，"礼者，以为民坊也。非行媒不相知名，所以远嫌也；非受币不交不亲，所以致敬也。远嫌致敬，则安有桑中之约、溱洧之乱乎"①，我们现代人自然无须拘泥于古人之礼，但是这礼中蕴含的诚敬之心则千古不可易。

第二章则引用《仪礼·士昏礼》之文直接点明持敬之心对夫妇之道的重要性。② 此章为双方家长叮咛新婚夫妇之言，新郎之父行醮礼（用酒祭祀鬼神）之时告诫新郎不但自己要立身以敬，还需勉励新娘以敬；新娘父母则告诫新娘要戒慎恭敬，从事家务要勤勉努力。张伯行先生注曰，"盖为夫之道，在敬身以帅其妇；为妇之道，在敬身以承其夫。人能常持敬字，则夫妇之道尽矣"③。通过正文和注解可以看到，新郎、新娘双方父母叮咛子女之言，皆是以"敬"为主，期望新婚夫妇一方面自己要敬，另一方面要待对方以敬。真西山有言，"'夫'之道，在'敬'身以帅其'妇'；'妇'之道，在'敬'身以承其'夫'。故父之醮子曰'勉帅以敬'，亲之送女曰'戒之敬之'，夫妇之道尽于此矣"④，可见夫妇之道，关键就在于这个"敬"字。

朱子认为，没有"夫妇之别"就不会有"父子之亲"，也就不会有礼义；没有礼义，那么人就和禽兽无所分别了。朱子门生林易简曾写信向朱子请教男女之别与父子之亲二者之间的关系，朱子举汉武帝溺于声色终致父子相残之故事，以此说明如果没有夫妇之别就很可能会酿成父子相残的人伦惨剧。⑤朱子在本节第三章继续引用《礼记》之文以申述此一关节，此章出自《礼

---

① 王仲复. 小学句读记：卷二［M］. 同治戊辰刊本：37.
② 张伯行. 小学集解［M］. 上海：商务印书馆，1936：32.《士昏礼》曰：父醮子，命之曰："往迎尔相，承我宗事，勖帅以敬，先妣之嗣，若则有常。"子曰："诺。唯恐弗堪，不敢忘命。"父送女，命之曰："戒之敬之，夙夜无违命。"母施衿结帨，曰："勉之敬之，夙夜无违宫事。"庶母及门内施鞶，申之以父母之命，命之曰："敬恭听，宗尔父母之言。夙夜无愆，视诸衿鞶。"
③ 张伯行. 小学集解［M］. 上海：商务印书馆，1936：32.
④ 徐国明. "三纲九目"：朱子《小学》研究［M］. 成都：巴蜀书社，2020：223.
⑤ 朱杰人，严佐之，刘永翔主编. 朱子全书：第 23 册［M］. 上海：上海古籍出版社，2010：3114.

记·郊特牲》，主要论述"昏礼"即男女之别的重要性。① 文章开头就点出"昏礼"是千秋万世的开端，没有"昏礼"及夫妻之事，就不会有人类的繁衍生息，也就更不会有父子之亲。朱子认为男方的聘礼一定要有诚意，对于己方的情况一定要真实、真诚相告，不得有所隐瞒，女方也一样要真实、真诚，只有建立在诚敬基础上的夫妇之别方可为人伦之始。正如张伯行先生所言：

> 有夫妇而后又父子，子子孙孙，生生不息，故为万世之始、礼之至重者也。附，讬厚重也。合二姓之好，所以讬于远嫌之义，重其有别之礼也。故纳币以将意，必真实而不虚伪；具辞以道情，必庄敬而不轻渎。是欲告诚为妇者，以正直诚信也。盖妇人事夫，以不自失为信，故一与之齐，终身不改。夫死不再嫁，一以诚信也。亲迎之礼，男先乎女，乃刚先乎柔之义，如天造始而地代终，君主倡而臣主和，其义一也。亲迎，先奠雁为贽以相见，所以致敬，而明男女之有别也。有别，则家道以正，而后慈孝之义生。推之君臣长幼朋友，莫不有义，亦莫不有礼。礼制既立，则贵贱有等，亲疏有序，三纲正，五典明，万物所以安也。若但知友牝牡之合，而不知有内外之别；但知有生育之爱，而不知有上下之义；是禽兽之道也。又何以为人哉？②

本节第四章、第五章引用《礼记·曾子问》及《礼记·郊特牲》之言以阐明古代婚礼之所以三日不举乐以及不庆贺的原因，盖娶妻生子将取父母而代之祭祀先祖，思之不免神伤，故不忍举乐及庆贺。正如饶氏所云："娶妇有代父母之渐，故不忍举乐也。如舅姑飨妇毕，则先降自西阶，妇降自阼阶，

---

① 张伯行. 小学集解 [M]. 上海：商务印书馆，1936：32.《礼记》曰：夫昏礼，万世之始也。取于异姓，所以附远厚别也。币必诚，辞无不腆，告之以直信。信，事人也。信，妇德也。一与之齐，终身不改，故夫死不嫁。男子，亲迎，男先于女，刚柔之义也。天先乎地，君先乎臣，其义一也。执挚以相见，敬章别也；男女有别，然后父子亲；父子亲，然后义生；义生，然后礼作；礼作，然后万物安。无别无义，禽兽之道也。

② 张伯行. 小学集解 [M]. 上海：商务印书馆，1936：33.

此等处皆令人凄怆悲伤。"①

本节第六章辑录自《礼记·内则》，主要说明在日常生活中也要做到夫妇有别。本章认为，礼制肇端夫妇之别，从建造宫室就开始区别内外了，男外女内，内外宫门有专人把守；男女不共用衣架、浴室以示夫妇有别；另外，如丈夫不在家，妻子则要把丈夫的枕席等收而藏之，以示尊重。第七章亦辑录自《礼记·内则》，其主要内容依然是强调生活之中夫妇有别，本章分为三小节，分别说明男女授器有别、衣服器用有别、行路有别。② 通观此两章，我们可以看到古代夫妇在日常生活中是有非常严格的礼仪规矩的，他们认为男子不当干涉内政，女子不当干涉外政，内外异事、男女异职，夫妇双方需互相尊重、以礼相待，这样家庭关系才会保持正常的秩序而不至于陷入混乱，正如周昌乐先生所言：

> 人生境界站得高，更会警惕强加于他人的意志，诗意的生活容不得半点掌控欲。在日常生活中经常会看到夫妻一方掌控对方的家庭，在那样的生活中根本就毫无自由、诗意和真爱可言。所谓掌控欲，不过就是一堆欲望而已，而欲望是一切美好生活的祸水。将自己的意志（说到底就是欲念）强加于对方，不管对方是何人，不管出于什么样的动机和"善意"，就是在毁灭对方，同时也在毁灭自己，在毁灭诗意的生活。③

本节第八章乃辑录自《大戴礼记·本命》，引用孔子之言阐明何为妇道妇德，并进一步说明何为"三从""五不娶""七去""三不去"。现代社会对"三从"有误读，认为"三从"就是女性无条件地服从男性，导致现代社会很多人对此非常反感。但其实并非如此，古代礼教虽强调"适人从夫"，不能说完全没有男尊女卑的意味，但是这是建立在"三大"前提之上的。首先，古代礼教强调丈夫要尊重妻子的地位，比如，《孔子家语·大婚解第四》就说"昔三代明王，必敬妻子也，盖有道焉。妻也者，亲之主页；子也者，亲之后

① 何士信. 标题注疏小学集成：卷三 [M]. 东京：日本国立公文书馆藏本，万治元年刊本：15.
② 江先忠，王维建. 朱子《小学》详解 [M]. 长沙：岳麓书社，2017：91.
③ 周昌乐. 明道显性：沟通文理讲记 [M]. 厦门：厦门大学出版社，2016：218.

也。敢不敬与";其次,古代礼教认为妻子与丈夫处于对等地位,《白虎通·嫁娶篇》就说"妻者,齐也。与夫齐体";最后,古代礼教认为夫义妇顺,如果丈夫所行为道义,则妻子应当追随顺从,如果丈夫所行违背道义,则妻子不但不应遵从还应劝谏,可见妻子对于丈夫绝非无条件的服从,如果丈夫有过则必须接受妻子的劝谏,比如,《白虎通·谏诤篇》就说"妻得谏夫者,夫妇荣辱共之"①。

本节第九章乃辑录自《礼记·曲礼》,意在说明不可与才德不著的寡妇之子来往密切。本章也容易引起误解,但其中大有深意。一方面,不与寡妇之子过度亲密,可以规避好色之嫌;另一方面,正如刘氏所云,"非徒避嫌,亦以砺孤子之德、慧、术、智,先王制礼岂徒然哉"②,此礼也可激励寡妇之子,使之自我发奋,提升自我的德行和才干。

张伯行先生总结此节云:"凡九章。首五章明婚姻之礼;次二章明男女之别;次一章明去取之义;末一章明远嫌之道。夫妇人伦之始,情欲之原,苟不接之以礼、别之以义,则无以正家而敦本。故圣人制为婚姻之礼,而严男女之别,使为夫者以敬持身而帅其妻,为妇者以敬持身而顺其夫,敬则生和,和泽家道昌。古人于室家之际,致美肃雍,有以也夫。"③ 可见,朱子认为夫妇有别、夫诚妇敬,方可达到夫妇和谐的理想境界。他认为夫妇和谐才是家庭兴旺之基础,他说"阴阳和而后泽雨降,如夫妇和而后家成"④,夫妇和谐需要夫诚妇敬,双方相敬如宾,为夫的要和,为妇的要柔,两人要心灵相通,达到中和之状态,如此才能家庭兴旺、琴瑟和谐。

第四节　长幼有序:长友幼悌

本节主要论述长幼之序,其要义为长友幼悌,真氏曰,"舜命司徒以敷五

---

① 江先忠,王维建.朱子《小学》详解 [M].长沙:岳麓书社,2017:93.
② 何士信.标题注疏小学集成:卷三 [M].东京:日本国立公文书馆藏本,万治元年刊本:20.
③ 张伯行.小学集解 [M].上海:商务印书馆,1936:36.
④ 朱杰人,严佐之,刘永翔.朱子全书:第1册 [M].上海:上海古籍出版社,2010:431.

教，其四不曰兄弟而曰长幼，盖宗族乡党皆有长焉，非但同气而已"①，张伯行先生注解此节非常到位，凡二十章，首二章，明敬兄之礼；次十八章明进退、应对、洒扫、侍坐、侍饮、侍食、燕见、侍射、侍行之礼。兄弟一伦，有长幼之分。不曰兄弟，而曰长幼，所包者广也。凡年高者为长，有德有位者，皆谓之长。所谓"三达尊"是也。自十年就傅，即有师长，尤当恭敬，以至父之执友、宗族、乡党中。有与祖父同行列者，皆当以老老长长之礼事之也。此二十条礼文虽殊，要皆不出"敬"之一字。②

　　本节首二章主要说明敬重兄长之礼。开篇首章即引用孟子之言以论证长幼之序乃天赋之伦理道德，而此"敬"乃源自人之本心。孟子说："孩提之童，无不知爱其亲也；及其长也，无不知敬其兄也。"③ 孟子言此，在于阐明良知良能是无须学习就能明了和践行的。小孩子爱自己的至亲，这便是仁；敬自己的兄长，这便是义。朱子阐述此段曰："良者，本然之善也……爱亲敬长，所谓良知良能者也。言亲亲敬长，虽一人之私，然达之天下无不同者，所以为仁义也。"④ 这里要说明的是人的爱亲敬长之心不是"外铄"，而是发自人的天性之本然，孟子认为这种天性之本然，便是"良知良能"。这爱亲之心，可谓仁之端；这敬长之心，可谓礼之端。张伯行先生注解此段曰："故圣人制为事长之礼，即此稍长一点敬兄之心。顺而导之，扩而充之，非有勉强，而增益其所本无也。"⑤

　　本节第二章乃引用《孟子》之文以说明行止和悌长之间的关系，孟子说"徐行后长者，谓之弟；疾行先长者，谓之不弟"⑥，可见孟子认为，悌与不悌体现在行止之上，慢慢走在长者之后的行为符合悌，快步超过长者的行为则不符合悌。真氏注解此章曰："夫长幼之序，天实为之。徐行后长者循乎理

① 何士信．标题注疏小学集成：卷三［M］．东京：日本国立公文书馆藏本，万治元年刊本：32.
② 张伯行．小学集解［M］．上海：商务印书馆，1936：41.
③ 张伯行．小学集解［M］．上海：商务印书馆，1936：36.
④ 朱熹．四书章句集注［M］．北京：中华书局，1983：360.
⑤ 张伯行．小学集解［M］．上海：商务印书馆，1936：36.
⑥ 张伯行．小学集解［M］．上海：商务印书馆，1936：37.

之当然，故谓之弟；疾行先长者则悖乎理，而非弟矣。"① 在《四书章句集注》中，朱子注曰："尧舜之道大矣，而所以为之，乃在夫行止疾徐之间，非有甚高难行之事也，百姓盖日用而不知耳。……言道不难知，若归而求之事亲敬长之间，则性分之内，万理皆备，随处发见，无不可师，不必留此而受业也。"② 在此注中朱子引用杨氏之言进一步论述，认为尧舜之道虽然大，但是实则并非高远难行之事，而就在行止疾徐、百姓日用之间。可见朱子教育心法之要，在日用常行之内，而不在玄远虚无之处，万理皆在性分之中而不在他处，要求所谓"放心"，只在日常生活的一言一行之中。养心之法，难在此处，易也在此处："易"是因为它并不玄远，并非不可捉摸；"难"是因为它要求我们时刻保持警觉之心，日用常行之间，不要做有违仁道以及违背礼仪之事。

本节第三章至第十七章皆乃朱子辑录自《礼记·曲礼》，所言主要内容皆为晚辈与尊长相处时所应遵守的基本礼仪规范。比如，本节第三章所言即晚辈见到父执应当遵从的应对礼节，父执是父母之好友，因此作为晚辈自当将对父母之爱推而及之，对父母好友亦当敬重有加，正所谓"恭敬逊让之心，见父同志如事父也"③。正如毛氏所言，"人之为善，必自夫不敢。始自夫有所敢，而后无忌惮，则无所不至矣。不敢则有敬畏之心。敬畏之心存，则何往而非善。见父之执，而进退答问之间皆有不敢之心，非孝子能若是乎"④，面对长辈心存敬畏，也是抑恶扬善的心法要义。

第四章则主要论及长少之序，年长二十岁要以侍奉父辈礼节待之，年长十岁要以侍奉兄长礼节待之，年长五岁则可比肩而稍后之。朱子门生曾向朱子请教此章，其文如下：

> 问："'年长以倍，则父事之'，这也是同类则可？"曰："他也是说

① 何士信. 标题注疏小学集成：卷三 [M]. 东京：日本国立公文书馆藏本，万治元年刊本：21.
② 朱熹. 四书章句集注 [M]. 北京：中华书局，1983：345-346.
③ 张伯行. 小学集解 [M]. 上海：商务印书馆，1936：37.
④ 何士信. 标题注疏小学集成：卷三 [M]. 东京：日本国立公文书馆藏本，万治元年刊本：21.

得年辈当如此。"又问："如此，则不必问德之高下，但一例如此否？"
曰："德也隐微难见。德行底（低）人，人也自是尊敬他。"又问："如
此，则不必问年之高下，但有德者皆尊敬之？"曰："若是师他，则又不
同。若朋友中德行底（低），也自是较尊敬他。"①

可见，朱子认为凡是年长于"我"皆当以尊长待之，这是因为"德也隐
微难见"，所以在此处大体无须考虑德行而仅看年岁即可。然而德行于人而言
自然也是非常重要的，所有同辈中有德行之人也当"较尊敬他"。老子曾说，
"善者吾善之，不善者吾亦善之，德善"，尊重他人是为人处世应有之品质，
无论对方是乞丐还是皇帝，在人之为人上都是一样的，我们都理应尊重他；
无论对方是德高望重者还是品德败坏者，或许我们都应把他当善人来对待，
这是因为品德败坏之人也非天生如此，我们尊重他是因为他本也是人，也是
一个生灵，只是因为气质之性障蔽了他天命之性而不能彰显出他天赋之明德，
而只有尊重和善待才能唤醒此明德。

本节第五章至第八章主要阐明晚辈在日常生活中应当如何尊重长者。第
五章所言乃是晚辈向尊长请教时应遵循之礼，须携带几杖以示恭敬，长者问
则需辞让并虚心以对，不可急躁自傲。第六章所言乃侍从先生之礼，比如，
跟随先生时不要越路与他人说话，路遇先生则需快步上前正立拱手行礼。第
七章则告诫幼童，如果被长者携手行走，幼童则需捧着长者之手；如果长者
背着幼童侧头与之说话，幼童则需掩口答话，这是为了避免口气熏到长者。
第八章所讲乃是为长者打扫卫生所要依循的礼节，需两手捧着簸箕，把扫把
放在簸箕上面，然后用衣袖遮住簸箕，倒退出去，这是防止灰尘飞到长者身
上，并且扫地的时候簸箕口不能对着长者，要对着自己（见图3.3）。这些礼
节看上去似乎微不足道，但正是在这些细微之处，才体现出晚辈对长者的尊
重，张氏有言，"盖稍不敬事，便不忠信。故教小儿且先安详恭敬"②，也正
是在这些细微处，内心的"悌"和"敬"才得以涵养扩充。

---

① 黎靖德. 朱子语类［M］. 北京：中华书局，1986：2229.
② 何士信. 标题注疏小学集成：卷三［M］. 东京：日本国立公文书馆藏本，万治元年刊
　本：24.

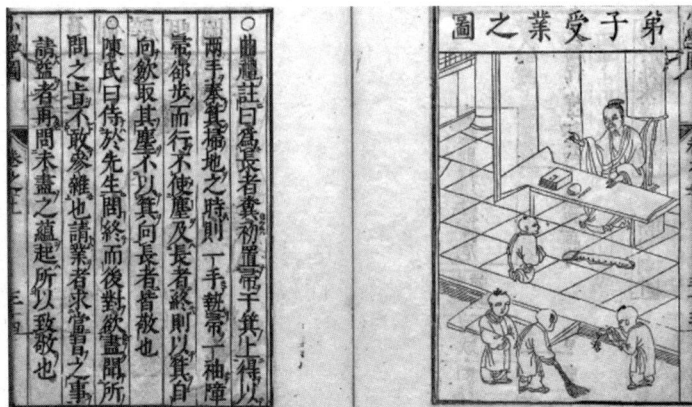

图 3.3　弟子受业之图

（资料来源：摘自日本国立公文书馆藏《小学书图骥括纂要》卷之上三十三）

本节第九章、第十章主要阐明弟子尊奉先生的基本礼节。中华文化尤为尊师重道，朱子在此所辑录的六章即尊师的具体表现。第九章强调拜见先生之时需遵行的坐、立、行、色、听等规矩，比如，"容毋怍""足毋蹶""坐必安"等，尤其强调要"正尔一身之容，静听长者之言"，而为学则切不可抄袭他人学说，也不要随意附和他人，而要效法圣王正道。① 第十章则主要阐明侍坐先生之礼，先生问话，要等话说完之后再答，请业和请益都要起身以示尊敬。吕氏有言，"有所请必起，敬业也。敬业所以敬师，敬师所以敬道也"②，持敬心法之要义便在这一言一行之中。

本节第十一章至第十三章主要阐明侍坐尊长的基本礼节。侍坐尊长之时，声容要和顺，不要呵斥，看到尊长打哈欠，要请退让尊长休息；侍坐尊长之时，如果尊长更换话题，则要起身相答以表敬重；侍坐尊长之时，如果有人来禀告事务，则要请退并等待尊长召唤。总而言之，侍坐尊长处处要符合礼制，以表对尊长的敬重之心。

本节第十四章主要阐明侍饮长者的基本礼节。长者进酒，晚辈需起身至

---

① 张伯行. 小学集解 [M]. 上海：商务印书馆，1936：38-39.

② 何士信. 标题注疏小学集成：卷三 [M]. 东京：日本国立公文书馆藏本，万治元年刊本：26.

长者处拜受，长者则回礼以示谦逊辞让，此后晚辈方可返席饮酒；长者举杯后未饮尽酒爵之酒，晚辈则不敢饮，以示不敢在长者之先。

本节第十五章主要阐明晚辈接受长者赏赐时应当遵循的基本礼节。长者赏赐晚辈或仆隶，不可推辞，陈氏有言，"上之赐也以恩，下之受也以义。义之所可，虽长者之赐不敢辞；义之所不可，虽君赐有所不受"①，可见，对于长者之赐，受与不受，当以所赐是否符合道义来决定。

本节第十六章主要阐明陪坐时应遵循的基本礼节，其言曰"御同于长者，虽贰不辞。偶坐不辞"②，意为陪同长者或者宾客参加宴会，即便酒食丰盛也不可推辞，这是因为酒食是为长者和主宾而设，此时自己是陪坐者，主人之酒食并非为自己而设，所以如果自己推辞便有越俎代庖之嫌，是违背礼制的。张伯行先生注曰，"礼贵辞让，亦有辞而非礼者，宜知之"③，辞让之心乃礼之端，然而不能一味辞让，要分清楚场合，该辞则辞，不该辞则不辞，才是通达权变之道。可见，圣学教育非常注重从礼的细节入手来教导儿童，何时该辞让、何时不该辞让都一一教导儿童，使儿童明了礼背后的重要含义之一便是对他人的尊敬。在此章所设置的情境中，如果不该自己辞让而去辞让便是对长者和主宾的不尊敬，也是对设宴主人的不尊敬。

本节第十七章主要阐明回答尊长问话时应遵循的基本礼节。尊长提问，应当先看是否有更适合的人来回答，而不能"不顾而答"，礼贵谦让，回答尊长提问时需"从容详审、有察言观色之意，言不轻发，必当其可"④，不可像子路那般轻率抢答，以致贻笑大方。

本节第十八章乃朱子辑录自《礼记·少仪》，此章涵盖了日常生活中敬重尊长的诸多礼节，比如，不可追问尊长年龄；私下拜访尊长不可让傧者传话；路遇尊长不可问长者行止；侍坐尊长不可妄执琴瑟，不可涂画地面以及玩弄手指、扇扇子；尊长如果躺卧则需跪坐陪谈；陪同尊长射箭需一次取足四支

---

① 何士信．标题注疏小学集成：卷三［M］．东京：日本国立公文书馆藏本，万治元年刊本：29.
② 江先忠，王维建．朱子《小学》详解［M］．长沙：岳麓书社，2017：106.
③ 张伯行．小学集解［M］．上海：商务印书馆，1936：40.
④ 何士信．标题注疏小学集成：卷三［M］．东京：日本国立公文书馆藏本，万治元年刊本：30.

箭；陪同尊长投壶则需将四支箭抱着（见图 3.4）。另外，如果赢了尊长，则需洗净酒爵，而后酌酒恭请尊长饮酒，正如朱子所言："此皆是卑者与尊者为耦。而射及投壶若己胜，而司射命酌，则不敢使他，弟子酌酒以罚尊者，必自洗爵而请行觞；若耦胜，则亦不敢烦他，弟子酌而饮己，必自洗爵而请自饮也。"①

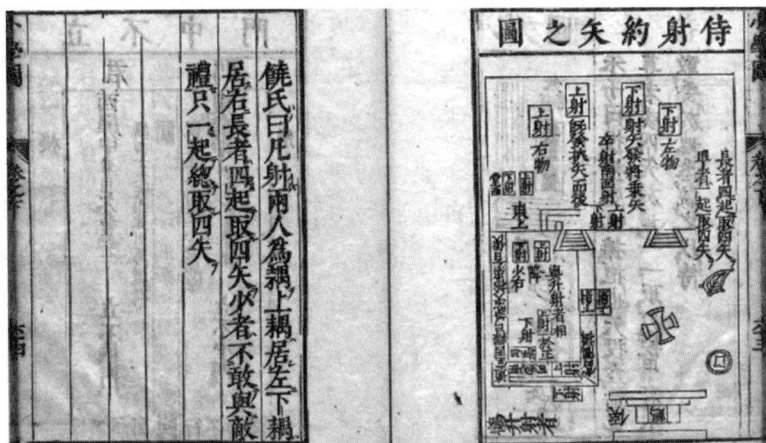

图 3.4　侍射约矢之图

（资料来源：摘自日本国立公文书馆藏《小学书图厤括纂要》卷之下第六十五页）

本节第十九章乃朱子辑录自《礼记·王制》，意在阐明"古者敬老、优老之制"②。本章认为，走路之时，与父母年龄相仿之人需随行，与兄长年龄相仿之人需雁行，与朋友则并排行走而不逾；轻的东西自己背就好，重的东西分着背，年长之人不应让他负重走路；君子中的老人要坐车不徒行，平民中的老人要吃肉不可吃白饭。本章充分展现了圣学教育的尊老传统，正如刘氏所言：

帝王之为治也，不出人伦。故其天下外薄四海。行路之人，皆服教化。父之齿随行，父子之教著于道路矣；兄之齿雁行，兄弟之教著于道

---

① 何士信. 标题注疏小学集成：卷三［M］. 东京：日本国立公文书馆藏本，万治元年刊本：31.

② 王仲复. 小学句读记：卷二［M］. 同治戊辰刊本：52.

路矣；朋友不相逾，礼义之教著于道路矣。轻任并，重任分，任恤之行
著于道路矣；颁白不提挈，孝友之行著于道路矣。故君子耆老不徒行，
庶人耆老不徒食，君子小人之为子弟者，莫不尊德而养老也。①

　　本节末章乃朱子辑录自《论语·乡党篇》，意在叙孔子居乡敬长之事以为
蒙童之典范。张伯行先生有言："此孔子居乡之事。乡党尚齿，故饮酒而出，
视杖者以为节。未出不敢先，既出不敢后。观圣人与乡人饮，而其守礼如此，
则凡居乡者皆当以为法也。"② 朱子辑录此章意在为蒙童树立榜样，敦促蒙童
以圣为师，尊老、敬老、爱老。

　　纵观本节可知，长幼之序当自敬重兄长开始，并以此敬兄之心推而广之，
以至敬重尊长、敬重先生，乃至敬重乡人，最后则以圣人敬长之礼收结。由
此可见，圣学教育十分重视长幼有序，主张从小培养好蒙童尊敬长辈的良好
习惯，使之从小便知进退、懂谦让，如此便可消除蒙童傲娇之习气，这样孝
悌之心也就油然而生了。此节之大义，可用《小学句读记》所言总结：

　　　　凡二十章，首章推敬兄出于天性，大本明矣；以后叙事长之礼，虽
　　杂引多端，然皆所以广从兄之敬也。《大学》传云"弟者，所以事长"，
　　《礼记》云"敬长为其近于兄"，其斯之谓与。黄氏云："五典者，天叙
　　之常，圣人道之大端也。析而言之，则君臣、夫妇、朋友人之属，而天
　　属之亲惟父子兄弟为然，其四肢百体皆一气之所生，其入孝出悌为万善
　　之根本，则兄弟之义可不谓重乎？"③

第五节　朋友之交：责善辅仁

　　朋友之交，为五伦中最后一伦，如果说父子等四伦都与自己有血缘关系

①　王仲复.小学句读记：卷二［M］.同治戊辰刊本：52.
②　张伯行.小学集解［M］.上海：商务印书馆，1936：41.
③　工仲复.小学句读记：卷二［M］.同治戊辰刊本：52.

或者与自己切身利益相关的话，那么朋友一伦则无关乎血缘和利益，所以更能体现儒门的"推爱"功夫。

此节首章即引用曾子之言以明君子之交在于切磋学问和砥砺仁德，其言曰，"君子以文会友，以友辅仁"①。此章乃朱子辑录自《论语·颜渊篇》，朱子诠释曾子此言说，"讲学以会友，则道益明。取善以辅仁，则德日进"②，也就是说，君子当以切磋学问来会友，这样道就更加彰明，以砥砺仁德来取善，这样德行就会日益增进。《小学集成》在朱子注解的基础上引用张氏之言并加以更为详尽的疏解："朋友讲习与夫摄以威仪，莫非文也；为仁由己而亦资朋友辅成之。辅之者左右翼助之意，盖非惟切磋之益。其从容浃洽、相观而善，所辅为多矣。"③ 讲学会友，互相切磋琢磨，格物穷理以致道益明，这是道问学的功夫；取善辅仁，互相规劝观摩，克己复礼以致德日进，这是尊德行的功夫。

此节第二章引用孔子之言进一步论述了朋友之交，孔子曰，"朋友切切偲偲，兄弟怡怡"④。此章朱子辑录自《论语·子路篇》，乃孔子教导子路之言，意为朋友相处应当恳切勉励、互相敦促，兄弟相处则需喜悦和气。这里既谈到朋友之交，又谈到兄弟之情，朱子引用此段，重心当在前半句。朋友相交，应当恳切真诚，互相劝勉，如朋友有过，自当委婉告之，但亦不过分强求，而当以真诚感化之，这才是切切偲偲之要。朱子学生曾向朱子请益这一段，朱子告诉他："圣人见子路有粗暴底气象，故告之以'切切偲偲'……圣人之言是恁地密。"⑤ 从朱子此言观之，可见圣学教育心法既高明又细致，针对子路脾性因材施教、对症下药，可谓丝毫不爽。

此节第三章引用孟子之言，进一步申述朋友责善之道，其言曰，"责善，朋友之道也"⑥。此章孟子之言乃朱子辑录自《孟子·离娄下篇》，直接点明朋友之间当有责善之义，张伯行先生注解此章曰：

---

① 张伯行. 小学集解 [M]. 上海：商务印书馆，1936：41.
② 朱熹. 四书章句集注 [M]. 北京：中华书局，1983：141.
③ 何士信. 标题注疏小学集成 [M]. 东京：日本国立公文书馆藏本，万治元年刊本：卷三.
④ 张伯行. 小学集解 [M]. 上海：商务印书馆，1936：42.
⑤ 黎靖德. 朱子语类 [M]. 北京：中华书局，1986：1112.
⑥ 张伯行. 小学集解 [M]. 上海：商务印书馆，1936：42.

朋友当相责以善。所谓善者，非一端也。就五伦言之：则为子而责之以孝；为臣而责之以忠；或夫妇有反目之嫌，则责之以义顺之正理；或兄弟有阋墙之变，则责之以友让之天伦。以致一事一物之差、一言一动之谬，皆赖朋友相责，而后知其过而改之，则朋友之益大矣。故为友者，必以责善为心，不可引嫌而不直；为之友者，必纳其责善之语，不可拒谏而饰非；乃相成之道也。不然，而或面谀背毁，或阳受阴违，何以为朋友哉？①

可见，在圣门教育心法中，教导弟子朋友相交一定要直率真诚、相责以善，不可善柔便佞，更不可引嫌不直、拒谏饰非。然而责善之道亦不是那么简单直接，而是有很多讲究的，要把握适度原则，责善不可太过，太过则人不听；亦不可不讲，不讲则成人之恶。

因此，在此节第四章朱子便辑录《论语·颜渊篇》中子贡向孔子问友的一段对话以说明朋友之间当如何责之以善，其文曰："子贡问友，孔子曰：'忠告而善道之，不可则止，毋自辱焉。'"② 在此段对话中，孔子教导子贡，对于朋友要尽忠以告并好言劝导他向善，如果不行的话也不必强求，那是自取其辱。朱子注解此章说，"友所以辅仁，故尽其心以告之，善其说以道之。然以义合者，故不可则止。若以数而见疏，则自辱矣"③，可见朋友之间应当以辅仁为道，所以要好言劝善，然朋友之间是以道义相交，所以也不必强求，以免自辱。张伯行先生的注解则更为详尽，可补朱注之缺，其文曰："上章既言责善之义，而又引此以明之。盖徒知责善，而或不能尽其心；或尽其心，而不能善其说；或尽其心、善其说，而不见纳；不能全交，以至于取辱；皆非责善之道也……圣人一言之间，而反复曲尽如此，为友者宜深味于斯焉。"④ 由张先生此注可知，责善之道并不容易，一方面要"忠告"，也就是要尽心诚意，不得掺杂丝毫私欲及傲慢；另一方面要"善道"，也就是自己先

---

① 张伯行. 小学集解［M］. 上海：商务印书馆，1936：42.
② 张伯行. 小学集解［M］. 上海：商务印书馆，1936：42.
③ 朱熹. 四书章句集注［M］. 北京：中华书局，1983：141.
④ 张伯行. 小学集解［M］. 上海：商务印书馆，1936：42.

对这道理清清楚楚、明明白白，并且可以用合适的语言恰如其分地揭示出来；另外，还需做到"不可则止"，这"不可则止"不是说朋友不听从就不再责朋友以善了，而是徐徐图之，等待合适时机再敦责朋友以善，要把握好其中的分寸，着实不是一件容易的事。

朋友之交还需注意的是择友，孔子曾言"毋友不如己者"，也就是说交友务必慎重，要选择良善之士相交，切不可妄交。为说明这一点，本节第五章便引用孔子之言探讨择友之道。此章乃朱子辑录自《论语·卫灵公篇》，子贡问孔子应当如何行仁，孔子说："居是邦也，事其大夫之贤者，友其士之仁者。"① 也就是说，居住在一个邦国，想要行仁的话，首先便要与此邦国之贤良大夫及仁义之士相交，而不可滥交朋友。朱子注解此章云，"贤以事言，仁以德言。夫子尝谓子贡悦不若己者，故以是告之……程子曰：'子贡问为仁，非问仁也，故孔子告之以为仁之资而已'"②。张伯行先生注解此句则更为详尽，他说：

> 此言取友之道，所以成为仁之功也……盖大夫之贤者必与世俗不相合，或刚方端直，或恬淡寡欲，皆可为世仪型，而事之始有所严惮；士之仁者，必不逐声华、不慕荣利，近里著己以为学，敬以致知、敬以力行，唯恐己私之未克，而友之始有所切磋。凡居是邦，而所事所友者如是，则无处非严惮切磋之益。德有不日进者哉，若使以势力为逢迎，以声气为驰逐，则所事所友，适以佐其不仁之资而已，亦可慨矣。③

朱子门生曾向朱子请益孔子此段教诲，朱子教导他，事贤友仁可以砥砺自己的品性，使自己归于仁德，这不但是择友之道，更是辅仁之道、入德之方。除此之外，朱子还告诫门生，交友应当互相切磋琢磨、互相勉励规劝，

① 张伯行. 小学集解 [M]. 上海：商务印书馆，1936：42.
② 朱熹. 四书章句集注 [M]. 北京：中华书局，1983：411.
③ 张伯行. 小学集解 [M]. 上海：商务印书馆，1936：42.

以达仁道。① 可见，君子之交，应当以仁义为归旨，要成人之美，而非成人之恶。

如果说第五章主要探讨如何择友，那么此节第六章则引用孔子之言说明择友的具体标准以及何为益友、何为损友，其言曰，"益者三友，损者三友。友直、友谅、友多闻，益矣；友便辟、友善柔、友便佞，损矣"②。张伯行先生《小学集解》一方面引用了朱子之言从正面论证，另一方面还从反面论证了择友的重要性，其注曰，"此言择交之道，贵辨其损益也……但益友常少，损友常多；益友常难亲，损友常相合。使非学者立志欲为君子，慎于择交，其能得直谅多闻之士而亲之，而不为便辟善柔便佞者所诱乎"③。张伯行先生在注解中点出了朱子教育心法非常重要的一点，即"立志为君子"，唯有"立志为君子"，方能有坚定不移之心志，而不会为"便辟、善柔"者所诱惑，如不立志，为"便辟、善柔"者所诱惑而浑噩度日甚至误入歧途就很难避免了。世间益友少、损友多，或是常态。盖损友常投合我们的欲望，而益友则常责我以善，以致我们不得不抑制自己的欲望。故孔子及朱子再三提醒，交友务必慎重，并且把他们宝贵的人生经验传授给我们，把他们择友的具体标准明示给我们，以供后人参考。朱子在《四书章句集注》一书中引用尹和靖之言注解此章，其言曰，"自天子至于庶人，未有不须友以成者，而其损益有如是者，可不谨哉"④，此言意在提醒我们朋友之重要性，无论是位高权重如天子，或只是出身寒微的平民，如想成德成功，没有朋友是很难做到的。也正因为如此，择友才如此重要。

此节第七章引用孟子之言以明交友之道，择友之后便是交友，交友之事不可强求。正如孟子所言，交友不要挟长，也不要挟贵，既是交友，便要真诚相待，此真诚便要求双方忘却一切功名、势利、门阀、世禄、尊卑、年龄，

---

① 黎靖德. 朱子语类［M］. 北京：中华书局，1986：1153－1154. 问"子贡问为仁"章。曰："大夫必要事其贤者，士必友其仁者，便是要琢磨勉厉（励）以至于仁。如欲克己而未能克己，欲复礼而未能复礼，须要更相劝勉，乃为有益。"问："子贡问为仁，何以答以'事其大夫之贤者，友其士之仁者'?"曰："也是个入德之方。"又问："事与友孰重?"曰："友为亲切。贤，只是统言；友，径指仁上说。"铢。
② 张伯行. 小学集解［M］. 上海：商务印书馆，1936：43.
③ 张伯行. 小学集解［M］. 上海：商务印书馆，1936：43.
④ 朱熹. 四书章句集注［M］. 北京：中华书局，1983：173.

而纯以仁德、道义、真情相交。然世俗之人多以地位、利益相交，朱子有感于世道人心，所以辑录孟子此章，以补世道之缺。①

朱子诠解孟子此言可谓掷地有声、格外精彩，其言曰，"此言朋友人伦之一，所以辅仁，故以天子友匹夫而不为诎，以匹夫友天子而不为僭。此尧舜所以为人伦之至，而孟子言必称之也"②，朋友之交不在地位高低，而在是否能相互砥砺品性，成就仁德。张伯行先生《小学集解》则从谦虚和真诚的角度注解此段，也甚为精彩，其言曰：

> 此言友道不可以有挟也。《书》曰：谦受益，有所挟则满矣，岂能受益乎？虽有直谅多闻之友，而吾求益之……长且不挟，况一切功名势利，岂足与有德之人夸耀短长，贵何可挟乎？身之贵且不可挟，况门阀之高、世禄之侈，何足凭藉（借），以沾沾与有德者之前？则挟兄弟者又岂不可鄙乎？惟知友之在德，则逊志以承之，谦虚以礼之，不惟年可忘，而贵亦可忘，而兄弟之贵愈可忘也。大抵人之挟在贵者尤多，故孟子下文专以不挟贵明之。③

朋友之道，贵在德行，贵在真诚相交，而不在门阀、世禄，如果挟势力交友，终不会获得真正的友谊。其中关键正如周昌乐先生所言，"获得仁爱之心的关键，首先是要放弃自我执着之心，通过重新认识自我，放弃小我，成就大我。只有如此，爱才会出现。放弃自我执着，就是要放弃所有的愤怒、忧虑、贪婪、恐惧、执着，放弃所有的知见与念想，摆脱掉你的欲望，让所有拥有的东西，如财富、亲友、事业不再占据你的心灵，让自己成为一无牵挂的赤子。此时你就会展现自性之光，意识的自明性功能得到展现"④，在交友之时，切忌自我执着，尤其不可挟势力富贵，而要保持赤子之心，这样交友才会纯粹，这样的友情才会展现人性、自性之光。

此节第八章亦是教导弟子交友之道，其文主旨在于阐明君子如何才能保

---

① 张伯行. 小学集解 [M]. 上海：商务印书馆，1936：43.
② 朱熹. 四书章句集注 [M]. 北京：中华书局，1983：323.
③ 张伯行. 小学集解 [M]. 上海：商务印书馆，1936：43.
④ 周昌乐. 明道显性：沟通文理讲记 [M]. 厦门：厦门大学出版社，2016：212.

全友谊，其言曰："君子不尽人之欢，不竭人之忠。以全交也。"① 此章乃朱子辑录自《礼记·曲礼上》，意为君子对待自己要严格，对待他人要宽容，不要强求他人全力喜欢自己，也不要强求他人竭尽心力帮助自己，这样才能长久地保持交情。张伯行先生注曰，"欢以意言，谓好于我也；忠以事言，谓尽心于我也。君子之责己也，重以周；其责人也，轻以恕。故人之好于我者，望之不过深；尽心于我者，不求其极至；则不至于难继，而交道全矣。否则，责人厚而莫之应，欲以全交得乎"②，可见交友还有一关键之处在于"严于律己，宽以待人"。这可谓圣学心法忠恕之道在交友上的实践，如交友不能推己及人、将心比心，友情是不会长久的。

此节以上八章主要讲择友、交友之道，清代高愈先生《小学集注》论之甚精："按自此以下八章，凡言朋友，总以辅仁为主其始必以文会之，由是切偲责善，皆辅仁之实业。又将善其词说，无昧于不可则止之义。而又当随所居而则仁士。直谅多闻，辅仁之善者也。便辟善柔，便佞贼仁之大者也。贼仁者则速远之，辅仁者则急求之，而又当不挟以资其德；无竭忠尽好以全其交；则朋友之道尽矣。"③

此节一共十一章，末尾三章皆辑录自《礼记·曲礼》，主要讲的是朋友相交的一些具体礼仪，此处就不再详论之，要之，其要义在于一"敬"字。张伯行先生如此总结此节：

> 凡十一章。首一章，明辅仁之职；次三章，明责善之义；次三章，明取友之义；次四章，明辞受宾主之仪。夫朋友列于人伦，所关甚重，非寻常泛交可以当也。故首述讲学辅仁之说，而知为友在乎责善，切偲忠告，皆所以尽责善之诚也。既用力于仁，必求胜己以为助。故事贤友仁，取益防损，择友极其慎，而求友宜致其恭，不可以有挟，此皆交道之最切要者也。乃犹恐人之交友，有初鲜终，略于仪节，故又述古人全交之旨，与夫宾主相见之仪，以明交际之礼，贵于久而能敬，然后收辅

---

① 张伯行. 小学集解 [M]. 上海：商务印书馆，1936：43.《曲礼》曰：君子不尽人之欢，不竭人之忠，以全交也。

② 张伯行. 小学集解 [M]. 上海：商务印书馆，1936：43.

③ 言文对照小学集注 [M]. 沈元起，译. 北京：中国华侨出版社，2012：60.

仁之益，而全有信之伦也。五伦称朋友有信，而《中庸》言朋友之交，信以德言，交以礼言，而信之德即在其中矣。①

第六节 明人之伦：尽性复理

《小学·明伦篇》除以上父子等五小节之外，最后还有通论一节，其首章即引用孔子之言说明孝亲和忠君、事兄和敬长、理家和治民之间的关系，其言曰："君子之事亲孝。故忠可移于君。事兄弟。故顺可移于长。长谓卿士大夫。凡在己上者也。居家理。故治可移于官。是故行成于内而名立于后世矣。"② 此章乃朱子辑录自《孝经·广扬名章》，张伯行先生注解此段曰，"此《孝经·广扬名章》也。五伦之理，本自相通，而其原则始于孝弟；孝悌行于家，而忠顺治平之善，自见于外。事亲尽爱敬之心，则移之事君，即为忠；事兄尽逊让之道，则移之以事长，即为顺；居家有条理，使内外大小，皆得其宜，移此以居官，则事无不治；此所以行成名立也。故君子莫重乎务本"③，可见在儒家看来五伦乃人之所以为人之根本所在，君子修身养性重在日常生活中践行五伦之理。

朱子辑录此章乃通论五伦之理，强调父子等五伦关系并非各自独立而不相干的，虽然这五伦各自有各自的特点，但是它们是彼此相通、根本一致的。正如清代高愈先生在《小学集注》中所言，"此言孝弟齐家之道，可以推之于远也。上官曰长，君父一理，故孝亲，即可以忠君；兄长一理，故悌兄，即可以顺长；国家一理，故理家即可以治官；未有近不修而远可及也。孝悌而家理，则行成于内。忠顺而国治，故名立于后世也。旧说孝弟则家齐；忠顺则国治。行即孝弟；内即家也。理亦通。此章兼君、父、兄三伦，然言居家

---

① 张伯行. 小学集解 [M]. 上海：商务印书馆，1936：44-45.
② 张伯行. 小学集解 [M]. 上海：商务印书馆，1936：45. 孔子曰：君子之事亲孝，故忠可移于君；事兄弟，故顺可移于长；居家理，故治可移于官。是故行成于内，而名立于后世矣。
③ 张伯行. 小学集解 [M]. 上海：商务印书馆，1936：45. 孔子曰：君子之事亲孝，故忠可移于君；事兄弟，故顺可移于长；居家理，故治可移于官。是故行成于内，而名立于后世矣。

理则夫妇亦在其中矣"①，此理绝非玄虚之理，而是孟子所言的上天赋予我们的良知良能蕴含之理，以这良知良能事亲便是孝，以之事兄就是悌，以之事国就是忠，以之事夫、事妻就是敬，以之交友就是诚信。

此节第二章朱子辑录《孝经·谏诤章》之文，其言曰："天子有争臣七人，虽无道不失其天下。诸侯有争臣五人，虽无道不失其国。大夫有争臣三人，虽无道不失其家。士有争友，则身不离于令名。父有争子，则身不陷于不义。故当不义，则子不可以弗争于父。臣不可以弗争于君。"② 此章主要说明事君、事父不能一味顺从，如果君或父有过错，一定要直言规劝。要做到孝，父母有过错就必须谏诤，否则便会陷父母于不仁不义，是大不孝；要做到忠，君主有过错就必须谏诤，否则便是陷君主于不仁，是大不忠。正如此章所言，如果遇到不义之事，那么为子的就必须向父亲谏诤，为臣的就必须向君主谏诤。

此节第三章朱子乃辑录《礼记·檀弓上》之文，以明谏亲、谏君、谏师之法，其言曰："事亲有隐而无犯，左右就养无方，服勤至死，致丧三年。事君有犯而无隐，左右就养有方，服勤至死，方丧三年。事师无犯无隐，左右就养无方，服勤至死，心丧三年。"③ 父母如有过错，要委婉规劝，不能犯颜直谏，这是因为此乃至亲，若犯颜直谏恐会影响亲情，正所谓"事亲有隐而无犯"；君主如有过错，要犯颜直谏，无须委婉规劝，这是因为此乃义所在，君主有过错会影响到国计民生，必须敢于犯谏，以警策君心，正所谓"事君有犯而无隐"；老师如有过错，无须犯颜直谏，也无须委婉规劝，可以直接向老师提问，这是因为师生之间乃传道、授业、解惑的关系，正所谓"事师无犯而无隐"。

此节第四章朱子辑录自《国语·晋语》，这一章引用栾共子之言说明孝亲、敬师、忠君之道：父母生养你，所以当孝；老师教导你，所以当敬；君王供养你，所以当忠。④ 张伯行先生注曰：

---

①　朱熹.言文对照小学集注［M］.沈元起，译.北京：中国华侨出版社.2012：64.
②　张伯行.小学集解［M］.上海：商务印书馆，1936：45.
③　张伯行.小学集解［M］.上海：商务印书馆，1936：46.
④　张伯行.小学集解［M］.上海：商务印书馆，1936：46.

见晋国语。栾共子，晋大夫，名成，言人之所赖生者有三，其恭敬承顺之礼不可有二也。父母生我之身，师教我以善道，人君分土授田使我得饮食，非是三者，则身无从生、无从长、无从知善道也。三者生我之功，同一族类也，故一事之。所在致死，随其所在而委身以报之。在君为君，在父为父，在师为师。所谓报生以死也。若报人之赐，则但以力而已，岂能与君父师并重哉，此人道之当然也。人而不知在三之义，则非人矣。①

由张注可见此章主要讲解身为弟子应当如何报答父、师、君之恩情，父母生我、老师教我、国君养我（我们不妨把这国君看作国家），所以我当尽心竭力，如面临大危险，不可独自逃生，而必当与之共患难、同生死，正所谓"报生以死"；另外，如若他人对我有恩赐，那我自然亦当以力报之，但切不可随意言生死。

这便是儒家所言的杀身以成就仁德、舍生以成就道义之理，而断不可贪生怕死以戕仁贼义，这便是圣学教育心法所言之"大仁大勇"。

此节第五章乃朱子辑录《左传·昭公二十六年》之文，引用晏子之言点明君臣、父子、兄弟、夫妻、婆媳并不是单方面的付出，而是双方互爱互敬，这才符合礼义之道，其言曰："君令臣共，父慈子孝，兄爱弟敬，夫和妻柔，姑慈妇听，礼也。君令而不违，臣共而不二；父慈而教，子孝而箴；兄爱而友，弟敬而顺；夫和而义，妻柔而正；姑慈而从，妇听而婉；礼之善物也。"② 晏子在这里讲的是双方相济之善。国君之命不能违背仁爱之道，人臣做事不能怀有二心；做父亲的要仁慈而懂得教育孩子，做孩子的要孝敬并且善于规劝；做兄长的要爱护并帮助弟弟，做弟弟的要尊敬并顺遂兄长；做丈夫的要温和而道义，做妻子的要柔顺而正直；做婆婆的要慈爱并唯义是从，做媳妇的要听从并善于规劝。张伯行先生注解此章曰："见《左氏传》。晏子，齐大夫，名婴。言君出令以为治，臣恭敬以奉行；父止于慈，子止于孝；兄爱其弟；弟敬其兄；夫以温和待其妻，妻以柔顺事其夫；姑以母道慈乎妇；

---

① 张伯行. 小学集解 [M]. 上海：商务印书馆，1936：46.

② 张伯行. 小学集解 [M]. 上海：商务印书馆，1936：47.

妇以子道听乎姑；五者礼之常经也……物，犹事也。此十者礼中之美事也。盖礼之常经，人皆知之，然其德必有相成而不偏者，方为礼之善物也。"① 这"德必有相成而不偏者"便是圣学心法中的中庸之道，然而要恪守中庸之道并不容易，其关键便在于子思在《中庸》一文中点明的"诚"和"择善固执"。② 就如周昌乐先生所言："达成'心诚'的方法就是'博学之，审问之，慎思之，明辨之，笃行之。……果能此道矣，虽愚必明，虽柔必强'。从而进一步强调诚明的道理：'自诚明谓之性，自明诚谓之教。诚则明矣，明则诚矣。'所谓'自诚明'是自诚而明，是诚性的自发显明；所谓'自明诚'是自明而诚，是通过明心而至诚，达到最高境界：'致中和，天地位焉，万物育焉。'"③ 也就是说，要想尽好这五伦之本分，归根结底要做到始终保持一颗至诚之心，唯有如此，方可在生活中达至中庸之道，而得以行礼之美、礼之善。

此节第六章乃朱子辑录自《大戴礼记·曾子疾病》，引用曾子之言以说明孝悌即在当下，无须远求。④ 张伯行先生注解此段曰：

此勉人孝弟当及时也。亲戚，谓父母也。夫父母兄弟，一家之中，至亲至近，不能欢悦相亲，亦何敢外交宗党，远求朋友乎。于日用常行之理，不能审察以行于家，亦何敢言治国平天下之大乎？甚矣孝弟为本，宜先务也。又况父兄不能常存，虽竭力以尽孝弟，能几何时？……李勣曰："姊年老，勣亦老。虽欲为姊煮粥，其可得乎？"此悌有不时之意也。为孝子悌弟者，可不及时以事其父兄乎？⑤

① 张伯行．小学集解［M］．上海：商务印书馆，1936：47.
② 孔颖达．礼记正义［M］．北京：北京大学出版社，1999：1446.《中庸》：诚身有道，不明乎善，不诚乎身矣。诚者，天之道也。诚之者，人之道也。诚者不勉而中，不思而得，从容中道，圣人也。诚之者，择善而固执者也。
③ 周昌乐．明道显性：沟通文理讲记［M］．厦门：厦门大学出版社，2016：53.
④ 张伯行．小学集解［M］．上海：商务印书馆，1936：47. 曾子曰：亲戚不说，不敢外交；近者不亲，不敢求远；小者不审，不敢言大。故人之生也，百岁之中，有疾病焉，有老幼焉，故君子思其不可复者而先施焉。亲戚既没，虽欲孝，谁为孝？年既耆艾，虽欲悌，谁为悌？故孝有不及，悌有不时，其斯之谓欤？
⑤ 张伯行．小学集解［M］．上海：商务印书馆，1936：47-48.

此章所言正是圣学心法中"切问近思"之道，道不远人，道就在我们的身边。朱子辑录此章意在警告弟子，五伦之道贵在切问近思，这样才能明白和把握事物的本末先后。平天下和治国的根本不在他处，而就在我们日常生活的孝悌之中。另外，朱子还借此章警诫弟子，孝亲悌长就在当下，不在他年他月他日，人生无常，一定要趁现在把握住孝亲悌长的机会，否则将来后悔或许都来不及了。

此节第七章乃朱子辑录刘向《说苑·敬慎篇》之文，以警诫弟子务必慎终如始，毋生懈怠之心①。张伯行先生注曰：

> 言人当宦成之时，则志得意满，而不修职业，是怠于宦成也。病稍减，则情放戒驰，而病复至，是加于小愈也。临事而懈惰，则有意外之变，而祸生于所忽矣。人少则慕父母，有妻子则慕妻子，而孝之念衰矣。人当审察于此四者，慎守其终，常如始时可也。《诗·大雅·雁荡之篇》引之以明终之不可不慎也。②

此章所谓不懈怠，便是时时刻刻要提撕此心，使此心"常惺惺焉"。朱子辑录此章，很明显落脚点主要在"孝衰于妻子"此句。此真可谓治疗眼下中国民风之一剂良药，眼下弃养父母的报道可谓屡见不鲜，笔者亦曾亲耳听到一位朋友说他对子女肯定要比对父母好五百倍，此话着实让人寒心，但这便是眼下中国的实情。妻子是伴侣，子女是我们生命的延续，但是如果没有父母之养育，何来我们之生命？朱子引用此句可谓对人心、人性的弱点看得清清楚楚，爱妻和子胜过父和母，从根本上来说是一种自私，是人性当中被基因控制的那部分在作祟，而不是源自天赋予人的良知良能，诸位一定要警醒这一点。而我们人之所以为人，"正是人类有了反思觉知能力，能够自觉意识区分基因于载体利益，我们才能摆脱基因的奴役，使得人们获得人格主体的自觉性，而不是牺牲载体个体福祉，去实现自私复制子的繁衍利益"③。

---

① 张伯行. 小学集解［M］. 上海：商务印书馆，1936：48.
② 张伯行. 小学集解［M］. 上海：商务印书馆，1936：48.
③ 周昌乐. 通智达仁：传授心法述要［M］. 厦门：厦门大学出版社，2018：21.

　　此节第八章乃朱子辑录荀子之言，其言曰："人有三不祥：幼而不肯事长，贱而不肯事贵，不肖而不肯事贤；是人之三不祥也。"① 此章意在说明做人之三不祥在于弟子不肯服侍长辈、地位低下的不肯服侍地位高贵的、不肖之徒不肯服侍贤良之人。张伯行先生注曰："安其分而尽其礼，则可以免祸而吉；不安其分、不尽其礼，是凶德也，灾祸必及其身矣。"② 此章出自《荀子·非相篇》，所论为"三不祥"，以我们今天的眼光来看，固然有其不合理之处，比如贵贱之分就明显不适合公民社会了，但是其中安分守礼对于人类社会的和谐和稳定而言自然是很有助益。

　　此节最后一章朱子所辑录依然是荀子之言，其言曰："无用之辩，不急之察，弃而不治。若夫君臣之义、父子之亲、夫妇之别，则日切磋而不舍也。"③ 荀子此言，意在强调要对日常生活中的伦理道德切磋不舍、研究透彻，唯有如此才能在践行此伦理时顺畅无碍。张伯行先生注曰，"非所当用之言而论之，是谓无用之辩；非所当务之急而审之，是谓不急之察；二者无益于身世，皆当舍弃不理。惟人伦大纲……贵求其礼之当然与其所以然，切磋不舍，庶几各尽其道，而不至徒疲精神、坐销岁月也。世之学者，或有志求道，而不知以人伦为本，终日役役于无用不急之学者多矣，可不惜哉"④，可见儒家认为在日用伦常上用功才是切问近思之道。此章出自《荀子·天论篇》，朱子辑录荀子此言无疑体现了朱子格物穷理及切问近思的教育心法。《朱子语类》中有一段话可与此互相发明印证，朱子弟子文振向朱子请教事物之理"何者为切"，朱子告诉他万事万物皆有理，所以需格而穷尽之；然而人生有限，所格之物自然有先后本末之次序；朱子认为，人生首要之事，乃为格五伦之理，这五伦之理必须穷格不止，不能有丝毫不尽⑤。

　　行文至此，朱子《小学·明伦篇》已通解一遍，张伯行先生总结此篇曰：

---

① 张伯行. 小学集解［M］. 上海：商务印书馆，1936：48.
② 张伯行. 小学集解［M］. 上海：商务印书馆，1936：48.
③ 张伯行. 小学集解［M］. 上海：商务印书馆，1936：48.《荀子》：
④ 张伯行. 小学集解［M］. 上海：商务印书馆，1936：48.
⑤ 黎靖德编、朱子语类［M］. 北京：中华书局，1986：284. 文振问："物者，理之所在，人所必有而不能无者，何者为切?"曰："君臣、父子、兄弟、夫妇、朋友，皆人所不能无者。但学者须要穷格得尽。事父母，则当尽其孝；处兄弟，则当尽其友。如此之类，须是要见得尽。若有一毫不尽，便是穷格不至也。"人杰。

"凡九章。首二章，明国家一理、忠孝一心；三章、四章，明君父师之伦并重；五章，引晏子之言，以明人伦有至善之理；六章，引曾子之言，以见孝弟当及时自尽；七章，欲人慎终如始，方能尽人伦之道；八章，引三不详；而末章总结以三纲为急，欲学者不枉费其心思精力于无用之地也。朱子教人之意，可谓深切矣。"① 通过张伯行先生的注解以及上文对本篇的梳理，我们可以看出，此篇的主旨在于明伦。"明"之一字，一方面在于穷格不止而尽其理，另一方面在于力行不止而诚其心，所谓"自明诚"和"自诚明"，这便是朱子教育心法中穷理力行的功夫。最后，我们不妨以《小学集成》所引许氏之言小结此篇：

> 明者，明之也；伦者，伦理也。人之赋命于天，莫不各有当然之则，如父子之有亲、君臣之有义、夫妇之有别、长幼之有序、朋友之有信，乃所谓天伦也。三代圣王设为庠序学校以教天下者无他，明此而已。盖人而不能明人之伦理，则尊卑上下、轻重厚薄淆乱而不可统理，其甚者至于父不父、子不子、君不君、臣不臣，夫妇、长幼、朋友各不居其夫妇、长幼、朋友之分。岂止不可统理，将见祸乱相寻、沦于禽兽而后已。此所以古人之教者，必以明伦为教，而学者必以明伦为学也。②

---

① 张伯行. 小学集解 [M]. 上海：商务印书馆，1936：49.
② 何士信. 小学集成 [M]. 东京：日本国立公文书馆藏本，1658：卷二.

第四章

朱子《小学》教育心法——《敬身篇》

所谓敬身，便是用诚敬之心持守自身，古人所言诚身、修身、省身、守身皆是敬身题中之义。此篇紧随《明伦篇》，明伦是要明白自身与他人的关系，而敬身要处理的则是自身与自身的关系。此篇分为四小节，分别为心术、威仪、衣服、饮食。所谓心术，是要正心诚意；所谓威仪，是要端正外表；所谓衣服，是要文质彬彬；所谓饮食，是要奉养身体。① 此篇虽然所谈是"身"，但是"身""心"本为一体两面，如何能够分开？正如有学者所言，"如果说，西方古典哲学的倾向主要是以'思'为出发点从而排斥'身体'的话，那么，我们中国文化的倾向则主要是以'身'贯'心'，以'心'通'身'，身心一体，由此达至天人合一的境界"②。由此可见，朱子《小学》中的《敬身篇》无一章不贯穿着他的心法思想。

此篇小序首先引用孔子之言，以明"敬身"之重要性。孔子说，对君子而言，"敬身为大"，这是因为吾之身得之于父母，如果不能敬身就是伤亲毁本，因此朱子"仰圣模，景贤范，述此篇以训蒙士"③。此章乃朱子辑录自《礼记·哀公问篇》，朱子把此章放在《小学·敬身篇》中意在点明敬身之大义。张伯行先生注曰："亲，犹木之本；子，犹木之枝。子出于亲，犹枝出于本也……景仰圣贤之模范，以为蒙士之法程。读是篇者，宜致思焉。"④ 朱子《小学》此篇，不能不让笔者想到法国哲学家梅洛·庞蒂，这位大哲认为世界

---

① 江先忠，王维建. 朱子《小学》详解［M］. 长沙：岳麓书社，2017：127.
② 刘平华. 德性与身体［D］. 深圳：深圳大学，2017：2.
③ 张伯行. 小学集解［M］. 上海：商务印书馆，1936：51.
④ 张伯行. 小学集解［M］. 上海：商务印书馆，1936：51.

的问题是从身体开始的。① 梅氏此说虽距离孔子"敬身为大"两千余年，但我们依然可以感受到这两位大哲思想的相通之处。现代新儒家代表人物唐君毅也曾说，一个人的精神必定恒运于一个人的身体之中，而这精神会通过言行举止表现出来，并且与自然、社会发生关系，进而在事业中显发出来。② 这一人格精神于朱子而言，便是他念兹在兹的"敬"，而这朱子之"敬"运于朱子之"身"，便成就了朱子的圣贤事业。

这"敬"便是朱子心法之关键要义，而"敬"如果没有这"身"就无从显发出来。所以朱子此篇开篇即引用孔子之言，以明"敬身为大"的重要性。为点明此义，朱子专门为"身"下一定义，"身也者，亲之枝也"，此又承接了上篇"明伦"之义。我们很容易便可做出如下推论：如不"敬身"，就是不"孝亲"；如不"孝亲"，就是悖逆人伦；如悖逆人伦，就不成其为人了。

元代大儒许衡先生亦诠解此篇之言，可谓深得朱子敬身心法大义，其言曰："敬身之目，其别有四：心术、威仪、衣服、饮食。心术正乎内，威仪正乎外，则敬身之大体得矣。其衣服、饮食，所以奉身也。苟不制之以义，节之以礼，将见其所以养人者反害于人也。分而言之，心术、威仪，脩德之事也；衣服、饮食，克己之事也。统而言之，皆敬身之要也。盖惟敬身，故于父子、君臣、夫妇、长幼、朋友之间，无施而不可。此古人脩身，必本于敬矣。"③ 许衡认为，心术主内，威仪主外，修此二德可得敬身大要；衣服、饮食应当克己并以礼节之，否则不但不能奉身，反将害身；古人修身当以敬身之道贯通于五伦，如此五伦可明。许衡先生此解，一方面点明了朱子《小学·敬身篇》分为心术、威仪、衣服、饮食四节的缘由；另一方面也点明了"敬身"对于明伦的重要所在，可谓精当之言。

---

① 张再林. 作为身体的中国古代哲学［M］. 北京：中国社会科学出版社.2008：3.
② 唐君毅. 心物与人生［M］. 台北：台湾学生书局，1984：182. 唐君毅："故一人格之精神，恒运于其有生命的身体之态度气象之中，表于动作，形于言语，以与其外之自然环境、社会环境，发生感应关系，而显于事业。"
③ 陈选. 精校小学集注［M］上海：昌文书局出版，1932：22.

第一节 心术之要：忠信笃敬

所谓"心术之要"，乃修心之要道。此节首章乃朱子辑录自《大戴礼记·武王践阼》，其言曰："敬胜怠者吉，怠胜敬者灭。义胜欲者从，欲胜义者凶。"① 此章主要论述"敬"和"怠"以及"欲"和"义"之间的关系。张伯行先生《小学集解》注解此章曰："师尚父为王陈此书，言庄敬胜于怠惰则一心肃然，百体皆正，而无不吉；反是……而无不凶矣。"② 由此可见，"敬"之一字实乃朱子教育心法之关键，如能保持内心之敬而不懈怠则吉，反之则凶。此章之特别，在于"敬""义"合讲。心中有"敬"，行事自"义"；同样，立身行"义"，自然生"敬"。二者可谓相辅相成。朱子《大学或问》论"汤之盘铭"章可做本章绝佳注脚，我们不妨引录如下：

> 或问：盘之有铭，何也？曰：盘者，常用之器。铭者，自警之辞也。古之圣贤，兢兢业业，固无时而不戒谨恐惧，然犹恐其有所怠忽而或忘之也。是以，于其常用之器，各因其事而刻铭以致戒焉，欲其常接乎目，每警乎心，而不至于怠忘也……今其遗语尚幸颇见于礼书，愿治之君、志学之士，皆不可以莫之考也。③

朱子所论，可谓养心妙道。考之人情人性，偶尔有所懈怠倏忽，在所难免，所以商汤才刻铭于日用之盘以时时警醒自己不能懈怠，要不断地自我更新。持敬之要，其关节之处便在于此，要时时刻刻唤醒此心，正所谓"常惺惺焉"，就像朱子曾说的那样："敬非别是一事，常唤醒此心便是。人每日只

① 张伯行. 小学集解［M］. 上海：商务印书馆，1936：51.《丹书》曰："敬胜怠者吉，怠胜敬者灭。义胜欲者从，欲胜义者凶。"
② 张伯行. 小学集解［M］. 上海：商务印书馆，1936：51.
③ 朱杰人，严佐之，刘永翔. 朱子全书：第6册［M］. 上海：上海古籍出版社，2010：516-518.

鹘鹘突突过了，心都不曾收拾得在里面。"①

陈选先生《小学集注》注解此章亦突出"敬"之大用，他说："《丹书》，书名。师尚父所以告武王者。敬，敬畏。怠，怠慢。灭，亡也。义者，天理之公。欲者，人欲之私。从，顺也。真氏曰：'敬则万善俱立；怠则万善俱废；义则理为之主；欲则物为之主；吉凶存亡之所由分也'。"② "敬"之一法，在朱子心法中有特殊的地位，朱子认为"敬"乃万善之根本所在，涵养、格物等一切修养功夫都以"敬"之一字为渊源所在③。在朱子心法中"敬"之地位相当于"仁"在孔子心法中的地位，"敬"可涵摄"格物穷理"以及"涵养省察"种种其他心法修养，如缺少"敬"这一关节，其他心法修养则无从谈起。

此节第二章乃朱子辑录自《礼记·曲礼》，其文曰："毋不敬，俨若思，安定辞，安民哉。敖不可长，欲不可从，志不可满，乐不可极。贤者狎而敬之，畏而爱之。爱而知其恶，憎而知其善。积而能散，安安而能迁。临财毋苟得，临难毋苟免。狠毋求胜，分毋求多。疑事毋质，直而勿有。"④ 此章上承第一章，乃进一步申述"敬"的重要性。此章主要探讨"毋不敬"之外在表现以及如何才能做到"毋不敬"，此为朱子持敬心法的要义所在。在朱子看来，要做到"毋不敬"，就要对内心的傲气、欲望、志向、欢乐、爱憎加以控制，使之不过亦无不及而归之中道；面对财物不苟得，面对危难不苟免，与人争执不争胜，与人分财不贪多，心中有疑不臆断，自身有理不自满，一切皆以道义为准则。正如朱子所说："此言贤者，于其所狎，能敬之；于其所畏，能爱之；于其所爱，能知其恶；于其所憎，能知其善。虽积财，而能散施；虽安安，而能迁义。"⑤ 明道先生对此章所言评价甚高，他认为"毋不

① 黄宗羲，全祖望．宋元学案［M］．北京：中华书局，1986：1526.
② 陈选．御定小学集注（景印文渊阁四库全书第699册）［M］．台北：台湾商务印书馆，2008：546.
③ 朱杰人，严佐之，刘永翔．朱子全书：第22册［M］．上海：上海古籍出版社，2010：2313.
④ 张伯行．小学集解［M］．上海：商务印书馆，1936：51-52.
⑤ 陈选．小学集注（景印文渊阁四库全书第699册）［M］．台北：台湾商务印书馆，2008：547.

敬”所言之道乃“君道也。君道即天道也”①。

　　朱子《小学》辑录此章，一方面点出心法之要在于持敬、庄重、谨严、谦虚、节欲、亲贤、安贫、公道、敦厚、温和；另一方面继承了孔子的中庸心法，如“敖不可长”“欲不可从”“志不可满”“乐不可极”“狎而敬之”“畏而爱之”“爱而知其恶”“憎而知其善”便是孔门中庸心法的具体体现。朱子曾如此评价《中庸》一文，他说：“此篇乃孔门传授心法，子思恐其久而差也，故笔之于书，以授孟子。”② 孔门中庸心法，讲究不要过分也不要不及，就是要把握一个度的问题。在孔子看来，中庸之道，只有圣人才能做到，普通民众很难做到，他曾感叹道：“天下国家可均也，爵禄可辞也，白刃可蹈也，中庸不可能也。”③ 可见把握中庸之道何其难也！

　　那么应当如何遵循中庸之道呢？孔子提出了遵行此道的关键，那便是“四毋”心法，所谓“四毋”即不要臆测、不要绝对、不要固执、不要自我。那么，这“四毋”心法又如何体现在《小学·敬身篇》此章呢？所谓“敖不可长”，就是“毋我”的体现，这傲慢之气便是自我过于膨胀了，自我过于膨胀便违背了中庸之道，便“过”了；“欲不可纵”也是“毋我”的体现，此句意在警告我们不要完全满足自己的欲望，要适可而止，否则便会堕入邪道，正如朱子所言：

　　　　但只于这个道理发现处当下认取，打合零星渐成片段，到得自家好的意思。日长月盛，则天理自然纯固，向之所谓私欲者，自然消灭退散，久之不复萌动矣。若专务克己私欲，而不充长善端，则吾心与所谓私欲者，日相斗敌，安伏得下，又当复作矣。④

　　所谓“志不可满”，就是“毋必”的体现，志满便会以为自己必然正确，这很容易陷入一种盲目的自大，也就“过了”，就背离了中庸之道。“乐不可极”亦类此。所谓“爱而知其恶”，就是“毋意”“毋固”的体现，喜欢一个

---

① 黄宗羲，全祖望. 宋元学案 [M]. 北京：中华书局，1986：556.
② 朱熹. 四书章句集注 [M]. 北京：中华书局，1983：17.
③ 朱熹. 四书章句集注 [M]. 北京：中华书局，1983：21.
④ 黎靖德. 朱子语类 [M]. 北京：中华书局，1986：2808.

人，往往会"情人眼里出西施"，觉得他身上一切都好，即使有人指出他的缺点，也固执己见装作看不见，这样便是"爱而不知其恶"了。要做到"爱而知其恶"就不能把自己喜欢的东西绝对化，要做到"憎而知其善"就不能把自己憎恶的东西绝对化，这也就是孔子说的"毋意""毋固"。

此节还有一关键处，便是"敬"与"中庸"这二者的关系，在朱子看来，唯有保持"敬"的精神状态，做事才能适度，才能合乎"中庸"之道，正所谓"敬而无失"。正如朱子所言，"毋不敬"乃总言精神主宰，"俨若思"是说持敬体现出来的容色，"安定辞"是持敬用之言语，"安民哉"是持敬所能达到的治理效果。① 在朱子看来，持敬不单单关乎个人心性和修养功夫问题，更关乎天下国家的关节之处，如果不持敬，无论是"修己安人"，还是"修己以安百姓"，都是空谈。为说明此中关节，朱子引吕与叔之言以说明之："三者正矣，则无所往而非正，所谓大人正已而物正者也。以我对彼，我安则彼安，此修己以安人也。推我之所安而天下平，此修己以安百姓也。天下至大，取诸修身而无不足，故曰安民哉。此礼之本，故于《曲礼》首章言之。"② 由此可见，持敬心法在朱子思想中的重要性，这不仅关乎个人的身心修养，还要达到内圣外王的事业，从而实现天下升平的家国理想。

此节第三章乃朱子辑录自《论语·颜渊篇》，乃孔子回答颜渊问仁之言，孔子曰："非礼勿视，非礼勿听，非礼勿言，非礼勿动。"③ 孔子此言所蕴含之心法，我们不妨称为"四非心法"（参见图4.1），此心法被朱子誉为"千圣相传心法之要，其所以极夫天理之全，而察乎人欲之尽者，可谓兼其本末巨细而举之矣"④。朱子辑录此章，不独是点明为仁之方，更是要说明心法之要在于持敬。正如张伯行先生注解所言："四者主敬工夫。夫子告颜渊克复之目也。非礼者，己之私也；勿视勿听者，防其私之自外入，而动于内也；勿言勿动者，防其私之自内出，而接于外也；是必敬以胜怠，则视听言动，有

---

① 郭奇，尹波．朱子文集编年评注 [M]．福州：福建人民出版社，2019：1974.
② 朱杰人，严佐之，刘永翔．朱子全书：第2册 [M]．上海：上海古籍出版社，2010：424.
③ 张伯行．小学集解 [M]．上海：商务印书馆，1936：52.
④ 郭奇，尹波．朱子文集编年评注 [M]．福州：福建人民出版社，2019：855.

所操存而不妄，义以胜欲，则非礼之视听言动，有所宰制而不流，此敬身之要也。"① 为仁不是空谈，持敬心法便是通往仁体之途径，而持敬也不是空谈，要实实在在落到一举一动、一言一行中去，要从视、听、言、动这四个方面入手。为了进一步说明"四非心法"，朱子在《小学·嘉言篇》专门辑录了伊川先生所作的四箴以示学子：

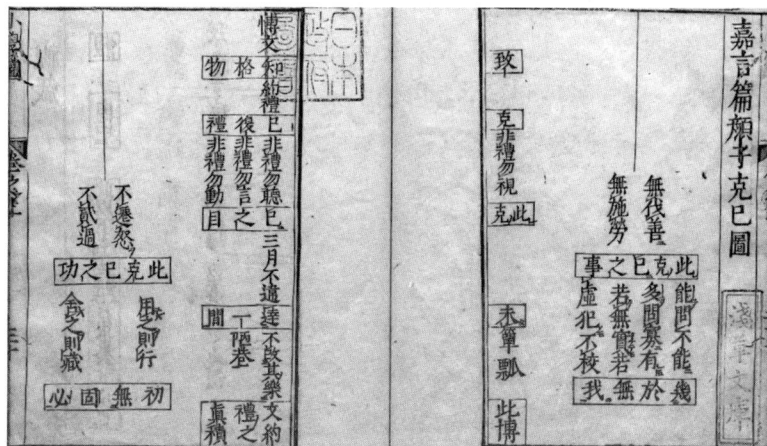

图 4.1　颜子克己图

（资料来源：摘自日本国立公文书馆藏《小学书图隳括纂要》卷之上三十）

　　伊川先生曰：颜渊问克己复礼之目，夫子曰："非礼勿视，非礼勿听，非礼勿言，非礼勿动。"四者身之用也，由乎中而应乎外，制乎外所以养其中也。颜渊事斯语，所以进于圣人，后之学圣人者，宜服膺而勿失也。因箴以自警。

　　视箴曰：心兮本虚，应物无迹；操之有要，视为之则；蔽交于前，其中则迁；制之于外，以安其内；克己复礼，久而诚矣。

　　听箴曰：人有秉彝，本乎天性；知诱物化，遂亡其正；卓彼先觉，知止有定；闲邪存诚；非礼勿听。

　　言箴曰：人心之动，因言以宣；发禁躁妄，内斯静专；矧是枢机，

---

①　张伯行. 小学集解［M］. 上海：商务印书馆，1936：52-53.

兴戎出好；吉凶荣辱，惟其所召；伤易则诞，伤烦则支；己肆物忤，出悖来违；非法不道；钦哉训辞。

动箴曰：哲人知几，诚之于思；志士厉行，守之于为；顺理则裕，从欲惟危；造次克念，战兢自持；习与性成，圣贤同归。①

为了进一步说明如何达至仁的境界，朱子在此节第四章辑录了《论语·颜渊篇》中孔子答仲弓问仁之语，其言曰："出门如见大宾，使民如承大祭。己所不欲，勿施于人。"② 孔子此言可谓贯通"仁"与"敬"，无论是接待贵宾，还是承办大祭，都必须持守诚敬，如此才能把事情做好。正如山崎暗斋先生所说：

古今圣贤说敬字曰钦、曰寅、曰恭、曰畏、曰翼、曰戒惧、曰战兢、曰齐庄，字虽不同，其实一也。洪范貌曰恭，是外面之敬也。至曰恭作肃，则心亦敬也，内外一致也。临深渊、履薄冰，形容戒惧之意最切。孔子言出门如见大宾，使民如承大祭，又画出一个敬的样子出来于人做。程子言整齐严肃，是入敬处。朱子曰畏字是敬之正意。程子主一无适是就存主处说。谢氏惺惺法是就敬之精明处说。尹氏收敛身心，不容毫发事，又以人到神祠致敬为喻，即是孔子见大宾承大祭之意，形容的最为亲切。③

要达到"仁"的境界，必须收敛身心、心存敬畏，否则一旦放纵，仁心就很难寻回来了。朱子《四书章句集注》注解此章时也说："敬以持己，恕以及物，则私意无所容而心德全矣。"④ 意为对待自己要持敬，对待他人要宽恕，这样内心就不会存留丝毫私意而充满仁德了。外出做事要像会见宾客，役使民众要像举行祭祀，这是对自身为人处世的要求，是持敬之道；自己不想要的，切不可强加他人，这是宽恕之道。外出做事易疏忽，所以孔子说要

---

① 江先忠，王维建. 朱子《小学》详解 [M]. 长沙：岳麓书社，2017：299.
② 张伯行. 小学集解 [M]. 上海：商务印书馆，1936：53.
③ 日本古典学会. 续山崎闇斋全集 [M]. 东京：松本书店，1937：11.
④ 朱熹. 四书章句集注 [M]. 北京：中华书局，1983：134.

如见贵宾，则不敢轻忽；役使民众易骄纵，所以孔子说要如承大祭，则心存敬畏，这可谓持敬之重要法门。为人处世，如无敬畏，就会放纵私欲；如不宽恕，就会骄横霸道，这都是戕仁贼义之事。如对待自己能时时持敬，对待他人能宽裕温柔，那么离仁道就不远了。

此节第五章乃朱子辑录自《论语·子路篇》，此章乃孔子答樊迟问仁之言，其言曰：“居处恭，执事敬，与人忠，虽之夷狄，不可弃也。”① 张伯行先生注曰：“此告樊迟为仁之功也。居处，未应事接人时也，致其恭，而不敢有丝毫之慢；执事则极其敬，而不敢忽；与人则尽其忠，而不敢欺。处处皆然，无少间断，则存之熟、行之力、守之固，程子所谓充之则睟面盎背，实有此效验也。”② 由张伯行先生注解可见，此章点明了朱子教育心法要旨主要有三，即恭、敬、忠。

张伯行先生解“居处恭”为未应事接人时亦不敢有丝毫之慢，此即《大学》以及《中庸》古圣先贤传授之“慎独”心法。明道先生对此章孔子所言评价极高，他说，“此是彻上彻下语。圣人元无二语”③，在明道先生看来，为学之道“始于不欺暗室”④。他认为，古代教育的核心目的在于让人把所有的人性都彰显出来，从洒扫应对做起，便可成就圣人事业。这是因为“理”是不分大小的，洒扫应对中就蕴含着圣人之理，所以君子的根本修养就在于慎独，他说：“古之教人，莫非使之成己。自洒扫应对上，便可到圣人事。洒扫应对便是形而上者，理无大小故也。故君子只在慎独。”⑤ 张伯行先生认为，如能做到无时无地不恭、敬、忠，对此三者做到熟、力、固，就会存乎中、发乎外，这三者恒存于心，体现在身便是程子所言“充之则睟面盎背”，此即身心合一之要旨。另外，值得一提的是，以上三章朱子所辑皆诸位弟子问孔子何为仁，皆是问仁，然孔子答之各异，此亦孔门因材施教心法之具体呈现。

此节第六章乃朱子辑录自《论语·卫灵公篇》，乃孔子论言行忠信笃敬之

---

① 张伯行．小学集解［M］．上海：商务印书馆，1936：53．
② 张伯行．小学集解［M］．上海：商务印书馆，1936：53．
③ 黄宗羲，全祖望．宋元学案［M］．北京：中华书局，1986：562．
④ 黄宗羲，全祖望．宋元学案［M］．北京：中华书局，1986：566．
⑤ 黄宗羲，全祖望．宋元学案［M］．北京：中华书局，1986：566．

重要性，其言曰："言忠信，行笃敬，虽蛮貊之邦行矣。言不忠信，行不笃敬，虽州里行乎哉。"① 此章乃承续上章而来，值得注意的是"笃"之一字。《小学集成》引真氏之言论之甚精，真氏认为"忠信合而言之即诚也"，地不分远和近，心不分华和夷，此理此心皆同，唯有诚敬方能使人心服。② 张伯行先生也说，忠信笃敬是须臾不可离的，他强调"未有诚敬而人不心服者，故圣门只教人忠信笃敬"，此是"圣门教人第一义"，除此之外没有其他心法。③《诗经·大雅·公刘》曾盛赞公刘之笃，誉为"笃公刘"。如果说"恭""敬""忠"更侧重于心，"笃"则更侧重于行。可见，朱子辑录此章乃进一步申述上章之义，即"知""行"必须合一，绝不能光说不练。

此节第七章乃朱子辑录自《论语·季氏篇》，主要探讨的是视、听、色、貌、言、事、疑、忿、见得之心法要义，其言曰："君子有九思：视思明，听思聪，色思温，貌思恭，言思忠，事思敬，疑思问，忿思难，见得思义。"④ 张伯行注解此章甚为精当，其言曰：

> 此教人思诚之学也……君子无事不思，而九者为要。视思明，则不蔽于非礼之视；听思聪，则不诱于非礼之听；色思温，则乖戾之气不形；貌思恭，则骄傲之容自绝；言思忠，则必由中而不欺；事思敬，则必精详而不忽；疑思问，则义理日明；忿思难，则怨仇可解；见得思义，则临财勿苟，取与分明。九者，皆日用之躬行之要。君子存养此心，以省察于理欲之几，是谓思诚之学也。⑤

此章所论心法可谓"九思之法"，此"九思"可谓把人之言行举止方方面面都考虑得周到而清楚，并给出了非常具体的心法要领。朱子特别点出，只有看的时候不被蒙蔽才能做到"视思明"，听的时候不被堵塞才能做到"听

---

① 张伯行. 小学集解［M］. 上海：商务印书馆，1936：53.
② 何士信. 标题注疏小学集成［M］. 东京：日本国立公文书馆藏本，万治元年刊本：卷四
③ 张伯行. 小学集解［M］. 上海：商务印书馆，1936：53.
④ 张伯行. 小学集解［M］. 上海：商务印书馆，1936：53.
⑤ 张伯行. 小学集解［M］. 上海：商务印书馆，1936：53-54.

思聪"，此亦朱子格物穷理心法的体现，要把一个事物了解得清楚透彻，必须不被蒙蔽、堵塞，而要全方位地去看、去听才可以。视觉和听觉是人一生最常用的感觉，正如朱子所谓"日用之间"所遇、所触自然会触发所思，而心法之要正在这"日用之间"要"知所用力"①，方能习惯成自然，积久而成德。"九思之法"，可谓是九个口诀，所谓口诀即用朗朗上口的文字对做事的要领进行总结，这样可以在人们做事的时候发挥良好的提醒作用。

从现代心理学的角度分析，这种口诀法，可以说是一种独特的行为控制技术。如果我们用行为主义心理学来分析，口诀实际上就是诱发或者抑制某种特定行为的刺激物。孔子在这里总结了我们日常生活中言行和心理的最关键的九个方面，即视、听、色、貌、言、事、疑、愤、见得，编成了这九个口诀，以期对学者的日常言行和心理起到良好的指引作用，帮助他们提升自己的修养。可见，这"九思之法"，可谓一种非常系统且幼小的行为训练方法。②

此节第八章乃朱子辑录自《论语·泰伯篇》，所引乃曾子之言，其言曰："君子所贵乎道者三：动容貌，斯远暴慢矣；正颜色，斯近信矣；出辞气，斯远鄙倍矣。"③ 朱子辑录曾子此言，意在说明，道虽然无处不在，但是君子比较看重容貌、颜色、辞气这三个方面。这是因为此三者是心法之要点，养心之法在于时时持敬，而持敬之要则在此三者，如果心有不敬则必体现在此三者之上，也就无从修身临民。所以君子必须执持此敬，时刻检点容貌、颜色、辞气，时常反省自身，这便是平日操存之功，即使是在颠沛流离、仓促困顿之中也必须如此，不可违背。④ 朱子认为，道虽然无处不在，但是对于君子而言，要尤为注重容貌、颜色、辞气，这是因为其是修身的关键、为政的根本。⑤

此节第九章乃朱子辑录自《礼记·曲礼上》，其文曰："礼不逾节，不侵

---

① 黄宗羲，全祖望. 宋元学案［M］. 北京：中华书局，1986：1552.

② 郝宏伟. 儒家心理学思想概论［M］. 广州：广东教育出版社，2013：161-162.

③ 张伯行. 小学集解［M］. 上海：商务印书馆，1936：54.

④ 张伯行. 小学集解［M］. 上海：商务印书馆，1936：54.

⑤ 陈选. 御定小学集注（景印文渊阁四库全书第699册）［M］. 台北：台湾商务印书馆，2008：547.

侮，不好狎，修身践言，谓之善行。"① 此章一方面说明何为礼，另一方面说明何为善行。张伯行先生注解此段曰："逾，过也。节，分限也。礼以养人庄敬纯实之诚，故不逾节而为僭上之行，不侵侮而为长傲之事，不好狎而为相亵之态，必修其身以践其言，然后谓之善行。言行相顾，惓惓笃实，自不至有逾节侵侮好狎之事矣。"② 可见朱子辑录此章，意在说明礼之要义在主敬，其本质在于自尊尊人，所以不可侵侮他人，也不可因亲昵而狎侮他人。心法之要，在于既尊重他人，也爱惜自己，须时时修养自身、履行诺言，这样才能涵养美好的品行。

此节第十章乃朱子辑录自《礼记·乐记》，意在强调君子务必去除奸邪之声、秽乱之色，使之不留在自己耳目之中；务必去除荒淫之乐、违礼之举，使之不接触自己内心；务必去除懒惰怠慢、邪恶荒僻之习，使之不沾染自己的身体，要使身心都顺随正道，从而践行道义。③ 张伯行先生注解此段曰："此言内外交养之法。声色之不正者，不留于耳目，以制其外；礼乐之不正者，不存于念虑，以养其中；怠惰傲慢，淫邪偏僻之气，不施于身，以全其存养之功……敬身之道，莫切乎是。"④ 陈选先生《御定小学集注》注解此章更详尽，他认为奸声、乱色乃是不正之声色，是邪僻之气，不能让其停于耳目，这是养其外；淫乐、慝礼乃是不正之礼乐，是惰慢之气，不能让其接于心术，这是养其内；内外交养，则身心自正而行其义，如此自养之功毕矣。⑤《朱子语类》辑录了朱子与门人郭友仁的一番问答，于此章当大有发明。朱子问友仁什么叫找回"放心"，友仁答曰，听邪言、观乱色等事皆因"放心"所起，要"收放心"则要截断邪言乱色等，如此才能养德。⑥ "亚圣"孟子认为，学问之道不在其他，而在于找回放失之心，朱子所辑录《礼记·乐记》此段，既是敬身之要，也可谓继承和发展了孟子的"求放心"之道。

---

① 张伯行. 小学集解 [M]. 上海：商务印书馆，1936：54.
② 张伯行. 小学集解 [M]. 上海：商务印书馆，1936：54.
③ 张伯行. 小学集解 [M]. 上海：商务印书馆，1936：54.
④ 张伯行. 小学集解 [M]. 上海：商务印书馆，1936：54.
⑤ 陈选. 御定小学集注（景印文渊阁四库全书第699册）[M]. 台北：台湾商务印书馆，2008：547.
⑥ 黎靖德. 朱子语类 [M]. 北京：中华书局，1986：370.

此节第十一章乃朱子辑录自《论语·学而篇》，其引孔子之言曰："君子食无求饱，居无求安。敏于事而慎于言，就有道而正焉，可谓好学也已。"①朱子辑录孔子此言，意在告诫弟子，为学应当不求安饱，而要一心向学，笃志力行，要勤于做事，慎于言语，要经常向有道之士请教，这样才是好学之士。此章看似普通，实则须细加斟酌，虚心体悟。此短短几十字，义有三层，层层递进。做到不求安饱，但是不能慎言敏事，不行；做到慎言敏事，不能就正有道之士，不够；亲近了有道之士，但是不能在生活中实践教诲，还是有所欠缺。只有既不求安饱，又能敏事慎言，还能向有道之士就正，并且能把有道之士的教诲实行于生活，才称得上好学之士。可见，夫子之言确实是周密而完备，半点不含糊！张伯行先生注解此段曰：

> 此言君子好学之心也。学者所以学为圣贤也。好，则其志真切，无以尚之。一切世味，自然不足以系其心；而学问思辨之事，自然不敢不勉；虚浮鄙倍之言，自然不敢出诸口；闻有正人君子，自然如饥如渴，必求一见，以正其是非。皆好学之心所不能已也。世之学者，求饱求安，以终其身者，无论已；若不求安饱，而不能敏事慎言，则亦何由以进于道；若敏事慎言，而不能就正有道，则所事所言，未必无差；然非有敏慎之功，则虽日亲有道，亦何以为取正之资。圣人之言，周遍详尽如此，学者可不反复玩味，实体诸身乎？

陈选先生《御定小学集注》引用朱子之言以证之，其言曰："不求安饱者，志有在而不暇及也；敏于事者，勉其所不足；慎于言者，不敢尽其所有余也。然犹不敢自是，而必就有道之人，以正其是非，则可谓好学也矣。"②可见朱子认为，学人如能做到以上四个方面，就可以说是笃志好学治人；反过来说，如果把心思放在追求安逸享受上面，就无法在学业上有所精进了。

此节末章乃朱子辑录管夷吾之言，其言曰："畏威如疾，民之上也；从怀

---

① 张伯行.小学集解 ［M］.上海：商务印书馆，1936：54.

② 陈选.御定小学集注（景印文渊阁四库全书第 699 册）［M］.台北：台湾商务印书馆，2008：548.

如流，民之下也；见怀思威，民之中也。"① 管子此言主要论述了"畏威"和上民、中民、下民三者之间的关系。张伯行先生注曰：

> 见《国语》。管敬仲，齐大夫管夷吾也。畏威，怀刑也。如疾之加身，自不为恶，人之上品也。怀，私也。从其所怀，不顾礼义，如水之流而不止，人之下品也。见怀即思威，有所畏而不敢为恶，人之中品也。此见人品之分，由于心术之异。上者为君子，下者为小人，若中人之行，介于可善可恶之间。能畏威则为君子，不畏则为小人矣，可不谨哉！②

管子这段话把人之德行分为三品，上品之人畏惧天威如恶疾，下品之人只知顺从欲望，中品之人见到诱惑会想到天威。朱子辑录管子这段话，意在告诫学子，切不可放纵贪欲，而要敬畏上天。只有敬畏上天之人，才能成就君子，若不敬畏上天，就只能变成小人。

通观此节，共十二章，张伯行先生总结此章曰："凡一十二章。首以《丹书》之戒者，敬义并言，而敬足以统乎义也。次以《曲礼》一章，详敬之目，见礼为敬之本也。次以《论语》六章，皆明涵养本原，而以敬为主，次以《曲礼》《乐记》《论语》三章，皆明持敬之功。终之以管子之言，直指畏之一字，又初学持敬切要功夫也。"③ 朱子曾说："畏字于敬字最近，有严惮之意。"可见学者之心，要常存敬畏，才能明白何为心之主、物之本，圣学能善始善成，便在于此敬畏之心。朱子所辑录之言，可谓大有深意，几乎句句在告诫学子，应当时刻敬畏谨慎、克制私心私欲，这才是心术之要、敬身之道。人生在世，要持守内心之诚敬，要端正自身之言行。要让天理之大公克服并超越人欲之自私，要时时让自己的言行举止合乎义理之正，唯有如此，为人处世才能无所不顺，进而成德成贤。

① 张伯行. 小学集解［M］. 上海：商务印书馆，1936：55.
② 张伯行. 小学集解［M］. 上海：商务印书馆，1936：55.
③ 张伯行. 小学集解［M］. 上海：商务印书馆，1936：55.

第二节　威仪之则：养中制外

　　威仪之则，其要在于养中制外。所谓养，便是要时刻保持内心之诚敬；所谓制外，便是要在容体、颜色、辞令三个方面遵循基本的礼仪规矩。正如高愈《小学纂注》所言："敬身必以威仪言者，制乎外所以养其中，此合外内之道也。外貌苟简，而中有存者寡矣。"① 也就是说要敬身，身虽然看似是外在的，但是其根本在内心，这便是合外内之道。《小学集成》引京兆李氏之言曰阐发此节要义十分精当："敬畏之存于中者则谓之心术之要，形于外者则谓之威仪之则、衣服之制、饮食之节。夫威仪者，皆天命之自然，一定而不可易，故谓之则。则者，法也，犹俗言则例、则样也。明威仪二十一章，首一章明二十而冠乃责以成人之德、威仪礼义之始；次一十八章明威仪容止之敬者后学所当勉，威仪容止之不敬者后学所当戒；终一章明古之君子防邪僻、尊中正，威仪、心术交相培养之礼。今既一切无之，惟当益进敬畏之功，则自然动容周旋无不中于礼矣。"② 由此可见，存于中者必形之于外，此节以威仪之则承心术之要亦是理所当然的，心术是内在治心之法，其必辅以外在修身之法，方是身心交养之道。

　　此节首章辑录自《礼记·冠义》，其言曰："凡人之所以为人者礼义也。礼义之始在于正容体，齐颜色，顺辞令。容体正，颜色齐，辞令顺，而后礼义备，以正君臣，亲父子，和长幼。君臣正，父子亲，长幼和，而后礼义立。"③ 此节开篇即点明人之所以为人在于"礼义"，而"礼义"之发端则在于容体、颜色以及辞令。威仪之则固然烦琐，然其要不外乎此三者，只有容体端正、颜色得当、辞令谦和，礼义才算齐备；只有礼义齐备了，父子等五伦关系才能理顺，礼义也就真正确立了。吕氏有言："容体者，动乎四体之容者也；颜色者，生色见乎面目者也；辞令者，发乎语言而有章者也；三者修

---

　　① 高愈. 小学纂注［M］. 楚北崇文书局刻本：卷三. 1894：10.
　　② 何士信. 标题注疏小学集成：卷四［M］. 东京：日本国立公文书馆，万治元年刊本：28.
　　③ 张伯行. 小学集解［M］. 上海：商务印书馆，1936：55.

身之要，必学而后成，必成人而后备。童子未成人者也，于斯三者不可不学。"① 可见修身之要在于"动容体、正颜色、顺辞令"，而这三者也必须从儿童时期就加以培养，"动容体"可以远离凶暴傲慢，"正颜色"可以令人亲近信任，"顺辞令"可以摒弃浅陋粗俗。正如吕荣公所言，初学者要十分注重容体、颜色、辞令展现出来的气象，这气象不独是君子小人之别，还是一个人贵贱夭寿的关键所在。② 接续此章，本节后文将主要从容体、颜色、辞令三个方面论述威仪之则对于养心的重要性。

首先，威仪之则注重容体舒泰。君子之容注重舒泰从容而又合乎礼义，要收放自如而不至于太过拘谨。正如此节第五章所引《礼记·曲礼》之言："坐如尸，立如齐。"③ 也就是说，坐姿需如尸居神位般端敬，站姿需如斋戒时般矜庄，《小学集成》引周氏之言论之："心肃者，其貌必庄；意诚者，其体必敬；必敬必庄，然后可以为尸；故君子之坐必如之。必庄必敬，然后可以为斋，故君子之立必如之。当是时也，其心寂然而无一物，有孚颙若而无他虑，是心也，圣人之心也。"④ 为了说明容体的重要性，朱子还辑录了多则典故以说明之。比如，本节第十六章辑录《论语·述而篇》有关孔子居家时的状态，夫子展现的是一种舒泰从容，所谓"申申""夭夭"也⑤；本节第七章描述了孔子乘车时目视、语言、动作都十分得体，不失仪容，有君子之风⑥；本节第十二章描述孔子注重生活细节，不坐不端正的席子⑦；本节第十五章描述了孔子居家时不仰睡、不刻意修饰仪容，不仰睡是因为不能太过怠惰，不刻意修饰是因为要和畅而舒适⑧。另外，《小学·善行篇》也记载，明

---

① 何士信.标题注疏小学集成：卷四［M］.东京：日本国立公文书馆，万治元年刊本：12.

② 朱杰人，严佐之，刘永翔.朱子全书：第13册［M］.上海：上海古籍出版社，2010：452.

③ 江先忠，王维建.朱子《小学》详解［M］.长沙：岳麓书社，2017：142.

④ 何士信.标题注疏小学集成：卷四［M］.东京：日本国立公文书馆，万治元年刊本：17.

⑤ 江先忠，王维建.朱子《小学》详解［M］.长沙：岳麓书社，2017：150.

⑥ 江先忠，王维建.朱子《小学》详解［M］.长沙：岳麓书社，2017：144.

⑦ 江先忠，王维建.朱子《小学》详解［M］.长沙：岳麓书社，2017：147.

⑧ 江先忠，王维建.朱子《小学》详解［M］.长沙：岳麓书社，2017：149.

道先生无事之时，整天像泥塑人一般端坐；待人接物之时，却浑然一团和气①，端坐是敬，和气是仁，既敬又仁，圣贤气象自然就显发出来了。

一个人的容体必然展现在他的言行举止、行走坐卧上，也只有通过一个人的行走坐卧、言行举止我们才能观察他的容体是否得当。本节第四章就从九个方面规定了容体的标准，朱子认为本章所列九点乃是敬身最重要、最基本的方法②。为了强调容体规范的重要性，朱子还在《小学》一书尤其是本节辑录了多则典故以作为儿童的容体规范和守则。比如，《小学·敬身篇·威仪之则》第二章辑录自《礼记·曲礼》，其主要目的在于说明容体、颜色、辞令不可放肆散漫，而是要合乎礼义，归于正道。③ 正如吕氏所言要"无所不敬"，头容欲直、声容欲静、目容欲端、气容欲肃、足容欲重、立要如斋、坐要如尸、衣冠要正④，如此四肢则不会陷于怠惰，一切生活细节皆能依礼而行，便能达至修其身而治其心的妙用了。本节第六章辑录自《礼记·少仪》，其主旨在于说明要尊重他人，不窥密、不轻狎、不势利、不渎神、不非议、不虚妄⑤。张伯行先生认为："如此等事，一概禁绝，庶几厚重正大，而威仪可观矣。"⑥ 也就是说，如果一个人能做到这"六不"，就会厚重正大，威仪也就出来了。

本节第二十一章引用《礼记·射义》，说明可以从射礼的进退揖让展现出的容体举止当中考察一个人的德行。射是一种技艺，规则似礼法，仪制似音乐。前进、后腿、转身、揖让都要符合义理。眼睛瞄准，身体笔直，手握牢固，恭敬持久，用心专一，这样才能射中目标。而动必合礼，志正体直，正是有德行的人才能做到的，所以从射箭游戏可以看出一个人的品德修养（参见图4.2）。⑦

① 江先忠，王维建．朱子《小学》详解［M］．长沙：岳麓书社，2017：426.
② 江先忠，王维建．朱子《小学》详解［M］．长沙：岳麓书社，2017：142.
③ 江先忠，王维建．朱子《小学》详解［M］．长沙：岳麓书社，2017：139.
④ 何士信．标题注疏小学集成：卷四［M］．东京：日本国立公文书馆，万治元年刊本：13.
⑤ 江先忠，王维建．朱子《小学》详解［M］．长沙：岳麓书社，2017：143.
⑥ 张伯行．小学集解［M］．上海：商务印书馆，1936：57.
⑦ 江先忠，王维建．朱子《小学》详解［M］．长沙：岳麓书社，2017：154.

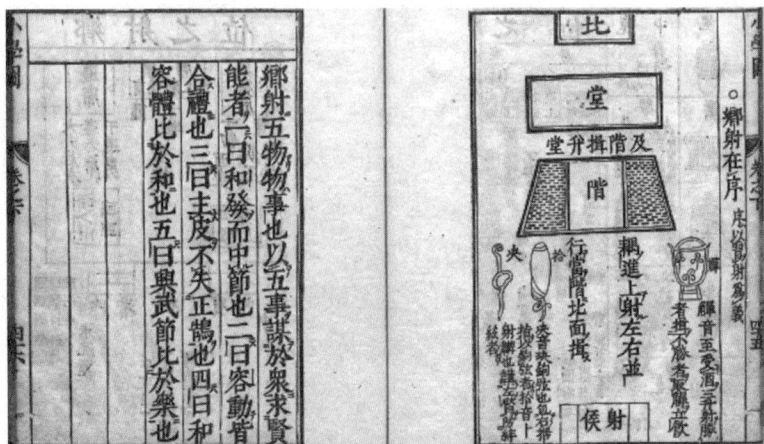

图 4.2　乡射在序图

（资料来源：摘自日本国立公文书馆藏《小学书图骠括纂要》卷之下第四十五页）

其次，威仪之则注重颜色端庄。本节第四章辑录自《礼记·玉藻》，指出色容贵在端庄[1]，不可戏色，亦不可狎昵[2]。本节第十三章辑录自《论语·乡党》，描述了孔子之颜色，其言曰："子见齐衰者，虽狎必变，见冕者与瞽者，虽亵必以貌。凶服者式之，式负版者。"[3] 此章主要说明孔子对于服丧者、冠者、瞽者、负版者的敬重之情。孔子同情服丧之人，尊重有爵位之人，体恤身有残疾之人，敬重为国尽忠之人。本节第十四章辑录自《礼记·玉藻》，其言曰："若有疾风迅雷甚雨则必变；虽夜必兴，衣服冠而坐。"[4] 如果遇到疾风、迅雷、暴雨要马上改变容色，即便是在晚上也要马上起来，衣冠而坐，此乃古人表示对上天发怒的敬畏之情。

颜色端庄尤其会体现在目容上，眼睛是灵魂之窗，古人礼仪尤其重目容，要求目容必须端正，不可"淫视"。[5] 本节第三章就强调进入室门之时目光应向下，不可四处张望，这是对主人隐私的尊重，更是一个人心术是否端正的

---

[1]　江先忠，王维建. 朱子《小学》详解［M］. 长沙：岳麓书社，2017：141.

[2]　江先忠，王维建. 朱子《小学》详解［M］. 长沙：岳麓书社，2017：143.

[3]　江先忠，王维建. 朱子《小学》详解［M］. 长沙：岳麓书社，2017：148.

[4]　张伯行. 小学集解［M］. 上海：商务印书馆，1936：59.

[5]　江先忠，王维建. 朱子《小学》详解［M］. 长沙：岳麓书社，2017：139.

重要体现。①。本节第八章则辑录自《礼记·曲礼》，其言曰："凡视，上于面则敖，下于带则忧，倾则奸。"② 本章强调看人视线要适中得当，如果目光高于对方脸面就会显得傲慢，如果目光低于对方腰带就会显得忧虑，如果目光斜视就显得奸邪不正。眼睛是心灵的窗户，眼神所到之处，便是内心关注之处，所以通过目容可以观察一个人的内心。反过来，修养目容也可以有益于内心，所以君子对于目容格外慎重。

最后，威仪之则注重辞令和顺。《周易》有言："言行，君子之枢机。枢机之发，荣辱之主也。言行，君子之所以动天地也，可不慎乎。"③ 意为言论和行为，犹如君子"门户"开合的机要，"门户"机要的启发，恰似或荣或辱的关键。言论和行为，是君子用来鼓动天地万物的，岂能不慎重呢？通过学习，使自身的言语谦逊和顺，可以让自己远离鄙陋狭隘，也可以免于自招侮辱，自然要敬慎相待。本节第二章就规定"毋嗷应"④，这是因为声容要沉稳，所以不要高声应答。本节第三章也指出不要在城墙上东指西指、大呼小叫，因为这样会打扰到其他人。⑤ 本节第四章则规定"口容止"⑥，警诫为人处世不要妄言。本节第六章则指出"毋身质言语"⑦，意思是不要为那些没有根据的流言做证，要对自己的言行负责。本节第十一章辑录自《仪礼·士相见礼》，主要说明与人交谈要因人而异，符合人伦，比如，与长辈着重探讨如何教育子弟，与年轻人则主要谈论如何孝悌父兄。⑧

此外，为了说明辞令的重要性，本节辑录了多则孔子的典故以说明之。比如，本节第七章描述孔子坐车之时"不疾言"⑨；第十章描述孔子吃饭时不交谈、睡觉时不说话，用心十分专一⑩；第九章比较详细地描述了孔子对于言

---

① 江先忠，王维建. 朱子《小学》详解［M］. 长沙：岳麓书社，2017：140.
② 江先忠，王维建. 朱子《小学》详解［M］. 长沙：岳麓书社，2017：144.
③ 黄寿祺，张善文. 周易译注［M］. 上海：上海古籍出版社，2004：511.
④ 江先忠，王维建. 朱子《小学》详解［M］. 长沙：岳麓书社，2017：139.
⑤ 江先忠，王维建. 朱子《小学》详解［M］. 长沙：岳麓书社，2017：141.
⑥ 江先忠，王维建. 朱子《小学》详解［M］. 长沙：岳麓书社，2017：142.
⑦ 江先忠，王维建. 朱子《小学》详解［M］. 长沙：岳麓书社，2017：143.
⑧ 江先忠，王维建. 朱子《小学》详解［M］. 长沙：岳麓书社，2017：147.
⑨ 江先忠，王维建. 朱子《小学》详解［M］. 长沙：岳麓书社，2017：144.
⑩ 江先忠，王维建. 朱子《小学》详解［M］. 长沙：岳麓书社，2017：146.

语的态度，他在家乡的时候温顺恭谨，就像"不能言"一样，在宗庙朝廷说话却清楚流畅又谨慎，上朝时与下大夫交谈刚直又和乐，与上大夫交谈和悦又正直。① 张伯行先生注解此章曰："此见圣人之言貌，随时不同也。在乡党，则有父兄宗族之当恭顺；在宗庙朝廷，则有礼法政事之当明辨；上大夫、下大夫则同僚有兄弟之义。圣人随其所处，皆合天则，曰恂恂、曰便便、曰侃侃、曰訚訚。学者玩味而体察之，则圣人威仪之则，亦可想见矣。"② 可见朱子辑录此三章，意在为弟子树立圣人榜样，使之有规可循。

值得一提的是，本节第二十章朱子辑录《礼记·玉藻》之文以说明佩戴玉器对于修身治心之妙用，其言曰："古之君子必佩玉。右徵角，左宫羽，玉声所中。趋以《采荠》，行以《肆夏》，周还中规，折还中矩，进则揖之，退则扬之。然后玉锵鸣也。揖之谓小俯。扬之谓小仰。故君子在车则闻鸾和之声，行则鸣佩玉。是以非辟之心无自入也。"③ 中国传统文化向来将君子温润美德比喻成玉，《诗经·小戎》《礼记·聘义》都有相关记载，君子右边佩玉发出徵角的声音，右边佩玉则发出宫羽的声音，不仅如此，君子快走之时佩玉与乐曲《采荠》合拍，慢走之时佩玉与《肆夏》合拍，周旋揖让中规中矩而佩玉发出铿锵之声，这样君子坐车时听着鸾铃之声，行走时听着佩玉之声，邪僻的念头就没办法侵入内心了。由此章可见，古人认为玉的撞击声乃是正声，可以养正防邪，这样平和中正之音不绝于耳，内心自然充满正气，这也是古人要借助佩玉修身治心（参见图4.3）的原因。

综上所述，我们可以看到威仪于治心之术是何等重要，张伯行先生有言："夫人之心术虽正，而威仪未善，则内外尤未一致也。故正心术者，不可不谨于威仪。然必心术正，而后威仪之形形于外者亦正。使不知主敬以立其本，则所谓威仪者，徒矫饰于外而已，岂内外合一之学哉，此入小学者所当知也。"④ 由此可见，"敬身"是圣学教育心法非常注重之处，心正必然敬身，敬身有助正心，此便是内外合一之学。

---

① 江先忠，王维建.朱子《小学》详解［M］.长沙：岳麓书社，2017：145.
② 张伯行.小学集解［M］.上海：商务印书馆，1936：58.
③ 江先忠，王维建.朱子《小学》详解［M］.长沙：岳麓书社，2017：153.
④ 张伯行.小学集解［M］.上海：商务印书馆，1936：61.

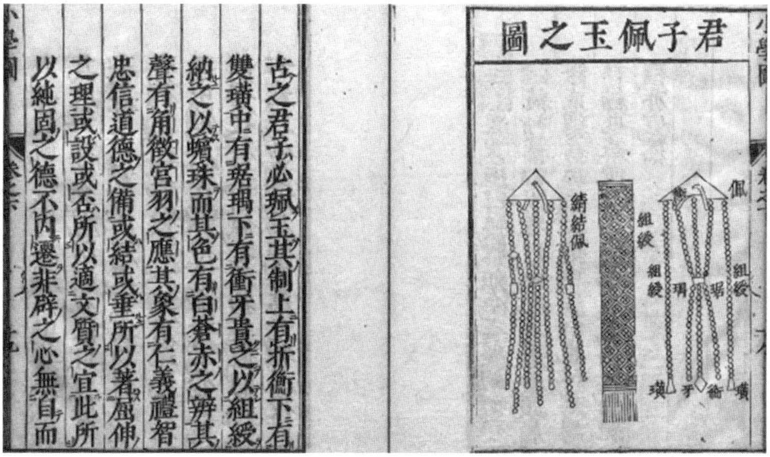

古之君子必佩玉其制上有折衝下有
雙璜中有琚瑀下有衝牙蔡以組綬
納之以蠙珠而其色有白蒼赤之辨其
聲有角徵宮羽之應其象有仁義禮智
忠信道德之備或結或垂所以著其
之理或設或否所以通文質之宜此所
以純固之德不內遷非辟之心無自而

圖之玉佩子君

图 4.3　君子佩玉之图

（资料来源：摘自日本国立公文书馆藏《小学书图骠括纂要》卷之下第十九页）

第三节　衣服之制：淑慎尔德

本节上承威仪之则，乃进一步申述衣服之制对于修养身心的重要性。德行是人的内在之美，衣服则是人的外在之美，"衣服之制"此节关注的是如何通过穿着的外在之美"淑慎尔德"，唤醒和彰显人的内在之美。此章大义，正如京兆李氏所言："先王之制衣服，莫非性命之理。衣服有制，乃可谓威仪……夫衣者对裳之称；服者对御之礼。首一章明既冠成人方加以成服，服备乃责以成德；次四章明古人致谨于衣服如此；此一章明末不可过，饰于衣服之末而忘其心德之重也。"① 也就是说，衣服之制和性命之理是相表里的，古圣先王制定衣服之礼不仅仅是为了御寒保暖，更是为了教化民众成德成贤。

本节首章乃朱子辑录自《仪礼·士冠礼》，以说明冠礼蕴含的对于修身治心成人的重要含义，其言曰："始加，祝曰：'令月吉日，始加元服。弃尔幼志，顺尔成德。寿考维祺，介尔景福。'再加，曰：'吉月令辰，乃申尔服。

---

① 何士信.标题注疏小学集成：卷四［M］.东京：日本国立公文书馆，万治元年刊本：32.

敬尔威仪，淑慎尔德。眉寿万年，永受胡福。'三加，曰：'以岁之正，以月之令，咸加尔服。兄弟具在，以成厥德。黄耇无疆，受天之庆。'"① 正如《冠义》所云"冠而后服备"，可见衣服之制开始于"冠"，也是从我们人身上最重要的部位——头部，也因为如此，《冠义》又说"冠者礼之始"②。本章主要描述了三次加冠的礼仪（参见图4.4），每次质料都比之前珍贵，目的则是教谕受冠者在不同的年龄阶段当树立不同的人生志向。初次加缁布斋冠，要求受冠者净洁身心，诚敬斋戒，修养美德，希望受冠者能尚质重古，勿忘祖先创业艰难；次加皮弁冠，要求受冠者敬修仪容，不可懈怠，并且受冠者可以佩带宝剑，表示有权为国出力；三加爵弁冠，希望受冠者成就美德，受天之庆，并且表示受冠者有权参与祭祀而敬事神明。三种冠由卑至尊，暗示受冠者德行、年寿皆日新又新。

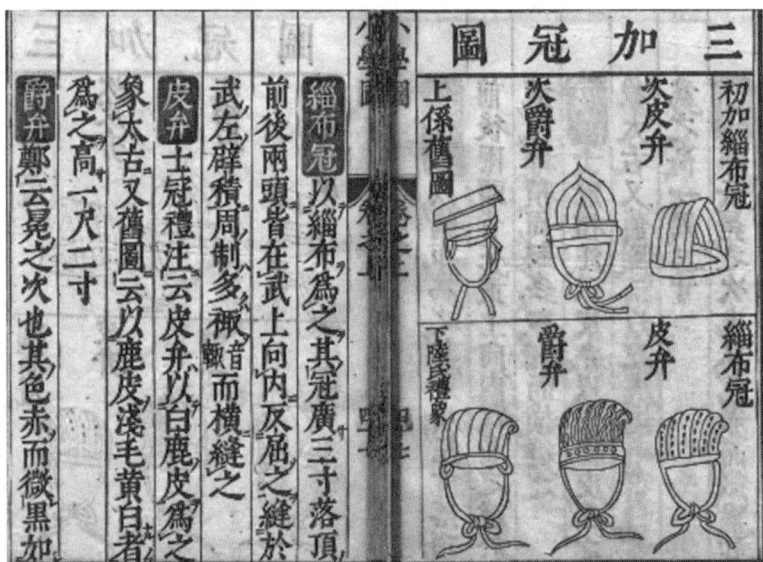

图4.4　三加冠图

（资料来源：摘自日本国立公文书馆藏《小学书图隳括篆要》卷之上第四十七页）

---

① 江先忠，王维建. 朱子《小学》详解 [M]. 长沙：岳麓书社，2017：154.
② 朱杰人，严佐之，刘永翔. 朱子全书：第2册 [M]. 上海：上海古籍出版社，合肥：安徽教育出版社，2010：71.

为了说明冠帽对于人的重要性，朱子专门从反面辑录了一则故事强调冠帽如果不合礼制的话，甚至会招来杀身之祸。郑子臧因罪而出逃至宋，他喜好收集鹬鸟翎羽装饰冠帽，他父亲郑文公得知后非常厌恶，便派人将他暗杀了。① 朱子辑录此章的深意在于告诫学者，服饰虽然是人的外在装饰，但也是一个人内在品质的体现，如果"服之不衷"，就很有可能会给自己带来灾难。

本节第二章乃朱子辑录自《礼记·曲礼》，其言曰："为人子者，父母存，冠衣不纯素。孤子当室，冠衣不纯采。"② 本章主要说明为人之子，衣冠要符合孝道，吕氏有云："人子之服必尽乎孺子之饰者，所以悦其亲也。故髧彼两髦，饰其首也；衣纯以绩以青，饰其身也。冠衣纯以素，孤子之服，非所以事亲也。"③ 父母在世，为人子者心中喜乐所以衣冠需要镶彩边而不可镶白边；孤子主持家事时，虽已除丧服，但衣冠需镶白边而不可镶彩边，以表示对父母之怀念。

本节第三章乃朱子辑录自《论语·乡党篇》，其言曰："君子不以绀緅饰。红紫不以为亵服。当暑，袗絺綌。必表而出之。"④ 本章描述了孔子是如何遵守衣服之制的，《小学集成》注解此章曰：

> 张氏曰："绀緅不以饰，别嫌疑而重丧祭也。"黄氏曰："衣，身之章也。轻而用之，是轻其身也。后世朝祭之服皆不如古，而士君子之服其色其制无一合于礼者。甚者服蛮夷之服而莫之怪。风俗之不古，可胜叹哉！"⑤

由此文可知，孔子穿衣不用深青透红或黑色透红之布镶边，居家时不穿红色和紫色衣服，酷暑时穿麻布单衣必须配衬衣，方方面面都非常符合礼的要求。

---

① 江先忠，王维建. 朱子《小学》详解［M］. 长沙：岳麓书社，2017：210.

② 江先忠，王维建. 朱子《小学》详解［M］. 长沙：岳麓书社，2017：156.

③ 何士信. 标题注疏小学集成：卷四［M］. 东京：日本国立公文书馆，万治元年刊本：29.

④ 张伯行. 小学集解［M］. 上海：商务印书馆，1936：62.

⑤ 何士信. 标题注疏小学集成：卷四［M］. 东京：日本国立公文书馆，万治元年刊本：30.

本节第四章、第五章和上章一样，皆为朱子辑录自《论语·乡党篇》，用以进一步说明孔子容体威仪皆合乎礼制。第四章所言是服满丧期之后，除去丧服便"无所不佩"①，古人以玉比德，所以君子必定佩玉养德。第五章则是描述孔子吊丧之时，不穿"羔裘玄冠"② 这类不合礼制的衣服，正如张伯行先生所言：

> 吊必变服以哀死也。羔裘玄冠皆黑色，则不用以吊丧也。夫圣人之于衣服，不求异于人，亦不苟同于人，但于义稍有不合，则不敢轻用耳。故颜色之嫌，表里之辨，繁简之殊，吉凶之别，莫非精义之所存，学者不可不察也。③

可见，孔子对于衣服是多么讲究，无论颜色、表里、繁简、吉凶，都符合礼制。朱子辑录此章，意在提醒学者当效法夫子，不可违背礼制。

本节第六章乃朱子辑录自《礼记·玉藻》，其言曰："童子不裘，不帛，不屦绚。"④ 本章意在说明养育儿童，不可奢侈，不要穿皮帛制作的衣服，不要穿鞋头有装饰的鞋子，应当以俭朴为主。张伯行先生注曰："古者弱冠始衣裘帛，故童子不裘不帛。盖太温则伤阴气，且幼习华靡，长大必耻布素。故古人慎之，不屦绚，以童子为习行戒，故屦不用绚，示有品节，亦戒华饰也。近世不知此义，童子便衣裘帛，又加以金银珠翠之饰，故男女从幼时便骄惰坏了，朱子引此，教人养正之功，当以俭朴为主，不可过华也。"⑤ 古语有言"俭以养德"，诚哉斯言！

为了更好地说明衣服之制要以俭朴为上，朱子在《小学·稽古篇·敬身》辑录了一则《国语·鲁语下》的典故来说明此理。公父文伯退朝回家后拜见母亲，看到母亲正在纺织，文伯认为像他们这样的家庭无须母亲亲自纺织，文母敬姜听后非常感叹，并告诫文伯：

---

① 江先忠，王维建. 朱子《小学》详解［M］. 长沙：岳麓书社，2017：157.
② 江先忠，王维建. 朱子《小学》详解［M］. 长沙：岳麓书社，2017：158.
③ 张伯行. 小学集解［M］. 上海：商务印书馆，1936：62.
④ 江先忠，王维建. 朱子《小学》详解［M］. 长沙：岳麓书社，2017：158.
⑤ 张伯行. 小学集解［M］. 上海：商务印书馆，1936：62.

鲁其亡乎！使僮子备官而未之闻邪？居，吾语女。夫民劳则思。思则善心生。逸则淫。淫则忘善。忘善则恶心生。沃土之民不材（才）。淫也。瘠土之民莫不向义。劳也。是故王后亲织玄紞，公侯之夫人加以纮綖，卿之内子为大带，命妇成祭服，列士之妻加之以朝服。自庶士以下皆衣其夫。社而赋事，烝而献功，男女效绩，愆则有辟。古之制也。吾冀而朝夕修我曰"必无废先人"，尔今曰"胡不自安"，以是承君之官，余惧穆伯之绝嗣也。①

朱子辑录此则典故，意在告诫弟子勤俭节约乃敬身之要，不可因为家境殷富而违背礼制。为了进一步强调"俭以养德"的重要性，朱子在《小学·善行篇·实敬身》辑录了文中子的一则典故。文中子王通穿衣十分注重俭朴和洁净，没有多余的衣服，更没有罗绮锦绣织成的衣服，他说君子应当"非黄白不御"②，也就是说要穿自然本色的衣服。对于俭朴和劳作的重要性，正如江先忠、王维建两位先生所言：

善心萌发，就能树立道义；恶心滋生，就不能成才。不成才是由于安逸，有道义是基于劳苦。男耕女织，每人都要有成绩，如果因为安逸享乐而又过失，就要治罪，这个规矩，是不分贵贱的。贪图安逸，自然败亡，所以敬姜会担心丈夫绝后。文伯不知礼制，母亲敬姜就详细告诉他法度规矩，这大约就是孔子所说的"爱他，就要让他劳作"的用意吧。③

本节末章乃朱子辑录自《论语·里仁篇》，其言曰："士志于道而耻恶衣恶食者，未足与议也。"④ 本章引用孔子之言表明有志之士不能以吃不好、穿不好、住不好为耻辱，孔子认为这样的人是不值得和他们谈论圣贤之道的。

---

① 江先忠，王维建．朱子《小学》详解［M］．长沙：岳麓书社，2017：212.
② 张伯行．小学集解［M］．上海：商务印书馆，1936：189.
③ 江先忠，王维建．朱子《小学》详解［M］．长沙：岳麓书社，2017：213.
④ 张伯行．小学集解［M］．上海：商务印书馆，1936：63.

为了进一步阐明此义，朱子在《小学·稽古篇·敬身》引用孔子夸赞子路之言以印证之。子路之所以能身着恶衣与"衣狐貉者"①站在一块儿而丝毫不觉得耻辱，是因为子路是真正有志于道者。《小学集成》则引用真氏之言注解此章，十分精当，真氏曰：

> 志于道者，心存于义理也；耻衣食之恶者，心存于物欲也。理之与欲不能两立，故圣人以此为戒也。南轩尝云："天下无门界底道理，欲做好人，则不可望快活；要快活，则做不得好人；此之谓也。"南轩之言虽鹿然，学者必须于此分别得明白，然后可以进道，不然则徒说而已。颜子一箪食、一瓢饮不改其乐，此是不耻恶食；子路缊袍与衣狐貉者立而不耻者，此是不耻恶衣。前辈有云："人能咬得菜根，何事不可为？"亦此谓也。②

综合朱子所引数则典故，我们可以看到，朱子认为"衣服之制"首在符合礼制，次要以俭朴为上。衣服虽是外物，却是礼制之外化，是人身一日都很难离开的，人如何对待衣服也是人心的反映，因此治心必须治衣，必须以礼义之道贯通衣服之制，这也是朱子《小学》教育心法的要义之一。

第四节　饮食之节：奉养大体

本节主要探讨饮食之节蕴含的心法思想，上节引用孔子之言以明耻恶食者不足与论圣贤之道，本节则详细申述如何以饮食之节奉养大体。张伯行先生如此概括本节要义：

> 凡六章，首三章明饮食之礼，次一章明贵贱之别，次一章明饮食之

---

① 江先忠，王维建. 朱子《小学》详解［M］. 长沙：岳麓书社，2017：209.
② 何士信. 标题注疏小学集成：卷三［M］. 东京：日本国立公文书馆藏本，万治元年刊本：31-32.

源，后一章戒饮食之过。夫饮食所以养身也。人之苟于饮食而不知节者，多矣。贤父母爱男女，从幼便教之节饮食；而溺爱者，从幼便纵其饮食之欲，养成贪馋之性，及其长也，甘为饮食之人而不知耻，亦可哀也。所以朱子教人敬身，莫要于饮食之节。先将《曲礼》所禁许多饮食无节之病教人精察而力去之，次言侍燕于君子之道，次引孔子饮食之节以为后学仪型，次言牲杀有礼，次言饮食有节，而终之以养小失大为戒，不可以养人者反害于人也。节饮食之旨，可谓详且尽矣，学者熟此，而切己体察，岂有不知饮食之节哉。①

从张注可知，饮食有节这一传统可追溯到《曲礼》，也是朱子教人敬身要点之一。饮食有节一方面利于养身，另一方面利于养心。因此，朱子专门设饮食一节，以教诲弟子。

本节第一章乃朱子辑录自《礼记·曲礼》，本章主要列举了十八种进食时的规矩，看似繁多，实则是餐桌上的基本礼仪，是对他人的基本尊重。比如"毋咤食"等条目至今依然是基本的用餐礼仪。张伯行先生对本章的注解十分精当详细，非常值得参考②，由张伯行先生的注解可见，饮食不仅是吃饭之事，还关于治心之法、敬身之道。

根据本章所言，我们可以总结如下几条饮食之道：其一，饮食之道需尊重他人，不可只图一己之欲望而不顾他人感受，比如本章所言"毋咤食"等条目；其二，饮食之道需谦让有礼，所谓"共食不饱"便是与他人一同饮食不可只图自己吃饱，要懂得谦让；其三，饮食之道需克制欲望，所谓"毋扬饭"便是不要为了尽快吃到饭而把饭簸扬凉；其四，饮食之道需消除贪念，所谓"毋固获"便是指不要一个劲地吃自己爱吃的食物。综上所述，我们可以看到，饮食虽是小事，却有天理存在，一有不慎便会放纵欲望而违背了天理仁心。正如张伯行先生所言，"一饮一食，不循人欲而循天理，便是仁。稍有贪心，便是违仁。稍不知谨，便是违"③，所以饮食必须治心，需克制人

---

①　张伯行. 小学集解 [M]. 上海：商务印书馆，1936：65-66.
②　张伯行. 小学集解 [M]. 上海：商务印书馆，1936：64-65.
③　张伯行. 小学集解 [M]. 上海：商务印书馆，1936：64-65.

欲、贪心，需敬谨以待，这才是饮食之道。如果从小就能培养儿童良好的饮食习惯，使他们的行为符合天则，自然就离仁道近了一步。

本节第二章乃朱子辑录自《礼记·少仪》，此章要说明的是后辈陪侍尊长参见宴饮时要注意的基本礼节。陪侍尊长宴饮，不能只顾自己，而是需要照顾尊长。"先饭"是进食之礼，有为尊长尝食之义；"后己"则暗含劝食之义；自己进食之时要注重不要贪吃、不要丑态毕露，而要小口咀嚼。① 饮食是人的基本需要，是人之大欲所在，圣人之所以详细规定饮食的基本礼节，是因为以豫为先，而不是等到违礼之后再去纠正。饮食合于礼，显发的便是道心；饮食违背礼，显发的便是人心，正如朱子所言，"人心、道心之说甚善。盖以道心为主，则人心亦化而为道心矣。如《乡党》所记饮食衣服本是人心之发，然在圣人分上，则浑是道心也"②，可见这不仅仅是饮食之礼，更是治心敬身之法。

本节第三章乃朱子辑录自《论语·乡党篇》，本章主要记录的是孔子是如何注重饮食之节的，用以做儿童的饮食典范，其文曰："食不厌精，脍不厌细。食饐而餲，鱼馁而肉败不食，色恶不食，臭恶不食，失饪不食，不时不食。割不正不食，不得其酱不食。肉虽多，不使胜食气；惟酒无量，不及乱。沽酒市脯不食。不撤姜食，不多食。"③ 从本章可见，孔子非常注重饮食之道，不嫌粮食不精细，不嫌肉片不细小，这是因为精细的粮食能养人，而太粗的肉片则会伤人，对于腐败恶臭的食物、烹饪不当的食物、切割不当的食物、调料不当的食物、外面买来的酒肉，孔子都不吃。对于酒肉之类的饮食孔子也非常节制，食物即便味美也不多吃。孔子注重饮食之道并非为了满足自己的口腹之欲，而是严格遵守养生之道，以此保养自己的身体，不当吃就不吃，该吃的也不撤，喜欢吃的不多吃，一切依理而行。正如张伯行先生所言："圣人岂有意而为之哉？心纯天理，安而行之。无意必也。学者读此，知一饮一食，原有是非，不容苟且，是者即为天理，非者即为人欲。敬身之道，可以饮食为小节而忽之乎。"④ 可见，即便是饮食这等日常之事，也无不蕴含

---

① 江先忠，王维建．朱子《小学》详解［M］．长沙：岳麓书社，2017：161.
② 郭齐，尹波．朱熹文集编年评注［M］．福州：福建人民出版社，2019：2486.
③ 江先忠，王维建．朱子《小学》详解［M］．长沙：岳麓书社，2017：162-163.
④ 张伯行．小学集解［M］．上海：商务印书馆，1936：64.

天理，也是学者应当注意之处。

本节第四章乃朱子辑录自《礼记·玉藻》，意在强调国君、大夫、士不能只为口腹之欲而宰杀牛、羊、犬、豕之类的动物，君子则要远离庖厨之事，不要宰杀动物。① 应氏有言："无故不杀，仁也。有故而杀，礼也。远之而弗亲莙，亦仁也。盖人之于禽兽，同生而异类，故用之以礼，断之以义，君子之道。彼穷口腹之欲者，轻戕物命而不顾，是不仁也。"②《孟子》一书也曾记载孟子和齐宣王关于以羊易牛的一段对话，孟子指出齐宣王之所以不忍见牛觳觫乃是因为萌生了不忍之心，在孟子看来这不忍之心便是仁术。③ 清儒高愈先生也认为："圣人经世宰物，固未尝如佛家之戒杀；然爱惜生命之意，亦未尝不存；所谓仁至义尽也。若以口腹之故而轻戮物命，且或躬亲莙割之，则无复有仁心矣。"④ 可见人类不能为了满足自己的口腹之欲而任意残杀动物，在饮食上也要怀不忍之心，爱护生命、尊重动物。

本节第五章乃朱子辑录自《礼记·乐记》，意在说明饮酒需遵循酒礼，不可醉酒生祸。我们日常生活中经常听到甚至见到酒后乱德之事，如果从脑科学的角度来解释，酒精可以麻醉主管我们理性思维的前额叶（我们通常所说的理性脑），从而让我们的身体被情绪脑主管，从而做出乱德之事。《尚书·酒诰》有言："文王诰教小子有正有事，无彝酒。越庶国，饮惟祀，德将无醉。惟曰我民迪小子，惟土物爱，厥心臧。聪听祖考之彝训，越小大德，小子惟一。"⑤ 可见早在周代，周文王便对饮酒之事极为重视，文王既理解人需要饮酒带来的放松和欢乐，又制定酒礼防止因酒生祸。正如高愈先生所言：

> 人非饮食不欢，故先王蒸豕为酒以乐之而小人乘醉相侵，则狱讼益多矣。一献礼之简者。百拜，言多也。先王因其生祸，复制礼以防止，使人终日饮而不得醉，则况酗不行，狱讼之祸绝矣。盖先王之达人欢心，

---

① 江先忠，王维建. 朱子《小学》详解［M］. 长沙：岳麓书社，2017：163.
② 张伯行. 小学集解［M］. 上海：商务印书馆，1936：64-65.
③ 金良年. 孟子译注［M］. 上海：上海古籍出版社. 2004：14.
④ 朱熹. 言文对照小学集注［M］. 沈元起，译. 北京：中国华侨出版社. 2012：91.
⑤ 尚书译注［M］. 李民，王健，译注. 上海：上海古籍出版社. 2004：270.

而复遇人邪欲如此。①

本节末章乃朱子辑录自《孟子·离娄》，其言曰："饮食之人则人贱之矣，为其养小以失大也。"② 孟子批评那些只为享受口腹之欲的人，认为这种人只会被人看低，因为他们活着只是为了"养小"，只是为了满足小小的口腹之欲，一辈子都为此奔走钻营，却不懂得"养大"，不懂得涵养心志，追求更卓越的人生价值。正如朱子批评的那样，现在人对于饮食等事物非常讲究，但是对于义理很少用心理会，如此这般便会日渐昏蔽而不自知。③

饮食虽只是日常生活小事，但是正如明道先生所说，此等小事乃是关乎死生之道的大事，他说："能尽饮食言语之道，则可以尽去就之道。能尽去就之道，则可以尽死生之道。饮食言语，去就死生，小大之势一也。故君子之学，自微而显，自小而章。"④ 人们常说，我们吃饭是为了活着，但是活着不仅仅是为了吃饭。保持良好的饮食之道，不仅是养生之道，更是治心之术。

朱子《小学》教育心法告诉我们，一方面要像孔子一样通过健康美好的饮食滋养我们的身体；另一方面要注重节制我们的饮食，使之依礼而行。正如周昌乐教授所言："所谓'节欲之道，万物不害'，使心胸平正，恢复原本就是'自充自盈、自生自成'的心性，并通过'内静外敬、能反其性'的道理，实现'性将大定'之目标。"⑤

① 朱熹. 言文对照小学集注［M］. 沈元起，译. 北京. 中国华侨出版社.2012：91.
② 江先忠，王维建. 朱子《小学》详解［M］. 长沙：岳麓书社，2017：165.
③ 黎靖德. 朱子语类［M］. 北京：中华书局，1986：147。朱子曰："今人于饮食动使之物，日极其精巧。到得义理，却不理会，渐渐昏蔽了都不知。"
④ 黄宗羲，全祖望. 宋元学案［M］. 北京：中华书局，1986：562.
⑤ 周昌乐. 通智达仁：传授心法述要［M］. 厦门：厦门大学出版社，2018：195.

第五章

总论——从洒扫应对到全体大用

　　"洒扫应对"是朱子小学教育心法中的核心组成部分，它不仅包括了洒扫、应对、进退等日常事务，还涵盖了孝亲、敬长、尊师、亲友等伦理规范，可以说这四个字囊括了朱子特别注重的"小学"阶段的道德要求和行为规范。在《小学题词》一文中，朱子将小学教育总结为这四个字"洒扫应对"，可以说，自此之后，"洒扫应对"成为自宋至清近一千年间小学教育的代名词。"全体大用"则是朱子教育心法的最终归宿，它是要通过格物穷理、居敬涵养之功夫达至"心具众理而应万事"以至"众物之表里精粗无不到""吾心之全体大用无不明"的圣贤境界。

　　朱人求先生在《朱子"全体大用"观及其发展演变》一文中详细而精到阐述了朱子的"全体大用"，他认为所谓"全体"就是心中包含所有道理；"大用"就是人心自然能应接万事万物，朱子的"全体大用"精神不仅仅是一种思想，更落实在了朱子一生的实践中，这也足见朱子思想中内圣与外王的统一，致知与力行的统一，在经历了宋、元、明、清的思想交锋、承传与创新后，朱子的"全体大用"思想也上升为儒家精神的代名词。① 朱子《小学》教育心法，便是要在小学阶段通过"洒扫应对"的下学工夫培育蒙童良好的道德习惯，涵养蒙童真诚敬畏之心，并以此奠定可上达"全体大用"高明之境的圣贤坯璞，这也是本论文的核心思想所在。

　　自青年时代起，朱子就开始思考如何通过"洒扫应对"的工夫上达"全体大用"的圣域，小学教育和大学教育为何可以贯通又如何贯通，这一思考

---

① 朱人求. 下学而上达：朱子小学与大学的贯通 [J]. 江南大学学报（人文社会科学版），2013（3）：5-10.

可谓伴随了朱子大半生。正如朱人求教授所言，一直到《大学章句序》的完稿，才标志着这一问题终于得到解决①，即朱子在序中所言，"因小学之成功，以著大学之明法，外有以极其规模之大，而内有以尽其节目之详者也"②。至此，在朱子教育心法中，小学、大学得以贯通，自"洒扫应对"的下学工夫便可上达至全体大用之圣域。

第一节　下学洒扫应对

在朱子教育心法体系中，下学主要指"洒扫应对"之事。提到"洒扫应对"，便不得不提绍兴二十六年（1156）的"杜鹃夜悟"，也称"丙子夜悟"。这一年朱子二十七岁，任同安主簿，他因公差而投宿于德化一家山间寺院，此夜他正在努力攻读《论语·子张篇》，读至"洒扫应对"章却被困其中，百思不得其解，再加上天气寒冷，衣被单薄，以致难以入睡，外面突然传来杜鹃的啼叫，朱子突然有所领悟，此章蕴含的深意顿时显现出来。为此"杜鹃夜悟"，朱子还曾专门写诗一首，名曰《之德化宿剧头铺夜闻杜鹃》，诗曰："王事贤劳秖自嗤，一官今是五年期。如何独宿荒山夜，更拥寒衾听子规。"③

甚至在数年之后，朱子对此"杜鹃夜悟"依然印象深刻，专门和学生谈及此事。据《朱子语类》记载："一日夜坐，闻子规声。先生曰：'旧为同安簿时，下乡宿僧寺中，衾薄不能寐。是时正思量"子夏之门人小子"章，闻子规声甚切。今才闻子规啼，便记是时。'"④ 对于此次"夜悟"的具体内涵，朱子在一次回答弟子问"洒扫应对"章时曾说：

> 此最难看。少年只管不理会得"理无大小"是如何。此句与上条教人有序，都相反了。多问之前辈，亦只似谢氏说得高妙，更无捉摸处。

---

① 朱人求. 下学而上达：朱子小学与大学的贯通 [J]. 江南大学学报（人文社会科学版），2013（3）：5.

② 朱熹. 四书章句集注 [M]. 北京：中华书局，1983：2.

③ 郭齐，尹波. 朱熹文集编年评注 [M]. 福州：福建人民出版社，2019：98.

④ 黎靖德. 朱子语类 [M]. 北京：中华书局，1986：1211.

因在同安时，一日差入山中检视，夜间忽思量得不如此。其曰"理无小大"，无乎不在，本末精粗，皆要从头做去，不可拣择，此所以为教人有序也。非是谓"洒扫应对"便是"精义入神"，更不用做其他事也。①

　　朱子认为，"洒扫应对"这章是最难领会的地方之一，自己年少时不明了"理无大小"之义，以为此和"教人有序"是相矛盾的，正是在德化山间才悟得理虽然不分大小、无处不在，但是事有小大精粗，都要从头做起，这也是为什么教人必须有先后之序，并不是说"洒扫应对"就等于"精义入神"。

　　需要指出的是，在圣学教育心法体系中，最早提出洒扫应对的并非孔子，而是孔门弟子子夏。据《论语·子张篇》记载："子游曰：'子夏之门人小子，当洒扫应对进退，则可矣，抑末也。本之则无，如之何？'子夏闻之，曰：'噫，言游过矣！君子之道，孰先传焉？孰后倦焉？譬诸草木，区以别矣。君子之道，焉可诬也？有始有卒者，其惟圣人乎？'"② 子游批评子夏教学，认为子夏所教的弟子只会洒扫应对进退之事，而这些事属于细枝末节，而非根本之道，子夏在听说了子游的批评之后，很严肃甚至严厉地给予了回应。子夏首先直接否定了子游的观点，认为子游的话很过分，是诋毁和污蔑君子教学之道，然后解释说，君子教学是先后有序的，就像草木有别，最后以他反问的语气强调，唯有圣人教学才能有始有终，本末先后清清楚楚。

　　我们不禁要问，为何被子游嗤之以鼻的"洒扫应对"却被子夏如此重视呢？如果考察《论语》中国记载的子夏的言论，我们会发现这应当和子夏对何谓道、何谓学的理解是密切相关的。比如，在《论语·学而篇》"贤贤易色"章中，子夏就认为，一个人如果能对父母尽心、对君主尽忠、对朋友诚信，即便自称"未学"，"我"也一定"谓之学矣"；又如，《论语·子张篇》中，子夏认为，"仁"并不在玄远处，而在"博学而笃志""切问而近思"之中；再如，同样是在《论语·子张篇》中，子夏认为，各类工匠在作坊里完成他们的事业，而君子则通过学来追求修己治人之道。从上述三则子夏的言论，我们可以看到，其中蕴含的精义和"洒扫应对"章是一脉相承的，"洒扫

---

① 黎靖德. 朱子语类［M］. 北京：中华书局，1986：147.
② 朱熹. 四书章句集注［M］. 北京：中华书局，1983：191.

应对"蕴含着事父母、事君、交友之道，而这也是博笃切近的重要内容，修己治人之道必须在此中才能达至，所以就无怪乎子夏对子游的批评如此严厉了。

很可惜的是，自子夏提出"洒扫应对"之教后，从汉代一直到唐代都没有得到很好的讨论和发展，汉唐经学家对此章的解释基本停留在字面上，而对其中蕴含的圣学教育深意却未能加以阐发。此种情况一直到北宋才有所改善。首先对"洒扫应对"进行深入挖掘的是二程子，二程子认为"洒扫应对"虽然只是事，但是其中必然蕴含理，也就是"所以然"，所以他们说"从洒扫应对至精义入神，通贯只一理"①。基于此，二程子认为从"洒扫应对"这下学工夫做起，可上达而至圣人事。但是，我们也可以看到二程子对如何从"洒扫应对"入手而上达圣人之境缺乏细致、深入的阐发，这也导致了好学深思的青年朱子在阅读此章时产生困惑，也就有了上文所述的"杜鹃夜悟"。

正如席海燕、刘晶波两位学者所言，朱子之所以被此章所困，主要是因为二程子转换了对此章的解释范式，二程子一方面说要教人有序，另一方面又说理无大小、"洒扫应对"便是形而上者。那么，我们不禁要问，既然理无大小、"洒扫应对"便是形而上者为何又要教人有序了，这两者表面上的分歧便造成了青年朱子的困惑。② 在"杜鹃夜悟"之后，朱子想通了其中的关键之处，这也体现在朱子对此章的注解以及他对学生的答问中。朱子认为，事虽然有大小、精粗、本末之分，但是事背后的理是同一个理，如果用此理去观照的话，就不会崇本抑末、崇精抑粗、崇大抑小了，而在教学上自然也需要依据学生的身心发展规律而自粗至精、自小至大而教之了。这也是为什么朱子认为圣学教育务必要从"洒扫应对"开始，并非因为这是"末"而要先传，而是因为学问之道有深浅，当循序渐进，要根据蒙童的身心发展情况先切身小事传授之。如果不顾蒙童的接受能力，而一味强调要教之以"高且远者"，在朱子看来便是"诬之而已"③。

---

① 程颢，程颐. 二程集［M］. 北京：中华书局，2004：152.
② 此段参见席海燕、刘晶波. 洒扫应对：何以为童蒙教育之方［C］//. 刘铁芳，柯小刚. 古典传统与个体成人：第一辑. 上海：华东师范大学出版社，2018：186.
③ 朱熹. 四书章句集注［M］. 北京：中华书局，1983：191.

为了阐释此章深意，朱子还专门引用了二程子之言以进一步说明圣学教育当从小者、近者开始，次之以大者、远者，这是因为在程子看来，"洒扫应对"也好，精义入神也罢，虽然有本有末、有先有后，但是贯穿其中的都是一个道理，不能把这两件事截断。① 从朱子引用之言，我们可以看到，二程子认为，"自洒扫应对上，便可到圣人事"②，也就是说要成就圣贤君子，应当从"洒扫应对"做起，所谓"下学而上达"，如此这般层层拔升，有朝一日，终可达至全体大用的圣人之境。朱子在《小学·善行篇》也辑录了一则明道先生教人的典故："明道先生教人，自致知至于知止，诚意至于平天下，洒扫应对至于穷理尽性，循循有序。病世之学者舍近而趋远，处下而阚高，所以轻自大，而卒无得也。"③张伯行先生对此段的注解也极为精到：

> 此章言教人之道，本末备具，而循序渐进，唯恐学者厌卑近而务高远，轻自肆而实无得也。格物致知，以求其所止；诚意正心、修身齐家、治国平天下，以求得所止。洒扫应对，小学之教也；穷理尽性，即致知至平天下之事，大学之教也。先习之于小学，而后进之于大学，循循有序，所以贤愚皆得其益。④

横渠先生把"洒扫应对"之礼节拔得就更高了，他说："恭敬撙节退让以明礼。仁之至也，爱道之极也。己不勉明，则人无从倡，道无从弘，教无从成矣。"⑤ 横渠先生认为，像"洒扫应对"这些礼节虽然看上去是小事，但是

---

① 朱熹. 四书章句集注［M］. 北京：中华书局，1983：191。程子曰："君子教人有序，先传以小者近者，而后教以大者远者。非先传以近小，而后不教以远大也。"又曰："洒扫应对，便是形而上者，理无大小故也。故君子只在慎独。"又曰："圣人之道，更无精粗。从洒扫应对，与精义入神贯通只一理。虽洒扫应对，只看所以然如何。"又曰："凡物有本末，不可分本末为两段事。洒扫应对是其然，必有所以然。"又曰："自洒扫应对上，便可到圣人事。"程子第一条，说此章文意，最为详尽。其后四条，皆以明精粗本末。其分虽殊，而理则一。学者当循序而渐进，不可厌末而求本。盖与第一条之意，实相表里。非谓末即是本，但学其末而本便在此也。

② 叶采. 近思录集解［M］. 北京：中华书局，2017：276.

③ 江先忠，王维建. 朱子《小学》详解［M］. 长沙：岳麓书社，2017：338.

④ 张伯行. 小学集解［M］. 上海：商务印书馆，1936：149-150.

⑤ 陈荣捷. 近思录详注集评［M］. 重庆：重庆出版社，2021：405.

其中蕴含着礼,不懂洒扫应对就不足以明礼,而不明礼,又何以懂得仁与爱呢?所以,人生在世应当勉励自己在生活中实践礼,如果不这样做的话,则人、道、教都没办法在世间彰显出来!

朱子深为赞同二程子以及横渠先生之言,他说:"苟习焉而察,而又勉焉以造其极,则不俟政涂而圣可至耳。岂曰一洒扫一应对之不失其节,而遂可直以圣人自居也哉。"① 成就圣贤君子,乃是北宋四子和朱子从事教育事业的重要目的。朱子一方面认为可以由"洒扫应对"而至于圣人之境;另一方面认为仅做到"一洒扫一应对之不失其节"离圣人之境还远。朱子此言,可谓对二程子此言更进一步的发挥。那么从"洒扫应对"进而至圣人之境,其理何在呢?朱子认为,关键在于要有诚敬之心,他说,"若无诚意。如何'洒扫应对'"②,可见施教者在教导蒙童"洒扫应对"之时应当秉承诚敬之心,"须是'匡之,直之,辅之,翼之,使之自得,然后从而振德之'。今教小儿,若不匡,不直,不辅,不翼,便要振德,只是撮那尖利底教人,非教人之法"③,如此则圣贤坯璞或可期也。

从上文我们可以看到,朱子认为洒扫应对虽然是小事,但是其中蕴含之理可精义入神。理不分大小,所以无论体现在哪里都是难以穷尽的,但事是分大小先后的,所以在施教之时是有层次而不可僭越的,他说:"'洒扫应对''精义入神',事有大小而理无大小。事有大小,故其教有等而不可躐。理无大小,故随所处而皆不可尽。"④ 朱子此言深刻阐释了为何事无大小却有先后之理,可谓对二程子小学思想的进一步发明。

行文至此,我们不妨总结一下朱子关于"洒扫应对"的教育心法。首先,朱子认为圣学教育有先后之序,需要先教以切己之事,亦即所谓小学之"洒扫应对";然后再教之以远大之事,亦即所谓大学之格物穷理。从"洒扫应对",到格物穷理,再到豁然贯通,以至全体大用的最高境界,这便是朱子教育心法的全过程,也是圣学教育的要义所在。其次,小学教育之所以重要,是因为这是实学,是要上达"全体大用"必须经过的下学工夫。正如伊川先

① 陈荣捷. 近思录详注集评 [M]. 上海:华东师范大学出版社,2007:278.
② 黎靖德. 朱子语类 [M]. 北京:中华书局,1986:1210.
③ 黎靖德. 朱子语类 [M]. 北京:中华书局,1986:1207.
④ 陈荣捷. 近思录详注集评 [M]. 重庆:重庆出版社,2021:402.

生所言，为学之人必须懂得"下学上达"的道理，切不可"习而不察"，而要时刻保持警觉之心，要时常提撕此心，因为唯有通过"下学人事"，方可"上达天理"①。最后，"洒扫应对"不仅仅是"知其然"的认知功夫，更是敬静涵养的心性功夫，有此心性功夫作为基础，才能做格物穷理的功夫，此小学基础越扎实，"大学"阶段才越高明切实，否则便只是在光影上做无用功，终究落不到实处，也就没有办法"知其所以然"，而达到豁然贯通、全体大用的圣贤境界。

综上所述，洒扫应对进退虽是极简易事，是极平常处，是下学工夫，但正是这些小处、近处、下学处才是立定脚跟处，才是得以超入"全体大用"圣域之入处。正如萧天石先生所言：

> 从极简易事，从极平常处，自须推人及物，而非以物役人。主奴之间，必须明白，立定自有脚跟，证道自有入处！从心地法门下手，一彻本源，脱体透入，圣凡无别，自可当下即是。为学亦然，截断万流，独立一我，最后我亦不立，圣亦不立，无我无偶，自易得个头脑所在处。此心寂然不动，则自感而遂通，神明生焉。此心驰物而动，则自意念滋生，贤愚出焉。将此心意，用之于事，则有思维。思维在于我心，我心能自作主宰，不为物蔽，不为境驰。无思无虑，无心无欲，外而一物不入，内而一念不生，湛然寂然，则顿地即可明明德、道中庸，而上超圣城矣。②

第二节 敬贯之熟通之

自"洒扫应对"的下学工夫而上达全体大用的圣域之境，从心法角度来看，其中有两大关节之处，一为敬以贯之，二为熟以通之。在写给胡广仲的

---

① 朱熹. 四书章句集注［M］. 北京：中华书局，1983：159。程子曰："不怨天，不尤人，在理当如此。"又曰："下学上达，意在言表。"又曰："学者须守下学上达之语，乃学之要。盖凡下学人事，便是上达天理。然习而不察，则亦不能以上达矣。"
② 萧天石. 大学中庸贯义：人生内圣心法［M］. 北京：华夏出版社，2007：3.

信中，朱子写道：

> 近来觉"敬"之一字，真圣学始终之要。向来之论，谓必先致其知，然后有以用力于此，疑若未安。盖古人由小学而进于大学，其洒扫应对进退之间，持守坚定，涵养纯熟，固已久矣。是以大学之序，特因小学已成之功而以格物致知为始。今人未尝一日从事小学，而曰必先致其知然后敬有所施，则未知其以何为主而格物以致其知也。故程子曰："入道莫如敬，未有能致知而不在敬者。"①

可知，在朱子看来，小学大学、彻上彻下，须敬以贯之，而贯通之道则在涵养纯熟，"敬"是存心养性之功夫，"熟"是道德实践之功夫，若无"存心以敬"与"涵养纯熟"之功夫，"洒扫应对"也好，"格物穷理"也好，都是没有办法达到一旦豁然贯通而至"全体大用"之圣域的，其中道理，笔者将在下文逐一论之。

朱子《小学》一书是教导童子"洒扫应对"之书，而贯穿其中的便是一"敬"字。据笔者初步统计，"敬"字在《小学》一书中出现 181 次之多，从《小学·序》的"爱亲敬长"到《小学·立教篇》的"敷此五教，以敬为主"，从《小学·明伦篇》的"爱敬尽于事亲"到《小学·敬身篇》的"敬身为大"，可谓通贯全书，无一处不以持敬为其小学教育的主要心法，正如理学大师湛甘泉先生所言：

> 是故始之敬者，戒惧慎独以养其中也。中立而和发焉，万事万化自此焉，达而位育不外是矣。故位育非有加也，全而归之者耳。终之敬者，即始之敬而不息焉者也。②

朱子在《小学·嘉言篇》首章即辑录横渠先生之言，其言曰："教小儿，先要安详恭敬。今世学不讲，男女从幼便骄惰坏了，到长益凶狠。只为未尝

---

① 郭齐，尹波．朱熹文集编年评注［M］．福州：福建人民出版社，2019：2019.
② 湛若水．湛甘泉先生文集［M］．桂林：广西师范大学出版社，2014：1192.

为子弟之事，则于其亲已有物我不肯屈下。病根常在。又随所居而长，至死只依旧。为子弟，则不能安洒扫应对，接朋友，则不能下朋友，有官长，则不能下官长，为宰相，则不能下天下之贤。甚则至于徇私意，义理都丧，也只为病根不去，随所居所接而长。"① 此章意在说明教导蒙童，首先要养其"安详恭敬"，不能从教就"骄惰坏了"，而这"安详恭敬"的性情必须在日常生活中一方面通过师长的悉心教导和耳濡目染教化，另一方面必须通过"洒扫应对"的人生实践和道德实践涵养。在给尤溪县新修庙学写的记中，朱子就说："古先圣王为是之故，立学校以教之。而其为教，必始于洒扫应对进退之间，礼、乐、射、御、书、数之习，使之敬恭朝夕，修其孝悌忠信而无遗焉，然后格物以致其知，修身齐家以达于治国平天下。"② 可见，朱子认为，教学当开始于洒扫之间、礼乐之习，要使学子于其中敬恭朝夕，如此才能修孝悌忠信之心，在此基础上进一步格物穷理，终致修齐治平之事业。

关于"敬"之一字在朱子小学教育心法中的重要性，本书可以说从开篇之际就在探讨，这里不再赘述。接下来我们着重探讨一下如何"熟以通之"，朱子说：

> 今人止务上达，自要免得下学。如说道"洒扫应对进退"便有天道，都不去做那"洒扫应对进退"之事。到得洒扫，则不安于洒扫；进退，则不安于进退；应对，则不安于应对。那里面曲折去处，都鹘突无理会了。这个须是去做，到得熟了，自然贯通。③

可见，在朱子看来，要想从"洒扫应对"这下学功夫求得一贯之理，便必须"熟"，只有做到"熟"，才能"自然贯通"，才能达至"全体大用"的圣域。在《小学·嘉言篇》第二章中，朱子辑录杨文公之言以明"熟"在小学教育心法中之重要性，其言曰："童稺之学不止记诵。养其良知良能，当以先入之言为主。日记故事，不拘古今，必先以孝悌、忠信、礼义、廉耻等事。

---

① 江先忠，王维建.朱子《小学》详解 [M].长沙：岳麓书社，2017：225.
② 郭齐，尹波.朱熹文集编年评注 [M].福州：福建人民出版社，2019：3760.
③ 黎靖德.朱子语类 [M].北京：中华书局，1986：538.

如黄香扇枕，陆绩怀橘，叔敖阴德，子路负米之类，只如俗说，便晓此道理，久久成熟，德性若自然矣。"① 从此可以看出，杨文公认为教授蒙童，不仅仅要记诵，更要自小便涵养他们的良知良能，要通过故事让他们从小就懂得忠孝廉节的道理，如此"久久成熟"，美好的品德自然就养成了。

朱子教育心法特别注重"熟"，是因为他认为学者必须对所学之事及理非常"熟"，这是因为如果你功夫"熟"就不用费精力去思索一番，可以"一唤便在目前"；如果对事及理很生疏的话，"便缚不住"②。朱子一再告诫学生为学一定要熟，他说"熟，久则自见"③。

在朱子看来，要达到圣人之境必须"熟"才行，只有"熟"才能达到"与理为一"④，乃至全体大用的最高境界，圣人因为对道理十分精熟，所以才能达至"精义入神"，才能"用便见也"⑤。朱子认为，圣人和凡人的区别就在于"熟与不熟"，如果能就日用伦常这些切近之处、下学之处"行到熟处"，自然就可尽精微了，做事也会像庖丁解牛那般莫不中节了，人的生命境界就会"见得自高"⑥ 了。朱子甚至说："尧舜之道，孝悌而已矣。亦只是就近处做得熟，便是尧舜。"⑦ 也就是说，朱子认为，如果能把身边孝悌忠信之事理会得熟了，便可以称得上是尧舜了。

由此可见，在朱子教育心法当中，"熟"是必须做的功夫，必须通过"熟"才能达到至仁的"全体大用"之境，他认为有没有达到至仁的"全体大用"之境，关键就在于是否"熟之而已矣"⑧。他认为如果还要思考，还要用理性分析，就还仅仅停留在"恕"的层面上，也就是所谓"生底""勉强底""有计较、有睹当底"⑨；要通过"熟"的功夫才能在"恕"的层面上进一步而达到至仁的"全体大用"之境，至仁的"全体大用"是不用思考、不

---

① 江先忠，王维建. 朱子《小学》详解［M］. 长沙：岳麓书社，2017：226.
② 黎靖德. 朱子语类［M］. 北京：中华书局，1986：143.
③ 黎靖德. 朱子语类［M］. 北京：中华书局，1986：88.
④ 黎靖德. 朱子语类［M］. 北京：中华书局，1986：145.
⑤ 黎靖德. 朱子语类［M］. 北京：中华书局，1986：120.
⑥ 黎靖德. 朱子语类［M］. 北京：中华书局，1986：413.
⑦ 黎靖德. 朱子语类［M］. 北京：中华书局，1986：413.
⑧ 黎靖德. 朱子语类［M］. 北京：中华书局，1986：114.
⑨ 黎靖德. 朱子语类［M］. 北京：中华书局，1986：116.

用计较、不用理性分析的，而是当下就是至高精神境界，也就是朱子所谓的"熟底""自然底""无计较、无睹当底"①。

据《朱子语类》记载，朱子曾如此评价司马牛，他说：

> 司马牛问仁，则曰："仁者其言也讱。"据此一语，是司马牛己分上欠阙底。若使他从此着实做将去，做得彻时，亦自到他颜、冉地位。但学者初做时，固不能无间断。做来做去，做到彻处，自然纯熟，自然光明。②

可见，朱子认为，司马牛之所以未达至颜子和冉求的境界，关键在于功夫未"彻"未"熟"，如果肯下功夫，做到彻时，自然纯熟光明，便可达至颜、冉地位。也有学生问朱子颜子和子路之优劣，朱子告诉他，子路愿意与他人分享车马，可以说是不自私的，但失之以粗，不像颜渊可以做到"念念在此间"，这是颜子比子路高一筹的地方，而孔子比颜子、子路更高一筹的地方在于他能达到纯熟之境，不用刻意去想、去做，而是纯然达到了与理为一、全体大用的境界，所以，朱子说，颜子如果能到纯熟之境的话，就可以成为孔子这般的圣人了。③ 那么，如何才能达至"熟"的境界呢？

首先，朱子认为要念念在此，用心专一，就好像吃饭一样，今日吃，明日也吃，一刻、一时、一日都要下功夫，如此持之以恒，自然便可纯熟，他说："如人吃饭相似，今日也恁地吃，明日也恁地吃。一刻便有一刻工夫，一时便有一时工夫，一日便有一日工夫。岂有截自某日为始，前段都不是，后段都是底道理。"④ 朱子还认为，"洒扫应对"的功夫也是"求放心"的功夫，在这一过程中，要"收敛此心专一，渐渐自会熟，熟了自有此意。看来百事只在熟。且如百工技艺，也只要熟，熟则精，精则巧"⑤，其中精义正如朱子所言：

---

① 黎靖德. 朱子语类 ［M］. 北京：中华书局，1986：116.
② 黎靖德. 朱子语类 ［M］. 北京：中华书局，1986：683.
③ 黎靖德. 朱子语类 ［M］. 北京：中华书局，1986：749.
④ 黎靖德. 朱子语类 ［M］. 北京：中华书局，1986：683.
⑤ 黎靖德. 朱子语类 ［M］. 北京：中华书局，1986：2617.

　　天下无不可说底道理。如为人谋而忠，朋友交而信，传而习，亦都是眼前底事，皆可说。只有一个熟处说不得。除了熟之外，无不可说者。未熟时，顿放这里又不稳帖，拈放那边又不是。然终不成住了，也须从这里更著力始得。到那熟处，顿放这边也是，顿放那边也是，七颠八倒无不是，所谓"居之安，则资之深，资之深，则左右逢其原"。譬如梨柿，生时酸涩吃不得，到熟后，自是一般甘美。相去大远，只在熟与不熟之间。①

　　其次，朱子认为掌握火候非常重要，必须先勇猛精进，也就是"猛火先煮"② 才行，猛火煮过之后再用"微火慢煮"③，一味猛火不行，一味慢火也不行，必须是刚柔并济才能达到炉火纯青，也就是"熟"的境界。再者，朱子认为，不要把时间花费在闲事上，而是要专心地"玩味义理"④，并且要"频频提起"⑤，这样久而久之，就能"心精"义理，从而达至"熟"境。

　　再次，朱子认为学者应当对善恶之界限了然于心，不要让所谓纤毫之恶绝了善端，在日常生活的一举一动、一言一行中都要"时加体察"⑥，这样日积月累下来，对善恶之辨就"自然成熟"⑦ 了。有学生问朱子为何把《集注》"行道而有得于身也"中的"身"改成"心"？朱子告诉他："凡人作好事，若只做得一件两件，亦只是勉强，非是有得。所谓'得'者，谓其行之熟，而心安于此也。如此去为政，自是人服。譬如今有一箇好人在说话，听者自是信服。所谓无为，非是尽废了许多簿书之类。但是我有是德而彼自服，不待去用力教他来服耳。"⑧ 朱子认为，一般人做好事都是勉强来做，所谓"只做得一件两件"，这样就没办法有所得，要想有所得必须"行之熟"，要做到

---

① 黎靖德. 朱子语类 [M]. 北京：中华书局，1986：2917-2818.
② 黎靖德. 朱子语类 [M]. 北京：中华书局，1986：137.
③ 黎靖德. 朱子语类 [M]. 北京：中华书局，1986：137.
④ 黎靖德. 朱子语类 [M]. 北京：中华书局，1986：164.
⑤ 黎靖德. 朱子语类 [M]. 北京：中华书局，1986：201.
⑥ 黎靖德. 朱子语类 [M]. 北京：中华书局，1986：203.
⑦ 黎靖德. 朱子语类 [M]. 北京：中华书局，1986：203.
⑧ 黎靖德. 朱子语类 [M]. 北京：中华书局，1986：536.

"心安于此也"。

最后，在朱子看来，"熟"的最高境界便是随心所欲、全体大用的圣人之境。有学生请教朱子什么是"耳顺"，朱子告诉他，"耳顺"就是对道理烂熟于心，无论别人说什么，都不去费力思索，而是"闻言便晓"①。"耳顺"在朱子看来是"见得理熟"②，比之更高一层的是孔子所言的"不逾矩"。在朱子看来，"不逾矩"之所以比"耳顺"境界更高，是因为在这个层次，无论是言语还是行为，无一不合天理仁心，已经达到随心所欲、全体大用的圣贤之境了，而对于此敬贯之、熟通之的圣贤之境，朱子如此描述：

> 圣人之心，直是表里精粗，无不昭彻，方其有所思，都是这里流出，所谓德盛仁熟，"从心所欲，不逾矩"，庄子所谓"人貌而天"。盖形骸虽是人，其实是一块天理，又焉得而不乐！③

第三节 上达全体大用

在朱子教育心法中，上达便是全体大用之境，而这全体大用之境便是圣人与道体合一后展现出来的精神境界和圣贤气象，这种境界和气象正如朱人求教授所言："是一种自然和乐、从容、纯粹、澄明的气象，如天地生养万物，自然显现，生机盎然，在万事万物上自然体现。"④《朱子语类》中有一篇题为"总论为学之方"，然此篇首先不论为学，而论何为道体，可见为学之终极目标便是要上达与道，要与道合一以至全体大用之境。朱子开篇即曰，"这道体，浩浩无穷"，此言不免让人想到孔子朝闻夕死之言，然道体虽浩荡无穷、精微深远，但在朱子看来，"圣贤之言则甚明白。"⑤ 这道体是天道，便是圣人之道，体现于吾人之最高境界便是"全体大用"。

---

① 黎靖德. 朱子语类 [M]. 北京：中华书局，1986：557.
② 黎靖德. 朱子语类 [M]. 北京：中华书局，1986：559.
③ 黎靖德. 朱子语类 [M]. 北京：中华书局，1986：797-798.
④ 朱人求. 朱子"全体大用"观及其发展演变 [J]. 哲学研究，2015（11）：42.
⑤ 黎靖德. 朱子语类 [M]. 北京：中华书局，1986：129.

在朱子看来，圣人之道虽然自有高远之处，但是"又平实处"，这"平实处"，在朱子看来"如饥食渴饮"①，是自然而然的。朱子还说"道若大路然"，"道"并不难知，病就病在人不由道；"道"也未尝停息，但是病就病在"人自息之"。朱子举史实以证之，他说，"非道亡也，幽厉不由也"②，也就是说并不是大道灭亡了，而是周幽王和周厉王不以道治天下。在朱子看来，为学即为道，求学即求道，这道并不遥远，正如《中庸》所说，道并不远离人，人如果因为所谓求道而远离人，就不能真正行道，圣人之道就在日常生活中。朱子说："圣人教人，大概只是说孝弟忠信日用常行底话。人能就上面做将去，则心之放者自收，性之昏者自著。"③ 可见朱子认为，圣人教人之所以着重说那些日常生活中通行的孝悌忠信之言，是因为这是切问近思之道，如果弟子能通过日用常行的下学而上达天理，就能做到收其放失之心，而彰明天赋明德之性了。

朱子认为，为学应当自卑而高，自洒扫进退而进至于全体大用，不应好高骛远。他评价当世学者"好说得高"，这无疑是针对当时学者好高骛远之风而发。朱子并不反对"高"，他认为，为学就像登山，目的自然是"要至高处"，但是如果不理会低处，那么终究也不会到那"高处之理"④。朱子在给门生讲《尚书·禹贡》时，曾探讨大禹治水成功的道理。他认为，大禹治水成功的道理在于，大禹"只是先从低处下手"，这样子低处的水退掉了，那么上面的水自然就变浅了，最终达到"九川尽通"的治水效果⑤。

在朱子看来，为学的道理和治水的道理是一致的，没有低处的功夫，就不会有高处的境界。心理学家墨菲在《近代心理学历史导引》一书中曾说："历史可由站在高山之巅鸟瞰全景，也可由迈着缓慢而艰难的步伐沿着陡峭山路攀登山巅的过程而进行了解。"⑥ 要站在高山之巅，就必须得自卑而高，不畏艰难险阻，努力攀登。朱子说，为学如果可以理会得显明平易之处，那么

---

① 黎靖德. 朱子语类［M］. 北京：中华书局，1986：129.
② 黎靖德. 朱子语类［M］. 北京：中华书局，1986：129.
③ 黎靖德. 朱子语类［M］. 北京：中华书局，1986：129.
④ 黎靖德. 朱子语类［M］. 北京：中华书局，1986：142.
⑤ 黎靖德. 朱子语类［M］. 北京：中华书局，1986：2023.
⑥ 墨菲，科瓦奇. 近代心理学历史导引［M］. 林方，王景和，译. 北京：商务印书馆，1982：798.

幽微高深之处自然可见。他警诫弟子为学不能着急，首先要在"切近处加功"①。朱子自卑而高的教育思想，自然是对孔子"下学而上达"（《论语·宪问篇》）思想的继承和发展，他认为，为学只能由下学而上达，却从来未曾听说过由上达而下学的②，朱子此思想自然也是对象山先生的回应。

有门生曾向朱子请教"吾道一以贯之"（《论语·里仁篇》），朱子告诉他，如果做事都做得好，那么"不理会得那一"，没有关系；如果做事都做得不好，那么"先去理会那一"，没有用处。这是因为为学就像建塔一样，要先从"低处、阔处"开始建，慢慢地自然可以做到"合尖处"；如果一开始就从塔尖开始建，就会"无著工夫处"，而有违朱子所说"下学方是实"③。

朱子认为，要做到"下学而上达"，必须先对自身有充分的反省，在反省之后能对自己有所肯定，树立信心，这时才"可以用力。"④ 门生陶安国曾向朱子请益《论语》"贫而无谄"章，朱子回答他："圣门学者工夫确实缜密，逐步挨去，下学上达。如子贡之无谄无骄，是它实做到这里，便只见得这里。圣人知其已是实了得这事，方进它一步。它方始道上面更有簡乐与好礼，便豁然晓得义理无穷。学问不可少得而遽已也，圣门为学工夫皆如此。"⑤ 可见朱子认为，"圣门学者工夫"在于"下学上达"，是非常确实缜密的，是需要踏踏实实、一步一步往上走的，朱子说子贡是实实在在做到了"无谄无骄"，孔子也明白子贡走到了这一步，所以才"进它一步"，唯有如此才能收到下学而上达之效。

朱子批评当世学者只空谈上达，不知要上达必须做下学的功夫，虽然嘴上都说洒扫等事蕴含着天道，但是又不愿意切实下功夫，不安洒扫，不安进退，不安应对，所以对其中的功夫也就稀里糊涂地过去了。朱子说，这个功夫必须做才行，一定要做熟，等到做熟了，自然就贯通了。朱子说，"到这里方是一贯"⑥，这个"这里"就是"熟"。

---

① 黎靖德. 朱子语类 ［M］. 北京：中华书局，1986：143.
② 黎靖德. 朱子语类 ［M］. 北京：中华书局，1986：146.
③ 黎靖德. 朱子语类 ［M］. 北京：中华书局，1986：685.
④ 黎靖德. 朱子语类 ［M］. 北京：中华书局，1986：135.
⑤ 黎靖德. 朱子语类 ［M］. 北京：中华书局，1986：531.
⑥ 黎靖德. 朱子语类 ［M］. 北京：中华书局，1986：538.

朱子在给门生讲《论语·宪问篇》时说，"下学"就是只管去做，不用想太多；"上达"就是你实实在在去做了，在这做功夫的过程中你体悟和感受到的天道义理。① 朱子告诉门生，圣人是不去想怎么上达的，圣人只管"下学"，因为在"下学"的过程中，自然而然会有"上达"的效果。朱子又说，所谓下学是要脚踏实地，是要"下学此事"；所谓上达则是通过下学达到见识超诣。在朱子看来，虽然"下学"和"上达"是两件事，但是它们在根本处是相通的，他说等到工夫到了，上达就是下学，这两者"元不相离。"②

朱子不主张把圣人说得太高。有门生提出一个问题，说恐怕圣人的境界并非从"下学"中可以达致。朱子告诉他，不要把圣人说得太高，如果把圣人说得太高，学者就没有办法达到了。朱子还说，把圣人说得越低一些，其中的意思就越深。③ 在朱子看来，没有所谓全体之上达。有学生曾请益朱子，上达是不是一节有一节之上达，全体有全体之上达？朱子告诉他，没有所谓全体之上达，要一件一件去理会，积累多了、理会透了，自然而然便有贯通的时候。朱子认为，"下学"是"上达"的必要条件，而不是充分必要条件。换句话说，有"下学"方可"上达"，但是不必然"上达"。朱子认为，一旦"下学"工夫不得当，就不能获得"上达"的效果。朱子在回答蔡姓学生时还一并批评了佛教，他认为，佛教只讲"上达"，不讲"下学"，所以终究没办法"上达"④。

明道先生曾用"意在言表"阐释"下学而上达"，有学生向朱子请益明道先生这话如何解，朱子告诉他："因其言以知其意，便是'下学上达'。"⑤ 也就是说，所谓"下学上达"是要通过下学字面的意思而上达字面背后蕴含的深意。朱子认为，下学和上达虽然看上去确实是两件不大相关之事，但是如果能贯通，"会得透彻厮合"的话，就会发现这两件事其实就是一件事。这是因为"理在事中"，下学是学做事，上达是在学做事的过程中"见得个理"。朱子举《周易·系辞》中"大而化之"及"圣而不可知"句为例，告

① 黎靖德. 朱子语类［M］. 北京：中华书局，1986：1138.
② 黎靖德. 朱子语类［M］. 北京：中华书局，1986：1139.
③ 黎靖德. 朱子语类［M］. 北京：中华书局，1986：1140.
④ 黎靖德. 朱子语类［M］. 北京：中华书局，1986：1140.
⑤ 黎靖德. 朱子语类［M］. 北京：中华书局，1986：1142.

诉学生，再高明之义理都离不开"人伦日用之中"，只要肯学，"安有不能上达者"①。

美国大教育学家杜威认为，要想达到比较好的教育目的，就要提倡学生直接接触自然以及实际事物和素材，强调学生要经常进行手工操作，要了解操作的实际过程。杜威认为，不能忽视那些关于"社会需要和用途的知识"，通过让学生在学校及日常生活中学习这些实用的技能和知识，可以让学生"不断地培养观察力、创造力、建设性的想象力、逻辑思维，以及通过直接接触实际而获得的那种现实感"②。

如果我们比较一下朱子的"下学而上达"与杜威的"生活教育"，很容易就可以看到，其中有许多相通之处，两位教育大师都非常注重生活教育，都认为人必须在生活中发展和完善人格。不同的是，朱子的生活教育主要是指洒扫应对进退等人伦日用，通过洒扫等小节体会天道蕴含的义理；而杜威的生活教育主要是直接接触自然以及动手实操，以此来提升学生的思维和动手能力。

下学而上达，正如周昌乐先生所言："何为知止，知之至也，摆脱一切知识依附，通彻事物根本之理，而达无待之境。明儒钱德洪说得更为明彻：'致知之功，在究透全体，不专在一念一事之间。但除却一念一事，又更无全体可透耳。'究透全体，物我浑然一体，方能超然。不然便被那枝末细节牵绊，难能全体大现之处，更无全体大用之时。"③ 王夫之也认为道不离器、器不离道，由此可见下学上达是一体两面的关系，是不可分割的。

第四节　结语：作圣之基

笔者在撰写本书的过程中，深感朱子之学实在是广大精微，亦感朱子

---

① 黎靖德. 朱子语类 [M]. 北京：中华书局，1986：1141-1442.
② 杜威. 学校与社会 [M]. 赵祥麟，任忠银，吴志宏，译. 北京：人民教育出版社，1994：29-30.
③ 周昌乐. 通智达仁：传授心法述要 [M]. 厦门：厦门大学出版社，2018：402.

《小学》名为小学，实则博厚高明，不仅是"修身大法"①，更是"作圣之基"②，堪称朱子性理心法体系之总纲目，其中蕴含的心法精义或可用横渠先生《正蒙·大心篇》中的一段话来点明：

> 大其心则能体天下之物，物有未体，则心为有外。世人之心，止于闻见之狭。圣人尽性，不以见闻梏其心，其视天下无一物非我，孟子谓尽心则知性知天以此。天大无外，故有外之心不足以合天心。见闻之知，乃物交而知，非德性所知。德性所知，不萌于见闻。③

朱子《小学》正是一本融德行之知与见闻之知于一体的绝佳道德修养教本，以之修己教人，可使人心合于道心、天心，可使有限之生命臻于无限之天地境界。然而，可惜的是，考诸近现代史，自西学东渐以来，国学式微，以朱子为代表的宋明理学更是被视为吃人的学问，朱子精心编撰的《小学》一书也被当作"封建专制教育糟粕"而扫进了"历史垃圾堆"，这不能不说是令人十分痛心的。好在随着人心的复苏、学术的发展，越来越多的学人和教育工作者意识到了朱子《小学》一书蕴含的文化、思想和教育精义，并投身于对朱子《小学》一书蕴含精义的研究、挖掘和实践中。

人本主义大哲马斯洛曾说："我开始更强烈地感觉到在内在教育和外在教育之间做出区分的必要性和用处，这是促进个人成长的教育和职业的、技能的以及内容的教育之间的区别，后者是竞争的教育。我同意最有必要和最理想的是把他们结合起来、整合起来，这样，个人的成长可以通过内容的和技能的教育而同时发生。我认为这是相当可能的，尽管这很困难。"④ 在笔者看来，朱子《小学》蕴含的教育心法和教育精神或许可以解决马斯洛提出的这一难题，圣学教育体系中的洒扫应对、礼乐书数教育便是融外在教育与内在教育于一体的教育，这种教育不但训练了儿童的技能、增长了儿童的见识，而

---

① 黎靖德. 朱子语类 [M]. 北京：中华书局，1986：2629.
② 张伯行. 小学集解 [M]. 上海：商务印书馆，1936：13-14.
③ 张载. 张载集 [M]. 北京：中华书局，1978：24.
④ MASLOW A. Humanistic education：Two articles by Abraham Maslow [J]. In Journal of Humanistic Psychology, 1979, 19（3）：17.

且培育了儿童的道德、涵养了儿童的性情，为儿童身心的全方位发展奠定了良好的基础，为其日后成就圣贤君子、达至全体大用的境界铺平了道路。

中国古代士人，历来以成圣成德为读书做人的终极目的。遗憾的是，在当下如果你说志在圣贤，不但不会被人赞赏，还有很大的可能性遭人嘲笑、被讽迂腐。造成这一现象的原因并非三言两语能道尽的，但从这一现象我们不难窥见当下教育最欠缺的部分正是中华圣学教育最倡导的德行教育，只有建筑在良好德行基础上的专业技能才能成就贤才，也只有建筑在人文主义基础上的现代科学才能造福人类，而这便是中华圣学永恒的价值所在。正如周昌乐先生所言：

> 中华圣学精神更多反映的就是在具体生活的人文关怀之中，反映在对美好生活的追求之中，反映在天道体验的终极感悟之中，反映在艺术境界的内在灵性之中。而这些，正是现代科学所缺乏的，所无法涉足的，也是根本上无法解决的问题。因此在当今科学昌明的时代，我们如何重新去发扬光大圣学的思想，就称为我们每一个有责任的学者的神圣任务。①

在笔者看来，中华圣学教育如果以一言蔽之的话，便是"人文化成之教育"，朱子继承并发扬"人文化成"这一伟大传统，把毕生精力投入圣学教育的研究和实践中，创建了一个博大精深的教育心法体系，《小学》一书便是这一教育心法体系的重要组成部分。这一体系融小学教育和大学教育、人格教育和知识教育于一体，不但有高远的理想境界为教育宗旨，而且有切实的教学内容、高明的教学方法实现这一教育宗旨，可谓本末俱全、面面俱到，堪称集中华圣学教育心法之大成。正因为如此，我们可以想见，中华民族伟大复兴离不开圣学教育心法的复兴，也离不开对朱子教育心法的大力提倡。

本书之所以命名为《从洒扫应对到全体大用——朱子〈小学〉教育心法大义》，意在结合目前朱子学、教育学、心理学、脑科学的最新成果阐述朱子《小学》教育心法蕴含的精义，以期对现代中国教育有所裨益，但因为朱子博

---

① 周昌乐. 明道显性：沟通文理讲记 [M]. 厦门：厦门大学出版社，2016：9.

大精深，朱子学文献浩如烟海，再加上笔者学力所限，在论证和阐发的过程中时有力不足之感，在此也恳请诸位方家批评指正。

另外，需要说明的是，本书原定为六章，其中所缺一章主要内容为从科学实证的角度论证朱子《小学》心法的有效性，此章主要设计了两个实验，一是"持敬心法"实验，二是"生活修行"（主要为"洒扫应对"）实验。这两组实验的目的都是希望通过被试对象在接受"持敬心法"和"生活修行"的训练后，脑电波产生的变化验证朱子《小学》教育心法的有效性，可惜疫情导致相关实验一直未能展开，只能俟来日完善了。

最后，笔者想用清儒陈选先生对《小学》的评价来完结本书，以与天下热爱中华文教事业者亹勉同行：

> 圣人之道，人伦而已矣。学之必自小学始，子朱子《小学》一书，其教在于明伦，其要在于敬身，盖作圣之基也。从事于斯，岂惟读其词而已耶？读《明伦》而知父子之亲、君臣之义、夫妇之别、长幼之序、朋友之交，必践其事焉；读《敬身》而知心术之要、威仪之则、衣服之制、饮食之节，必严诸己焉。及进乎大学，格物、致知，则因吾已知者而究极之也；诚意、正心、修身，则因吾已行者而敦笃之也；由是推之于家，则家可齐；推之以赞道化，则国可治、天下可平。故学圣人之道，必自小学始，否则虽欲勉焉以进于大学，犹作室而无基也，成亦难矣，况空文乎？夫为学而不严诸己、不践其事，诵读虽勤、辞章虽工，皆空文也，于吾身何益哉？于家国天下何补哉？于圣人之道何所似哉？①

---

① 张伯行. 小学集解［M］. 上海：商务印书馆，1936：13-14.

参考文献

［1］陈淳．北溪字义［M］.北京：中华书局，1983.

［2］陈宏谋．养正遗规［M］.北京：中国华侨出版社，2012.

［3］陈亮．陈亮集［M］.北京：中华书局，1974.

［4］陈梦雷．古今图书集成·理学汇编［M］.上海：中华书局，民国二十三年.

［5］陈选．精校小学集注［M］上海：昌文书局出版，1932.

［6］程颢，程颐．二程集［M］.北京：中华书局，1981.

［7］程颢，程颐．二程遗书［M］.上海：上海古籍出版社，2000.

［8］程俊英．诗经译注［M］.上海：上海古籍出版社，2016.

［9］方向东．大戴礼记［M］.南京：江苏人民出版社，2019.

［10］高愈．小学纂注［M］.编修励守谦家藏本.

［11］韩婴．韩婴撰韩诗外传集释［M］.北京：中华书局，1980.

［12］何士信．标题注疏小学集成［M］.东京：日本国立公文书馆，万治元年刊本.

［13］胡广．性理大全书［M］.文渊阁四库全书本.

［14］胡宏．胡宏集［M］.北京：中华书局，1987.

［15］黄寿祺，张善文．周易译注［M］.上海：上海古籍出版社，2004.

［16］黄宗羲．黄宗羲全集［M］.杭州：浙江古籍出版社，1993.

［17］黄宗羲，全祖望．宋元学案［M］.北京：中华书局，1986.

［18］金良年．孟子译注［M］.上海：上海古籍出版社.2004.

［19］孔颖达．孔安国传尚书正义［M］.北京：北京大学出版社.1999.

［20］孔广森．大戴礼记补注［M］.北京：中华书局，2013.

[21] 孔颖达. 礼记正义 [M]. 北京：北京大学出版社. 1999.

[22] 李侗. 李延平集 [M]. 北京：中华书局，1985.

[23] 李珥，朱杰人，朱人求，等. 粟谷全书 [M]. 上海：华东师范大学出版社，2017.

[24] 李塨. 小学稽业 [M]. 续修四库全书（947）. 上海：上海古籍出版社，1996.

[25] 李光地. 性理精义 [M]. 文渊阁四库全书本.

[26] 李光地. 周易折中 [M]. 成都：巴蜀书社，2008.

[27] 李梦生. 左传译注 [M]. 上海：上海古籍出版社，2004.

[28] 李民，王健. 尚书译注 [M]. 上海：上海古籍出版社，2004.

[29] 李退溪. 退溪全书今注今译 [M]. 成都：四川大学出版社，1993.

[30] 刘刚. 小学译注 [M]. 成都：四川大学出版社，1995.

[31] 刘宗周. 圣学宗要 [M]. 文渊阁四库全书本.

[32] 陆九渊. 陆九渊集 [M]. 北京：中华书局，1980.

[33] 吕大临，等. 蓝田吕氏遗著辑校 [M]. 北京：中华书局，1993.

[34] 邢昺. 论语注疏 [M]. 北京：北京大学出版社. 1999.

[35] 彭端吾. 小学书图骤括纂要 [M]. 东京：日本国立公文书馆藏本，万历乙酉刊本.

[36] 日本古典学会. 续山崎闇斋全集 [M]. 东京：松本书店，1937.

[37] 阮元. 十三经注疏（附校勘记）[M]. 北京：中华书局，1980.

[38] 石介. 徂徕石先生文集 [M]. 北京：中华书局，1984.

[39] 唐彪. 家塾教学法 [M]. 北京：中国画报出版社，2017.

[40] 脱脱，等. 宋史 [M]. 北京：中华书局，2013.

[41] 孔颖达. 周易正义 [M]. 北京：北京大学出版社. 1999.

[42] 王懋竑. 朱熹年谱 [M]. 北京：中华书局，1998.

[43] 王守仁. 王阳明全集 [M]. 上海：上海古籍出版社，1992.

[44] 王先谦. 荀子集解 [M]. 北京：中华书局. 1988.

[45] 王仲复. 小学句读记 [M]. 同治戊辰刊本.

[46] 吴讷，等. 小学集注大全 [M]. 武村：日本武村市兵卫刊行，庆安三历孟春日刊本.

[47] 夏炘. 述朱质疑 [M]. 上海：上海古籍出版社，2002.

［48］朱熹.言文对照小学集注［M］.北京.中国华侨出版社.2012.

［49］颜元.颜元集［M］.北京：中华书局，1987.

［50］颜之推.颜氏家训全译［M］.贵阳：贵州人民出版社，2008.

［51］杨伯峻.孟子译注［M］.北京：中华书局，2005.

［52］杨天宇.礼记译注［M］.上海：上海古籍出版社，2004.

［53］叶适.叶适集［M］.北京：中华书局，1961.

［54］湛若水.湛甘泉先生文集［M］.桂林：广西师范大学出版社，2014.

［55］张伯行.小学集解［M］.上海：商务印书馆，1936.

［56］张伯行.学规类编［M］.上海：中华书局，1936.

［57］张栻.张栻集［M］.北京：中华书局，2015.

［58］张载.张载集［M］.北京：中华书局，1978.

［59］真德秀.大学衍义［M］.上海：华东师范大学出版社.2010.

［60］真德秀.西山文集［M］.四部丛刊景明正德刊本.

［61］周敦颐.周敦颐集［M］.北京：商务印书馆，1937.

［62］朱熹，黎靖德.朱子语类［M］.北京：中华书局，1986.

［63］朱熹，吕祖谦.近思录集注［M］.上海：华东师范大学出版社，2015.

［64］朱熹，吕祖谦.近思录详注集评［M］.上海：华东师范大学出版社，2007.

［65］朱熹，吕祖谦.近思录详注集评［M］.重庆：重庆出版社，2021.

［66］叶采.近思录集解［M］.北京：中华书局，2017.

［67］朱熹.四书章句集注［M］.北京：中华书局，1983.

［68］朱熹，张洪，齐熙.朱子读书法［M］.北京：线装书局，2019.

［69］朱熹，朱杰人，等.朱子全书［M］.上海：上海古籍出版社，2012.

［70］朱熹.朱熹童蒙须知［M］.合肥：黄山书社，2003.

［71］郭齐，尹波.朱熹文集编年评注［M］.福州：福建人民出版社，2019.

［72］朱熹.朱子家礼［M］.上海：上海古籍出版社，2020.

［73］朱泽沄.朱子圣学考略［M］.上海：上海古籍出版社，1996.

［74］王懋竑.朱子年谱考异［M］.文渊阁四库全书影印本.

［75］蔡方鹿.朱熹经学与中国经学［M］.北京：人民出版社，2004.

［76］蔡仁厚. 宋明理学·南宋篇［M］. 长春：吉林出版集团有限责任公司，2009.

［77］陈东原. 中国教育史［M］. 福州：福建教育出版社，2009.

［78］陈来. 宋明理学［M］. 上海：华东师范大学出版社，2003.

［79］陈来. 有无之境：王阳明哲学的精神［M］. 北京：北京大学出版社，2006.

［80］陈来. 早期道学话语的形成与演变［M］. 合肥：安徽教育出版社，2007.

［81］陈来. 中国近世思想史研究［M］. 北京：商务印书馆，2003.

［82］陈来. 朱子书信编年考证：增订本［M］. 北京：生活·读书·新知三联书店，2007.

［83］陈来. 朱子哲学研究［M］. 上海：华东师范大学出版社，2000.

［84］陈琦，刘儒德. 当代教育心理学［M］. 北京：北京师范大学出版社，2007.

［85］陈青之. 中国教育史［M］. 长沙：岳麓书社，2010.

［86］陈荣捷. 朱子门人［M］. 台北：学生书局，1982.

［87］陈荣捷. 朱子新探索［M］. 上海：华东师范大学出版社，2007.

［88］陈永宝. 朱熹的儿童哲学研究［M］. 桂林：广西师范大学出版社，2021.

［89］陈钟凡. 两宋思想述评［M］. 北京：东方出版社，1996.

［90］池小芳. 中国古代小学教育研究［M］. 上海：上海教育出版社，1998.

［91］崔大华. 儒学引论［M］. 北京：人民出版社，2000.

［92］董平，刘宏章. 陈亮评传［M］. 南京：南京大学出版社，1996.

［93］董平. 中国哲学教程［M］. 杭州：浙江大学出版社，2011.

［94］范寿康. 朱子及其哲学［M］. 北京. 中华书局，1983.

［95］冯达文. 宋明新儒学略论［M］. 广州：广东人民出版社，1997.

［96］冯友兰. 三松堂全集［M］. 郑州：河南人民出版社，2001.

［97］冯友兰. 中国哲学史［M］. 北京：中华书局，2014.

［98］冯友兰. 中国哲学史新编［M］. 北京：人民出版社，2007.

［99］高令印，高秀华. 朱子学通论［M］. 厦门：厦门大学出版社，2007.

［100］高令印．朱熹事迹考［M］．上海：上海人民出版社，1987.

［101］韩钟文．朱熹教育思想研究［M］．南昌：江西教育出版社，1989.

［102］郝宏伟．儒家心理学思想概论［M］．广州：广东教育出版社，2013.

［103］何俊．南宋儒学建构［M］．上海：上海人民出版社，2004.

［104］贺麟．五十年来的中国哲学［M］．沈阳：辽宁教育出版社，1989.

［105］侯外庐，邱汉生，张岂之．宋明理学史［M］．北京：人民出版社，1997.

［106］侯外庐．中国思想通史［M］．北京：人民出版社，1992.

［107］胡小林，袁伯诚．中国学习思想通史［M］．北京：人民出版社，2007.

［108］江先忠，王维建．朱子《小学》详解［M］．长沙：岳麓书社，2017.

［109］景怀斌．心理层面的儒家思想［M］．北京：中国社会科学出版社，2017.

［110］乐爱国．宋代的儒学与科学［M］．北京：中国科学技术出版社，2007.

［111］乐爱国．朱熹的自然研究［M］．深圳：海天出版社，2014.

［112］乐爱国．朱子格物致知论研究［M］．长沙：岳麓书社，2010.

［113］李弘祺．学以为己：传统中国的教育［M］．上海：华东师范大学出版社，2017.

［114］李宁宁．朱子白鹿洞规条目注疏［M］．南昌：江西人民出版社，2014.

［115］李泽厚．中国古代思想史论［M］．天津：天津社会科学院出版社，2003.

［116］林崇德，杨治良，黄希庭．心理学大辞典［M］．上海：上海教育出版社，2003.

［117］刘述先．朱子哲学思想的发展与完成［M］．台北：学生书局，1995.

［118］刘铁芳．古典传统的回归与教养性教育的重建［M］．北京：北京师范大学出版社，2010.

［119］刘钊．郭店楚简校释［M］．福州：福建人民出版社．2005

［120］吕思勉．理学纲要［M］．北京：东方出版社，1996.

［121］毛礼锐，等．中国教育通史［M］．济南：山东教育出版社，2005.

［122］蒙培元. 理学的演变［M］. 福州：福建人民出版社，1984.

［123］蒙培元. 理学范畴系统［M］. 北京：人民出版社，1989.

［124］蒙培元. 朱熹哲学十论［M］. 北京：中国人民大学出版社，2010.

［125］孟淑慧. 朱熹及其门人的教化理念与实践［M］. 台北：台湾大学出版委员会，2003.

［126］牟宗三. 从陆象山到刘蕺山［M］. 上海：上海古籍出版社2001.

［127］牟宗三. 宋明儒学的问题与发展［M］. 上海：华东师范大学出版社，2004.

［128］牟宗三. 心体与性体［M］. 上海：上海古籍出版社，1999.

［129］牟宗三. 中国哲学十九讲［M］. 上海：上海古籍出版社1997.

［130］潘小慧. 儿童哲学的理论与实践［M］. 桂林：广西师范大学出版社，2020.

［131］彭卫民. 礼法与天理：朱熹《家礼》思想研究［M］. 成都：巴蜀书社，2018.

［132］彭永捷. 朱陆之辩：朱熹陆九渊哲学比较研究［M］. 北京：人民出版社，2002.

［133］钱穆. 宋明理学概述［M］. 北京：九州出版社，2010.

［134］钱穆. 文化与教育［M］. 北京：九州出版社，2011.

［135］钱穆. 学龠［M］. 北京：九州出版社，2011.

［136］钱穆. 中国学术思想史论丛［M］. 北京：九州出版社，2011.

［137］钱穆. 朱子新学案［M］. 北京：九州出版社，2011.

［138］任继愈. 中国哲学史［M］. 北京：人民出版社，2003.

［139］束景南. 朱熹年谱长编［M］. 上海：华东师范大学出版社，2001.

［140］束景南. 朱子大传［M］. 福州：福建教育出版社，1992.

［141］苏君玉，李炜光. 胎教指南［M］. 哈尔滨：黑龙江科学技术出版社，1997.

［142］唐君毅. 心物与人生［M］. 台北：学生书局，1984.

［143］唐君毅. 中国哲学导论·原论篇［M］. 北京：中国社会科学出版社，2005.

［144］唐君毅. 中国哲学原论·原性篇［M］. 台北：学生书局，1989.

［145］唐文治. 唐文治性理学论著集［M］. 上海：上海古籍出版社，

2020.

[146] 唐文治 . 性理学大义 [M]. 上海：华东师范大学出版社，2016.

[147] 唐文治 . 紫阳学术发微 [M]. 上海：华东师范大学出版社，2014.

[148] 王炳照，等 . 中国教育通史 [M]. 北京：北京师范大学出版社，2013.

[149] 王豫生 . 福建教育史 [M]. 福州：福州教育出版社，2004.

[150] 吴震 . 朱子思想再读 [M]. 北京：生活·读书·新知三联书店，2018.

[151] 萧天石 . 大学中庸贯义：人生内圣心法 [M]. 北京：华夏出版社，2007.

[152] 萧天石 . 人生内圣修养心法 [M]. 北京：华夏出版社，2007.

[153] 萧永明 . 北宋理学与新学 [M]. 西安：陕西人民出版社，2000.

[154] 肖永明 . 儒学·书院·社会 [M]. 北京：商务印书馆，2011.

[155] 谢无量 . 中国哲学史 [M]. 郑州：河南人民出版社，2016.

[156] 徐复观 . 中国人性史论 [M]. 北京：九州出版社，2014.

[157] 徐复观 . 中国思想史论集 [M]. 北京：九州出版社，2014.

[158] 徐国明 . "三纲九目"：朱子《小学》研究 [M]. 成都：巴蜀书社，2020.

[159] 杨慧杰 . 朱熹伦理学 [M]. 台北：牧童出版社，1978.

[160] 杨韶刚 . 人本主义心理学与教育 [M]. 哈尔滨：黑龙江教育出版社，2003.

[161] 姚进生 . 朱熹道德教育思想论稿 [M]. 厦门：厦门大学出版社，2013.

[162] 殷慧 . 礼理双彰：朱熹礼学思想探微 [M]. 北京：中华书局，2019.

[163] 于述胜 . 朱熹与南宋教育思潮 [M]. 济南：山东大学出版社，1996.

[164] 于子明，赵永荃 . 胎教与优生 [M]. 天津：天津科学技术出版社，1996.

[165] 余英时 . 士与中国文化 [M]. 上海：上海人民出版社，2003.

[166] 余英时 . 朱熹的历史世界：宋代士大夫政治文化的研究 [M]. 北

京：生活·读书·新知三联书店，2004.

　　[167] 张立文. 宋明理学研究 [M]. 北京：中国人民大学出版社，1985.

　　[168] 张立文. 朱熹思想研究 [M]. 北京：中国社会科学出版社，1981.

　　[169] 张岂之. 中国思想学说史 [M]. 桂林：广西师范大学出版社，2007.

　　[170] 张舜徽. 旧学辑存：第3册 [M]. 济南：齐鲁书社，1988.

　　[171] 张舜徽. 壮议轩日记 [M]. 北京：国家图书馆出版社，2010.

　　[172] 张再林. 作为身体的中国古代哲学 [M]. 北京：中国社会科学出版社.2008.

　　[173] 周昌乐. 博学切问 [M]. 厦门：厦门大学出版社，2011.

　　[174] 周昌乐. 禅悟的实证：禅宗思想的科学发凡 [M]. 北京：东方出版社，2006.

　　[175] 周昌乐. 机器意识：人工智能的终极挑战 [M]. 北京：机械工业出版社，2021.

　　[176] 周昌乐. 明道显性：沟通文理讲记 [M]. 厦门：厦门大学出版社，2016.

　　[177] 周昌乐. 通智达仁：传授心法述要 [M]. 厦门：厦门大学出版社，2018.

　　[178] 周天令. 朱子道德哲学研究 [M]. 台北：文津出版社有限公司，1999.

　　[179] 朱汉民. 宋明理学通论：一种文化学的诠释 [M]. 长沙：湖南教育出版社，2000.

　　[180] 朱杰人. 朱教授讲朱子 [M]. 上海：华东师范大学出版社，2019.

　　[181] 朱杰人. 朱子学论集 [M]. 北京：北京大学出版社，2018.

　　[182] 朱永新. 滥觞与辉煌·中国古代教育思想史 [M]. 北京：人民教育出版社，2004.

　　[183] BIGGE M L，等. 写给教师的学习心理学 [M]. 北京：中国轻工业出版社，2005.

　　[184] SIEGEL D L. 正念的心理治疗师：临床工作者手册 [M]. 林颖，译. 北京：中国轻工业出版社，2013.

　　[185] 阿德勒. 儿童人格形成及培养 [M]. 张晓晨，译. 上海：上海三联书店，2017.

[186] 伯林．自由及其背叛 [M]．赵国新，译．南京：译林出版社，2005.

[187] 卜道成．朱熹和他的前辈们：朱熹与宋代新儒学导论 [M]．谢晓东，译．厦门：厦门大学出版社，2010.

[188] 陈珺．心灵简史：探寻人的奥秘与人生的意义 [M]．北京：线装书局，2003.

[189] 大桥正夫．教育心理学 [M]．钟启泉，译．上海：上海教育出版社，1980.

[190] 杜威．学校与社会 [M]．赵祥麟，等译．北京：人民教育出版社，1994.

[191] 渡边秀芳．中国哲学史概论 [M]．刘侃元，译．太原：山西人民出版社，2015.

[192] 加扎尼加．认知神经科学 [M]．沈政，等译．上海：上海教育出版社．1997.

[193] 卡巴金．不分心：初学者的正念书 [M]．陈德金，等译．北京：中国华侨出版社，2014.

[194] 卡哈尔．致青年学者：一位诺贝尔奖获得者的人生忠告 [M]．北京：新华出版社，2014.

[195] 卡普拉．物理学之"道"：近代物理学与东方神秘主义 [M]．北京：北京出版社，1999.

[196] 罗杰斯，弗赖伯格．自由学习 [M]．王烨辉，译．北京：人民邮电出版社，2015.

[197] 罗素．西方的智慧 [M]．马家驹，等译．北京：世界知识出版社，1992.

[198] 马斯洛，林方，等．人的潜能和价值 [M]．昆明：云南人民出版社，1987.

[199] 马斯洛．人性能达的境界 [M]．林方，译．昆明：云南人民出版社，1987.

[200] 马斯洛．需要与成长：存在心理学探索 [M]．重庆：重庆出版社，2018.

[201] 梅多，卡霍．宗教心理学 [M]．陈麟书，等译．成都：四川人民

出版社，1990.

[202] 墨菲，科瓦奇．近代心理学历史导引 [M]．林方，王景和，译．北京：商务印书馆，1982.

[203] 诺丁斯．教育哲学 [M]．许立新，译．北京：北京师范大学出版社，2008.

[204] 皮亚杰，英海尔德．儿童心理学 [M]．吴福元，译．北京：商务印书馆，1981.

[205] 田浩．宋代思想史论 [M]．吴艳红，杨立华，等译．北京：社会科学文献出版社，2003.

[206] 田浩．功利主义儒家：陈亮对朱熹的挑战 [M]．南京：江苏人民出版社，1997.

[207] 田浩．朱熹的思维世界 [M]．桂林：广西师范大学出版社，2002.

[208] 希克．第五维度 [M]．成都：四川人民出版社，2000.

[209] 雅顿．重塑你的大脑 [M]．黄延峰，译．北京：中信出版社，2011.

[210] 詹姆斯．宗教经验之种种 [M]．尚建新，译．北京：华夏出版社，2005.

[211] 陈来，朱汉民．传承与开拓：朱子学新论 [C]．上海：华东师范大学出版社，2014.

[212] 陈来，朱杰人．人文与价值：朱子学国际学术研讨会暨朱子诞辰880周年纪念会论文集 [C]．上海：华东师范大学出版社，2011.

[213] 陈荣捷．新儒学论集 [C]．台北："中央研究院"中国文哲研究所筹备处印行，1995.

[214] 陈荣捷．朱学论集 [C]．上海：华东师范大学出版社，2007.

[215] 刘铁芳，柯小刚．古典传统与个体成人：第1辑 [C]．上海：华东师范大学出版社，2018.

[216] 田浩编．宋代思想史论 [C]．北京：中国社会科学出版社，2003.

[217] 吴震主．宋代新儒学的精神世界：以朱子学为中心 [C]．上海：华东师范大学出版社，2009.

[218] 武夷山朱熹研究中心．朱熹与闽学渊源 [C]．上海：上海三联书店，1990.

［219］杨儒宾．朱子学的开展·东亚篇［C］．台北：汉学研究中心，2002.

［220］杨儒宾、祝平次．儒学的气论与工夫论［C］．上海：华东师范大学出版社，2008.

［221］钟彩钧．国际朱子学会议论文集［C］．台北："中央研究院"中国文哲研究所出版，1993.

［222］钟彩钧．朱子学的开展·学术篇［C］台北：汉学研究中心，2002.

［223］朱杰人．迈入 21 世纪的朱子学：纪念朱熹诞辰 870 周年逝世 800 周年论文集［C］．上海：华东师范大学出版社，2001.

［224］朱人求，井上厚史．东亚朱子学的新视野［C］．北京：商务印书馆，2015.

［225］朱人求，乐爱国．百年东亚朱子学［C］．北京：商务印书馆，2016.

［226］朱荣贵．全体大用之学［C］．台北：学生书局，2002.

［227］程方平，冯芳芳．朱熹作《小学》的缘由分析［J］．教育史研究，2020（4）.

［228］东方朔．"真知必能行"何以可能：朱子论"真知"的理论特征及其动机效力［J］．哲学研究，2017（3）.

［229］傅志明，吴树勤．"践履"与"涵养"：朱熹小学教育思想及其现代意义［J］．朱子学刊，2019（1）.

［230］乐爱国．"诚"是朱熹学术体系的最高境界：以《大学章句》《中庸章句》为中心的讨论［J］．江淮论坛，2014（6）.

［231］乐爱国．冯友兰、牟宗三对朱熹的"理"之不同诠释［J］．社会科学研究，2015（6）.

［232］乐爱国．钱穆、牟宗三对于朱熹"心统性情"的不同诠释［J］．河北学刊，2015（3）.

［233］乐爱国．朱熹《中庸章句》的"心学"内涵［J］．东南学术，2014（12）.

［234］乐爱国．朱熹《中庸章句》对"慎独"的诠释：兼与《礼记正义·中庸》的比较［J］．中国哲学史，2012（12）.

［235］李士金．朱熹关于"存天理、灭人欲"的哲学思考［J］．山东师范大学学报（人文社会科学版），2004（5）.

[236] 蒙培元. 朱熹心说再辨析 [J]. 杭州师范大学学报（社会科学版），2008（6）.

[237] 乔清举. 朱子心性论的结构及其内在张力 [J]. 哲学研究，2011（2）.

[238] 邱汉生. 朱熹的理学思想：天理论与性论 [J]. 社会科学辑刊，1982（4）.

[239] 束景南. 朱熹的"理一分殊"及其认识论指向 [J]. 四川师范大学学报（社会科学版），2006（33-2）.

[240] 谭佛佑. 朱子读书法评议 [J]. 江西教育学院学报，1990（3）.

[241] 田智忠，胡东东. 朱子"中和之悟"的工夫论解读 [J]. 福建师范大学学报（哲学社会科学版），2008（4）.

[242] 吴震. 略论朱熹"敬"论 [J]. 湖南大学学报（社会科学版），2011（1）.

[243] 谢晓东. 论小学涵养在朱熹哲学体系中的地位 [J]. 汉中师范学院学报，2003（1）.

[244] 谢晓东. 宋明理学中的道心人心问题：心学与朱熹思想研究比较 [J]. 厦门大学学报（哲学社会科学版），2009（6）.

[245] 谢晓东. "幸福"与"内圣外王"：亚里士多德与朱熹至善思想比较 [J]. 中国哲学史，2009（1）.

[246] 谢晓东. 寻求真理：朱子对"道心人心"问题的探索 [J]. 河北大学学报（哲学社会科学版），2005（3）.

[247] 谢晓东，杨妍. 朱子哲学中道心人心论与天理人欲论之内在逻辑关系探析 [J]. 江苏社会科学，2007（2）.

[248] 谢晓东. 朱熹的"新民"理念：基于政治哲学视角的考察 [J]. 厦门大学学报（哲学社会科学版），2011（4）.

[249] 谢晓东. 朱熹与"四端亦有不中节"问题：兼论恻隐之心、情境与两种伦理学的分野 [J]. 哲学研究，2017（4）.

[250] 张立文. 理学的演变与重建 [J]. 哲学研究，1991（7）：63-68.

[251] 周昌乐. 从当代脑科学看禅定状态达成的可能性及其意义 [J]. 杭州师范大学学报（社会科学版），2010（5）.

[252] 周昌乐. 宋钘"心法"思想及其科学阐释 [J]. 杭州师范大学学

报（社会科学版），2017（5）．

[253] 周昌乐．哲学实验：一种影响当代哲学走向的新方法［J］．中国社会科学，2012（10）．

[254] 周国林．朱熹《小学》的基本思想及其现代价值［C］//人文与价值：朱子学国际学术研讨会暨朱子诞辰880周年纪念会论文集．上海：华东师范大学出版社，2011．

[255] 朱人求．东亚朱子学研究的新方法［J］．厦门大学学报（社会科学版），2014（4）．

[256] 朱人求．下学而上达：朱子小学与大学的贯通［J］．江南大学学报（人文社会科学版），2013（3）．

[257] 朱人求．朱子"全体大用"观及其发展演变［J］．哲学研究，2015（11）．

[258] 陈昊．朱子涵养论研究：形成与内涵［D］．厦门：厦门大学，2018．

[259] 李滢瑜．朱子《小学》"习与智长，化与心成"孝教育思想研究［D］．长沙：中南大学，2012．

[260] 刘平华．德性与身体［D］．深圳：深圳大学，2017．

[261] 龙兴．"学以为己"：朱熹课程思想研究［D］．上海：华东师范大学，2018．

[262] 权相佑．朱熹理一分殊思想研究［D］．北京：中国社会科学院研究生院，2003．

[263] 王广．"理一分殊"理念下的朱熹哲学［D］．济南：山东大学，2005．

[264] 吴冬梅．"心与理一"与"超凡入圣"之学：朱子心论研究［D］．上海：上海师范大学，2011．

[265] 谢晓东．朱子道心人心思想探微［D］．西安：陕西师范大学，2003．

[266] 徐国明．"三纲九目"：朱子《小学》思想研究［D］．杭州：浙江大学，2018．

[267] 杨斐芬．朱子成德之学研究［D］．新北：辅仁大学，1999．

[268] 郑娟．朱熹《小学》的德育思想研究［D］．合肥：安徽大学，

2019.

[269] AARON Z. Moral Epistemology [M]. New York: Routle-dge, 2005.

[270] CHWARTZ, BENJAMIN ISADORE. The world of thought in ancient China [M]. Cambridge, Mass: Belknap Press of Harvard University Press, 1985.

[271] FENG YOULAN, DERK BODDE. A Short History of Chinese Philosophy [M]. New York: The Free Press, 1966.

[272] WILLIAM THEODOREBE BARY . Neo-Confucian Orthodoxy and the Learning of the Mind - and - Heart [M]. New York: Columbia University Press, 1981.

[273] WING-TSIT CHAN. Reflections on things at hand [M]. New York : The Columbia University Press, 1967.

[274] WING-TSIY CHAN. Chu Hsi and NeoConfucianism [M]. Hawaii: University Of Hawaii Press, 1987.

[275] MASLOW A. Humanistic education: Two articles by Abraham Maslow [J]. In Journal of Humanistic Psychology, 1979, 19 (3).

[276] WHITLOCK G. A learning paradigmat Johnston College [J]. Journal of Humanislic Psychology, 1980, 21 (2) .

后 记

本书是在我的博士学位论文的基础上略加润色而成。于我而言，学术之路既难且甘。说难，是因为从一个懵懂山野小子凭着对思想和文艺的热爱走到今天，实属不易；说甘，是因为喜欢，只要喜欢，哪怕路途再难再远，也乐在其中。

帕斯卡尔说："人，是一根会思想的芦苇。"纵然生命是柔弱甚或脆弱的，随时有被碾碎的可能，但如可以温热之思情润心中之块垒，而能在有生之年得悟宇宙之真、良知之善、人生之美，那么即便在世时无法舒展自身抱负、实现社会理想，亦当不虚此行、不枉此生。纵然天空没有留下翅膀的痕迹，但我已飞过，而在这既难且甘的求索之旅将告一段落之际，我要感谢这一路来所有支持、鼓励我的家人、老师、同学和朋友。

我要感谢我的妈妈、爸爸还有姐姐、哥哥和妻子。尤其是我的妈妈，是您从小教导我"万般皆下品，唯有读书高"，虽然今天的我并不完全赞同这句话，但是您从小便在我心中埋下了读书的种子，也是您和爸爸含辛茹苦地供我们姐弟仨上学，敦促我们通过上学走出乡村，让我们看到了更广阔的天地，也在很大程度上改变了自身和家庭的命运。2020 年 1 月 1 日，您因病离我们而去，这是我心中最深的痛，而您，也是我心中最深的爱。两年多以来，我越来越感觉您没有离我而去，而是一直活在我的生命里，我会为您、为自己好好活着，我会像您这样无论生命多么艰难，都无畏面对而力求超越，直到回归大化。

我要感谢我的博导周昌乐教授。厦大五载，有幸能追随您学习、修行，是您让我切身感受到了何谓渊博的学识、生活的智慧，也是您让我更深刻地明了学人一方面当永葆好奇天真之心而以探索宇宙人生之奥秘为至乐，另一方面当永葆学人良知而以播撒人间恺悌情为天命。今后的学术生涯，我当以您的"乐易三书"为依归，力求由博学切问而通智达仁，经通智达仁而明道显性。我还要感谢师母丁晓君老师，您和老师琴瑟和谐的爱情婚姻是我辈的楷模，您和老师对我们学生的关怀，我也将永记在心。

我要感谢厦大和厦大哲学系的诸位老师。很开心能在这充满艺术人文气息的美丽校园度过愉快而充实的博士生涯，也很有幸能在这美丽校园领略哲学系诸位老师的学术风采。尤其要感谢朱人求教授，您的国学课让我受益匪浅，您的精彩讲解以及课堂上同学之间的辩难也为我的博士学位论文写作打开了思路。

我还要感谢黄敏师姐、罗天健师兄、付汝瑞师兄、高新根师兄、陈俊泽博士、张泽洋博士、叶丽珍博士、宗楠博士、樊林君博士等诸位同门。每次组会，同门之间的切磋都让我收获良多，也让我领略到何谓文理的沟通、思想的碰撞。

最后，我还想感谢我的硕导王晓华教授和我的大学老师周祖庠教授。是你们引领我走上了学术之路，你们的教导不但为我日后的学术研究打下了良好的哲学基础和语言文字学基础，更让我明了学术价值是超越种族、超越派系、超越利益的。

谢谢你们，你们的护持、教导、鼓励和指正是我不竭的动力，我将矢志学术，终生不渝！

楚风癸卯仲春于鹭岛